Paul Wenzel (Hrsg.)

Personalwirtschaft mit SAP R/3®

Edition Business Computing

Herausgegeben von
Prof. Dr. Paul Wenzel

Die Reihe *Edition Business Computing* bietet Anwendern, Entscheidern, Beratern sowie Trainern und Dozenten praxisorientierte Leitfäden für den effizienten Einsatz systemintegrierter Software im Unternehmen.

Die Beiträge zeigen Beispiele und Lösungen zur Verbesserung betrieblicher Abläufe und zur Optimierung von Geschäftsprozessen. Es geht u. a. um Themen wie SAP R/3-Anwendungen, ABAP/4, SAP-MIS/EIS, Geschäftsprozessoptimierung mit BAAN- und Navision-Systemen, Business Workflow, Internetapplikationen.

Besonderen Vorzug der Reihe ist die spezifische Verbindung von Betriebswirtschaft und Informatik in der angewandten Form einer praxisnahen Wirtschaftsinformatik, die sich als unabhängig versteht gegenüber Firmen und Produkten und nicht zuletzt dadurch praxisgerechte Hilfestellung anbieten kann.

www.viewegteubner.de

Paul Wenzel (Hrsg.)

Personalwirtschaft mit SAP R/3®

Personalstammdaten, Organisationsmanagement, Personalentwicklung- und beschaffung, Zeitwirtschaft, Lohn- und Gehaltsabrechnung, Reisemanagement, Internetanbindung

Mit 158 Abbildungen

PRAXIS

VIEWEG+
TEUBNER

Bibliografische Information der Deutschen Nationalbibliothek
Die Deutsche Nationalbibliothek verzeichnet diese Publikation in der
Deutschen Nationalbibliografie; detaillierte bibliografische Daten sind im Internet über
<http://dnb.d-nb.de> abrufbar.

„SAP",R/3®, mySAP®, mySAP.com®, mySAP CRM®, mySAP SCM®, ABAP/4®, SAP-GUI®,SAP APO®, IDES®, BAPI®, BW®, ECC®, SAP Business Information Warehouse®, SAP Business Workflow® sind eingetragene Warenzeichen der SAP Aktiengesellschaft Systeme, Anwendungen, Produkte in der Datenverarbeitung, Neurottstraße 16, D-69190 Walldorf. Der Herausgeber bedankt sich für die freundliche Genehmigung der SAP Aktiengesellschaft, das Warenzeichen im Rahmen des vorliegenden Titels verwenden zu dürfen. Die SAP AG ist jedoch nicht Herausgeberin des vorliegenden Titels oder sonst dafür presserechtlich verantwortlich. Für alle Screen-Shots des vorliegenden Titels gilt der Hinweis: Copyright SAP AG. Microsoft®, Windows®, Windows NT®, EXCEL®, VISIO®, SQL-Server® sind eingetragene Warenzeichen der Microsoft Corporation. Oracle® ist eingetragenes Warenzeichen der Oracle Corporation. Bei der Zusammenstellung der Informationen zu diesem Produkt wurde mit größter Sorgfalt gearbeitet. Trotzdem sind Fehler nicht vollständig auszuschließen. Verlag, Herausgeber und Autor können für fehlerhafte Angaben und deren Folgen weder eine juristische Verantwortung noch irgendeine Haftung übernehmen.

Bei der Zusammenstellung von Texten und Abbildungen wurde mit größter Sorgfalt vorgegangen. Trotzdem können Fehler nicht vollständig ausgeschlossen werden. Autoren und Verlag können für fehlerhafte Angaben und deren Folgen weder eine juristische Verantwortung noch irgendeine Haftung übernehmen. Für Ergänzungen, Fehlerhinweise und sonstige Anmerkungen sind Autoren und Verlag dankbar.

Höchste inhaltliche und technische Qualität unserer Produkte ist unser Ziel. Bei der Produktion und Auslieferung unserer Bücher wollen wir die Umwelt schonen: Dieses Buch ist auf säurefreiem und chlorfrei gebleichtem Papier gedruckt. Die Einschweißfolie besteht aus Polyäthylen und damit aus organischen Grundstoffen, die weder bei der Herstellung noch bei der Verbrennung Schadstoffe freisetzen.

1. Auflage 2001
Korrigierter Nachdruck 2009

Alle Rechte vorbehalten
© Vieweg+Teubner | GWV Fachverlage GmbH, Wiesbaden 2001

Vieweg+Teubner ist Teil der Fachverlagsgruppe Springer Science+Business Media.
www.viewegteubner.de

Das Werk einschließlich aller seiner Teile ist urheberrechtlich geschützt. Jede Verwertung außerhalb der engen Grenzen des Urheberrechtsgesetzes ist ohne Zustimmung des Verlags unzulässig und strafbar. Das gilt insbesondere für Vervielfältigungen, Übersetzungen, Mikroverfilmungen und die Einspeicherung und Verarbeitung in elektronischen Systemen.

Die Wiedergabe von Gebrauchsnamen, Handelsnamen, Warenbezeichnungen usw. in diesem Werk berechtigt auch ohne besondere Kennzeichnung nicht zu der Annahme, dass solche Namen im Sinne der Warenzeichen- und Markenschutz-Gesetzgebung als frei zu betrachten wären und daher von jedermann benutzt werden dürften.

Umschlaggestaltung: KünkelLopka Medienentwicklung, Heidelberg
Gedruckt auf säurefreiem und chlorfrei gebleichtem Papier.

ISBN-13: 978-3-528-03160-2   e-ISBN-13: 978-3-322-86796-4
DOI: 10.1007/978-3-322-86796-4

Inhaltsübersicht

Inhaltsverzeichnis VI

Vorwort XIII

1   **Einführung** 1-2

2   **Personalstammdatenverwaltung** 3-16

3   **Organisationsstruktur und -management** 17-29

4   **Personalentwicklung** 30-45

5   **Personalbeschaffung** 46-70

6   **Zeitwirtschaft** 71-105

7   **Lohn- und Gehaltsabrechnung** 106-124

8   **Reisemanagement** 125-146

9   **HR-Internetanbindung** 147-154

Anhang   Business-Document-Management mit SAP Business Workflow, IXOS Archive und dem World Wide Web am Beispiel der Personalbeschaffung per Internet 155-196

Inhaltsverzeichnis

Vorwort XIII

1 Einführung 1

2 Personalstammdatenverwaltung 3

2.1 Personalmaßnahmen (Infotyp 0000) 7
2.2 Organisatorische Zuordnung (Infotyp 0001) 8
2.3 Daten zur Person (Infotyp 0002) 8
2.4 Anschriften (Infotyp 0006) 9
2.5 Basisbezüge (0008) 11
2.6 Bankverbindungen Infotyp (0009) 12
2.7 Externe Überweisungen Infotyp (0011) 13
2.8 Familie/Bezugsperson (Infotyp 0021) 14
2.9 Kostenverteilung (0027) 15
2.10 Versicherungen Infotyp (0037) 15
2.11 Direktversicherung (0026) 16

3 Organisationsstruktur u. -management .. 17

- 3.1 Unternehmensstruktur 17
- 3.2 Personalstruktur 18
  - 3.2.1 Mitarbeitergruppe 18
  - 3.2.2 Mitarbeiterkreis 18
  - 3.2.3 Personalabrechnungskreis 19
- 3.3 Organisationsstruktur 19
- 3.4 Datenpflege 21
  - 3.4.1 Fallbeispiel: Organisationseinheiten hinzufügen 21
  - 3.4.2 Fallbeispiel: Stelle ergänzen 23
  - 3.4.3 Fallbeispiel: Auswerten einer Organisationseinheit 27

4 Personalentwicklung 30

- 4.1 Qualifikationen und Anforderungen 30
- 4.2 Laufbahn- und Nachfolgeplanung 34
- 4.3 Personalkostenplanung 38
  - 4.3.1 Individuelle Entwicklungspläne 39
  - 4.3.2 Beurteilungssysteme 40
- 4.4 Veranstaltungsmanagement 42

5 Personalbeschaffung 46

5.1 Vakanz und Ausschreibung 47
5.2 Erfassung der Bewerberdaten 51
5.3 Bewerbervorgänge 55
5.4 Auswahl eines Bewerbers 57
5.5 Fallstudien zur Bewerberauswahl 58
    5.5.1 Fallstudie: Bewerbervorgänge pflegen 59
    5.5.2 Fallstudie: Autom. Erstellen von Bewerberkorrespondenz 60
    5.5.3 Fallstudie: Beurteilung eines Bewerbers nach Einstellungstest 60
    5.5.4 Fallstudie: Auswahl des geeignetsten Bewerbers 63
    5.5.5 Fallstudie: Bewerber werden zurückgestellt ... 67
    5.5.6 Fallstudie: Bewerber werden abgelehnt 67
    5.5.6 Fallstudie: Bewerber Vertrag anbieten 68
    5.5.7 Fallstudie: Bewerber übernehmen 69

6 Zeitwirtschaft 71

6.1 Zeitauswertung im System HR 71
6.2 Anbindung an vorgelagerte Systeme 81
    6.2.1 Unterscheidung Zeiterfassungssystem - Zeitwirtschaft 82
    6.2.2 Lohn- und Gehaltsabrechnung 83
6.3 Zeittypen 84

6.3.1 Arbeitszeitplan (Schichtplan) 84

6.3.2 Tagesprogramm 88

6.3.3 Arbeitspausenplan 89

6.4 Arbeitszeitplan 89

6.4.1 Elemente des Arbeitszeitplanes 90

6.4.2 Erfassen von Zeitdaten 94

6.4.2.1 Allgemeine Anwesenheiten pflegen 95

6.4.2.2 Erfassen von Abwesenheiten 96

6.4.3 Auswerten von Zeitdaten 98

6.4.4 Fallbeispiel: Jahreskalender ändern 101

6.4.5 Fallbeispiel: Anwesenheitskontingente anlegen 104

Lohn- und Gehaltsabrechnung 106

7.1 Lohn- und Gehaltsabrechnung 107

7.2 Abrechnungsanpassung 108

7.2.1 Lohnartenschlüsselung 109

7.2.2 Lohnartengenerierung 111

7.3 Aliquotierung 111

7.4 Abrechnungsverlauf 113

7.5 Praktische Anwendung 116

7.5.1 Fallbeispiel: Simulieren, Freigeben und Starten einer Abrechnung 116

7.5.2 Fallbeispiel: Entgeltnachweise und Überweisungen erstellen 119

7.5.3 Fallbeispiel: Auswertungen und Beitragsnachweise für die Sozialversicherung 121

7.5.4 Fallbeispiel: Arbeiten zum Jahreswechsel 122

7.5.5 Fallbeispiel: Überleitung an die Module FI und CO 123

8 Reisemanagement 125

- 8.1 Geschäftsvorgänge einer Reise 127
  - 8.1.1 Zentrale Prüfung und Genehmigung 128
  - 8.1.2 Automatische Abrechnung u. Auszahlung.... 129
  - 8.1.3 Korrektur einer gebuchten Reise 129
  - 8.1.4 Flexible Geschäftsprozesse 129
  - 8.1.5 Funktionen der Reiseerfassung 131
  - 8.1.6 Funktionen der Reiseplanung 132
  - 8.1.7 Global Distribution System 133
- 8.2 Reisekostenabrechnung 134
  - 8.2.1 Voraussetzungen der Reisedatenerfassung... 135
  - 8.2.2 Pauschalabrechnung und Einzelnachweise.. 135
  - 8.2.3 Anlage einer Reise 136
  - 8.2.4 Erfassung der Vorschüsse 142
  - 8.2.5 Abzüge und Kostenaufteilung der Reise....... 143
  - 8.2.6 Eingabe der Zwischenziele einer Reise 144
  - 8.2.7 Festlegen der Reiseprivilegien 145

9 HR-Internetanbindung 147

- 9.1 Mitarbeiterverzeichnis 148
- 9.2 Bewerbungsstatus 149
- 9.3 Zeitnachweis 150
- 9.4 Veranstaltungskalender 151
- 9.5 Veranstaltung buchen.. 153

Anhang: Business-Document-Management mit SAP Business Workflow, IXOS Archive und dem World Wide Web am Beispiel der Personalbeschaffung per Internet

Einleitung 155

1 Der Personalbeschaffungsprozess 157

1.1 Ist-Analyse der Bewerberverwaltung 157
    1.1.1 Personalbedarf 157
    1.1.2 Bewerbungseingang 158
    1.1.3 Ersterfassung 158
    1.1.4 Prüfung des Bewerbers 158
    1.1.5 Entscheidung der Fachabteilung 159
    1.1.6 Schlussaktivität 160
1.2 Anforderungen an das Soll-Konzept 160
1.3 Soll-Konzept der opt. Bewerberverwaltung 162
1.4 Hard- und Softwareumgebung 170
1.5 Nutzenpotentiale 172

2 Implementierung des Prototypen 173

2.1 Grundlagen zu IACs 173
2.2 Bestandteile einer Internet Anwendung 175
2.3 Vorarbeit zur Implementierung 176

2.4 Entwicklung der Internet Anwendung............ 177

    2.4.1 Customizing in R/3... 177

    2.4.2 Testdaten in R/3 pflegen............................... 178

    2.4.3 Erstellung der SAP System R/3 Transaktion . 183

    2.4.4 Einbindung des Web-Archiving..................... 184

    2.4.5 Generieren der Service Beschreibung 186

    2.4.6 Anlegen von Sprachressourcen..................... 187

    2.4.7 Ändern der HTML-Templates 188

2.5 Integration und Erweiterung des Bewerberworkflows 188

3 Resümee 190

Anhang: **Die Flowcharts der SOLL-Konzeption 191**

Literaturverzeichnis 197

Autorenverzeichnis 198

Stichwortverzeichnis 199

Vorwort

Der Schlüssel zur Sicherung und Verbesserung der Wettbewerbsfähigkeit liegt heute in der Informationstechnologie. Die Globalisierung der Märkte, immer kürzere Produktlebenszyklen und zunehmender Kostendruck zwingen die Unternehmen zu einer vorausschauenden Konzeption ihrer Strukturen und zu einem effizienten Management ihrer Geschäftsprozesse und Human Resources.

Dieses Buch wurde von den Studenten/-innen der Wirtschaftsinformatik der Fachhochschule Konstanz als Projekt-Vorlage zu SAP R/3®, Release 4.5B, zusammengestellt.

Durch eine praxisnahe Bearbeitung der R/3-Komponente „Human Resources (HR)" werden die nachfolgenden Teilbereiche sehr anschaulich vorgestellt:

- HR-Einführung
- Personalstammdatenverwaltung
- Organisationsstruktur und -management
- Personalentwicklung
- Personalbeschaffung
- Zeitwirtschaft
- Lohn- und Gehaltsabrechnung
- Reisemanagement
- HR-Internetanbindung

Dabei werden neue SAP-Begrifflichkeiten, wie u. a. Bewerberworkflow, Laufbahnplanung, Reise- und Veranstaltungsmanagement, SAP@Web Studio und viele andere Neuerungen vorgestellt.

Begleitend zu diesem Buch stehen einige Video-Sequenzen auf einem Web-Server an des Verlags, im Bereich „OnlinePLUS" für den interessierten Leser bereit (siehe hierzu Beispieldateien Seite XVI).

Die anzuwählende Adresse im Internet lautet:

http://www.viewegteubner.de/tu/wenzel-personalwirtschaft

Vorwort

„Datei-Name"

Nach der Einwahl über einen Browser, z. B. MS-Internet-Explorer, Netscape Navigator, stößt man auf eine Datenbankübersicht mit Beispieldateien, die den Interessenten in die einzelnen Teilbereiche der SAP-Software leitet und weitere elektronische Dateien zur Verfügung stellt (siehe hierzu Beispieldateien Seite XVI).

Dargestellt mit dem Symbol und dem „Datei-Namen.scm" neben den jeweiligen Textstellen erkennt der Leser, dass es weiterführende Informationen und Ergänzungen zum beschriebenen Sachverhalt im Internet - unter der o. g. Adresse - gibt. Insbes. längere Einstellungen im System und Prozessabläufe werden per Screencam-Film, HTML-Shows und PowerPoint-Präsentationen anschaulich gezeigt. Fast alle betrieblichen Anwendungsmodule, insbes. HR, FI, CO, AM, MM, PP, SD und Workflow, werden mit Fallbeispielen videogestützt vorgestellt, damit der User einen deutlich größeren und umfassenderen Überblick über die R/3-Anwendungen erhält.

Ergänzt wird dieses Buch durch weitere Bände mit SAP-Themen, deren Inhaltsspektrum folgende betrieblichen Anwendungsbereiche abdecken:

- Betriebliche Anwendungen des Systems SAP R/3® mit einer SAP-Einführung, Customizing, ABAP/4, AcceleratedSAP (ASAP) und Projektsystem (PS);
- Rechnungswesen mit Finanzbuchhaltung, Anlagenbuchhaltung, Kostenrechnung und Controlling;
- Logistik mit Material- und Fertigungswirtschaft, Qualitätsmanagement sowie „Vorkonfigurierte SAP-Systeme – LIVE MASTER";
- Vertrieb, Workflow, Optische Archivierung und Internetanbindung.

Dieses Buch bietet einen umfassenden Funktionsüberblick über die Möglichkeiten in Release 4.5B des R/3-Systems, der über eine Bedienungsanleitung hinausgeht. Die angegebenen Menüpfade können sich bei anderen Releases ändern, oftmals sind mehrere Wege über das Menü zum gleichen Ziel möglich. Als Bedienungsanleitung sei auf die SAP-Online-Dokumentation verwiesen.

Danksagungen

Von Seiten der Autoren und nicht zuletzt der Hochschule gilt unser Dank der SAP AG, Walldorf, für die großzügige Überlassung der Software R/3, der vielen Beschreibungen, Unterstützungen und Hinweisen zum System R/3, die in diesem Buch praxis- bzw. systemnah eingearbeitet wurden.

Danken möchten wir auch Herrn Dipl.-Inf. Michael A. Pade von der Fa. IXOS AG, München, der uns mit seinem aktuellen Beitrag über „Personalbeschaffung per Internet" (Anhang) sehr unterstützt hat.

Für die geschätzte Mitarbeit und das enorme Engagement der 14 Autoren, insbes. der Wirtschaftsinformatik-Studenten/-innen der Fachhochschule Konstanz (siehe Autorenverzeichnis, S. 198), bedanke ich mich herzlichst.

Zuletzt danken wir besonders meiner lieben Frau Martina (StR) und unserem Vater Wendlin Wenzel (StD a.D., Hainburg), die in vielen Tagen und Wochen das Lektorat für dieses Werk übernommen haben.

Paul Wenzel, Konstanz im Dezember 2000
(Mail: wenzel@prof-wenzel.de)

Vorwort

 Beispieldateien, die per Internet abrufbar sind, unter:

http://www.viewegteubner.de/tu/wenzel-personalwirtschaft

„Datei-Name"

Kapitel 3
„PP10_2_5_1.scm"
„PP10_3_2.scm"

Kapitel 4
„PP_5_3.scm"
„PP_5_4.scm"

Kapitel 5
„PB_5_1.scm"
„PB_5_2.scm"
„PB_5_3.scm"
„PB_5_4.scm"
„PB_5_5.scm"
„PB_5_6.scm"
„PB_5_7.scm"
„PB_5_8.scm"
„PB_5_9.scm"
„PB_5_10.scm"
„PB_5_11.scm"
„PB_5_12.scm"

Kapitel 6
„ZW_2_1.scm"

Kapitel 7
„LuG_1.scm"
„LuG_2.scm"
„LuG_3.scm"

Kapitel 8
„RA_8_1.scm"
„RA_8_2.scm"
„RA_8_3.scm"

Anhang
📁 ABAP-Programme
📁 HTML-Templates
📁 Mime-Files
📁 Service-Files
„IXOS_1.ppt"
„IXOS_2.ppt"
„readme.txt"

1 Einführung

Das System R/3 unterstützt den Anwender in den Bereichen der personalwirtschaftlichen Abläufe: von Personalplanung und Bewerberverwaltung, über Personaladministration und -abrechnung bis zur qualitativen Personalentwicklung.

Einsatzvarianten

Mit dem Personalwirtschaftsmodul HR erhält der User Einzelkomponenten, die sowohl einzeln als auch im Verbund mit Fremdsystemen einsetzbar sind. Der modulare Aufbau gestattet einen stufenweisen Einsatz.

Jedes Unternehmen hat einen organisatorischen Aufbau, den gilt es zunächst im System abzubilden. Je nach Unternehmen stellt sich diese Struktur, die im Organisationsmanagement anlegbar ist, anders dar. Um die Mitarbeiter zu verwalten, müssen diese in die entwickelte Struktur eingegliedert werden. Hierfür werden einzelne Stellen angelegt, denen Aufgaben zuzuordnen sind. Aus den Stellen werden dann Planstellen abgeleitet, die schließlich von den Mitarbeitern besetzt werden.

Das HR bietet eine vollständige Bewerber- und Vakanzverwaltung mit Personalwerbung, -verwaltung und –beschaffung. Je nach Personalbedarf eines Unternehmens und der jeweilig benötigten Eignung eines Mitarbeiters für eine Stelle ist es nötig, dass der Mitarbeiter bildungs- und stellenbezogene Maßnahmen durchlaufen muss, um die jeweilige Qualifikation zu erhalten. Das HR bietet hier eine Lösung zur vollständigen Abwicklung von Qualifizierungsmaßnahmen.

Änderungen der Personendaten (durch Umzug, Heirat, Lohngruppenwechsel, Wechsel des Arbeitsplatzes) können jederzeit vorgenommen werden.

Die Zeitwirtschaft ermöglicht die Einrichtung von Arbeitszeitmodellen, wie Gleitzeit oder Schichtbetrieb oder die Verwaltung von Sollarbeitszeiten, Vertretungen, Abwesenheiten.

Das Vergütungsmanagement verwaltet die Entgeltpolitik des Unternehmens. Dazu gehört auch eine Vergütungsplanung und -budgetierung.

1 Einführung

Geschäftsreisen können vom Antrag bis zur Genehmigung und Abrechnung der entstandenen Reisekosten am System durchgeführt werden. Durch Schnittstellen zur Finanzbuchhaltung und zur Kostenrechnung sowie zur HR-Komponente Lohn und Gehaltsabrechnung ermöglicht das Reisemanagement eine automatische Buchung, Versteuerung und letztendlich Auszahlung der Reisekosten.

Um all diese Erfordernisse abzudecken, setzt sich das **HR** aus verschiedenen Komponenten zusammen; dies sind:

HR-Komponenten

- **HR-ORG** Organisational Management
  (Organisationsmanagement)
- **HR-P&C** Pay and Costing
  (Vergütungsmanagement und Kostenplanung)
- **HR-PAD** Personel Planning and Development
  (Personalentwicklung und qualifizierende Maßnahmen)
- **HR-TIM** Time Management
  (Zeitwirtschaft)
- **HR-TRV** Travelling
  (Reisemanagement)
- **HR-PAY** Payroll
  (Personalabrechnung)

2 Personalstammdatenverwaltung

Die Personalstammdatenverwaltung ermöglicht die Erfassung, Pflege, Speicherung und Verwaltung aller personenbezogenen Daten.

Infotypen

In der Komponente HR sollen die mitarbeiterbezogenen Daten gemäß den betriebswirtschaftlichen Anforderungen in einer möglichst effektiven Struktur bearbeitet werden. Diese unter inhaltlichen Aspekten zusammengefasste Menge an Daten nennt man **Infotyp**.

Zur Vereinfachung der Verwaltung sind die einzelne Infotypen je nach Informationsgehalt in Katalogen zusammengestellt. Ein Infotyp kann in mehreren Katalogen zur Verfügung stehen. Man kann ihn an jeder Stelle, an der er vorkommt, bearbeiten.

Infotypen, die zum Erfassen und Pflegen von Personendaten gehören, werden im HR z. B. in den **Personalstammdaten** zusammengefasst. So enthalten die Personalstammdaten z. B. den Infotyp *Daten zur Person* (0002) sowie *Organisatorische Zuordnung* (0001). Dem Anwender werden auf diese Weise alle entsprechenden Infotypen in einem Ordner angezeigt (vgl. Abb. 2.1).

Abb. 2.1
Personalstammdaten

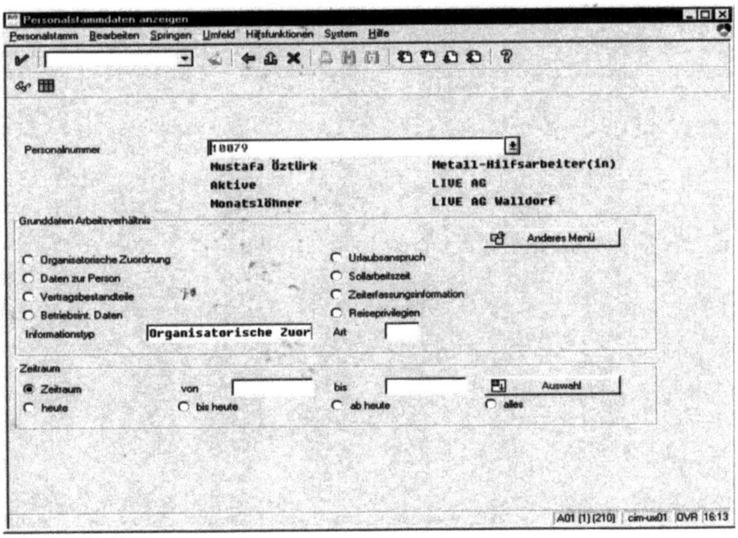

2 Personalstammdatenverwaltung

Beispiel: Infotyp 0002 (Personendaten)

Wird ein neuer Mitarbeiter eingestellt, müssen beispielsweise die verschiedensten Daten eingepflegt werden. Die Grunddaten, die zu einer Person erfasst werden müssen, können etwa folgende sein:

Abb. 2.2
Personendaten

Die Abbildung derartiger Infotypen wird im HR in Eingabemasken realisiert, die eine einfache Pflege und Aktualisierung der Daten ermöglichen. Abbildung 2.3 zeigt die Übertragung dieser Daten ins HR.

Abb. 2.3
Infotyp 0002
Daten zur Person

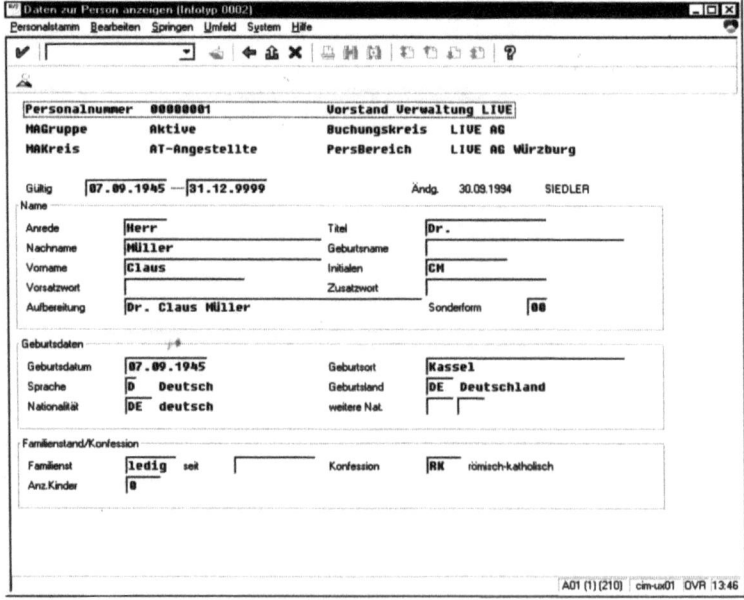

2 Personalstammdatenverwaltung

Personalstamm-datenstruktur

Die verschiedenen Informationstypen werden anhand von einigen Anwendungsbeispielen verdeutlicht (siehe Tab. 2.1):

Tab. 2.1
Beispiele von Informationstypen

Informationstypen:	Anwendungsbeispiele:		
Organisatorische Zuordnung	Planstelle	Organisationseinheit	Stelle
Daten zur Person	aktueller Name	Geburtsname	
Urlaubsanspruch	Tarifurlaub	Schwerbeh. Urlaub	Zusatzurlaub
Anschrift	ständiger Wohnsitz	zweiter Wohnsitz	Heimatanschrift
Arbeitszeit	Schicht	Zeiterfassung	Arbeitsstd.
Basisbezüge	Änderung der Eingruppierung	Tariferhöhung	Änderung der Bezüge
wiederkehrende Be-/Abzüge	Fahrkostenzuschuss	Mieteinbehaltung Werkswohnung	
Familie	Ehegatte	Kind	Erziehungsberechtigte(r)
Ausbildung	Schulbildung	Studium	Kurse/Seminare
Qualifikationen	erlernter Beruf	Sprachkenntnisse	
Vollmachten	Prokura	Geschäftsführer	Bankvollmacht
Betriebsint. Daten	Gebäude	Dienstwagen	
Zeiterfassung	Zeitausweisnummer	Dienstgangberechtigung	Zutrittsberechtigung

2 Personalstammdatenverwaltung

Die Infotypen haben folgende Eigenschaften:

- Struktur
- Datenerfassung
- Zeitabhängiges Speichern.

Struktur der Infotypen

Für den Anwender sind Infotypen Masken für die Dateneingabe, für die eine Erfassungslogik mit Prüfungsvorschriften programmiert ist. Infotypen umfassen eine Reihe von Einzelinformationen (z. B. Nachname, Vorname, Geburtsdatum), die der Anwender in Datenfeldern eingibt. Die Datenfelder werden inhaltlich zu Datengruppen oder Informationseinheiten zusammengefasst.

Aus Datenbanksicht stellen Infotypen eine zusammengehörige Menge von Datensätzen dar. Wenn der Anwender Daten in Infotypen aktualisiert, gehen die alten Daten nicht verloren, sondern werden zum Zweck der historischen Auswertung im System gespeichert.

Datenerfassung

Die Infotypen erfassen die Daten nach folgenden Prinzipien:

- Die eingegebenen Daten werden mit Tabellenfeldern verglichen, um eventuelle Formatabweichungen festzustellen und automatisch auf Plausibilität geprüft.
- Zuvor definierte Vorschlagswerte unterstützen den Anwender bei der Datenerfassung und -bearbeitung.
- Prüfungen und Vorschläge von Werten hängen von der organisatorischen Zuordnung des Mitarbeiters, dessen Daten gerade erfasst oder bearbeitet werden, ab. Die organisatorische Zuordnung bestimmt die entsprechenden Ausschnitte aus der Zeit-, Lohnarten- und Tarifstruktur.

Zeitabhängiges Speichern

Aktualisiert der Anwender die Daten, sollen die alten Daten nicht verloren gehen, sondern für Auswertungen vergangenheitsbezogener Daten erhalten bleiben. Bei der Aktualisierung der Personaldaten eines Mitarbeiters werden die alten Daten automatisch in ihrer zeitlichen Gültigkeit abgegrenzt. Jeder Infotypsatz hat einen Gültigkeitszeitraum. So existieren zu jedem Infotyp eines Mitarbeiters in der Regel mehrere Datensätze, die sich durch ihren jeweiligen Gültigkeitszeitraum unterscheiden. Sie bieten eine Möglichkeit die Veränderungen der Daten zu verfolgen.

Kann- und Mussfelder

Die Infotypen bestehen aus Kann- und Mussfeldern. Die Mussfelder sind jeweils mit einem Fragezeichen gekennzeichnet. Das

2.1 Personalmaßnahmen (Infotyp 0000)

bedeutet, dass für diese Felder eine Eingabe erfolgen muss. Werden keine Daten in die Mussfelder eingegeben, kann der Infotyp nicht abgespeichert werden. Das System verweigert das Speichern, weil Mussfelder einen Feldinhalt verlangen.

Vorlagefelder

Felder, die die gleiche Farbe wie der Bildschirmhintergrund besitzen, sind nicht eingabebereit. Diese Felder beinhalten in der Regel Informationen, die bereits bei einem anderen Infotyp eingegeben wurden.

2.1 Personalmaßnahmen (Infotyp 0000)

Das Bearbeiten komplexer personalwirtschaftlicher Abläufe, wie z. B. die Einstellung eines Mitarbeiters, lässt sich mit Hilfe sogenannter Personalmaßnahmen vereinfacht durchführen.

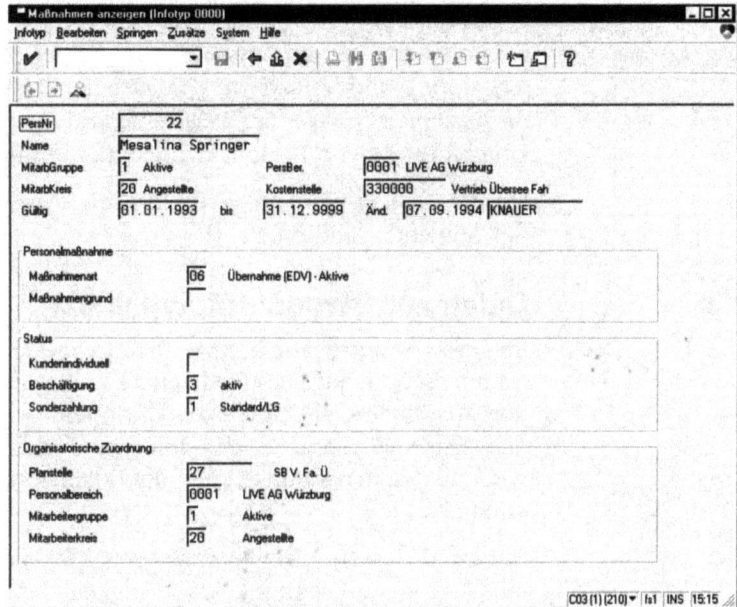

Abb. 2.4 Personalmaßnahmen

Personalmaßnahmen fassen mehrere logisch zusammenhängende Infotypen zu einer Infotypgruppe zusammen. Mögliche Personalmaßnahmenarten sind bspw.:

- **der Eintritt eines neuen Mitarbeiters**
- **der organisatorische Wechsel eines Mitarbeiters**
- **der Austritt eines Mitarbeiters**

Der Anwender kann über den Infotyp *Maßnahmen* (0000) eine Übersicht aller wichtigen Veränderungen eines Mitarbeiters anfordern, um die wichtigsten Schritte eines Mitarbeiters im Unternehmen zu dokumentieren.

2.2 Organisatorische Zuordnung (Infotyp 0001)

Der Infotyp *Organisatorische Zuordnung* (0001) erfasst die Daten zu Eingliederung des Mitarbeiters in die Unternehmensstruktur einerseits sowie in die Personalstruktur andererseits.

Unternehmensstruktur

Die Felder *BuKr.* (Buchungskreis), *PersBereich* (Personalbereich) und *Kostenst.* (Kostenstelle) sind in Infotyp (0001) nicht eingabebereit. Man kann diese Felder nur über die Durchführung einer *Personalmaßnahme* bearbeiten (Infotyp 0000).

Der Wert für das Feld *JurPerson* (Juristische Person) wird automatisch ermittelt und ist nicht überschreibbar.

Personalstruktur

Das System leitet die Werte für die Felder *MAGruppe* (Mitarbeitergruppe) und *MitarbKreis* (Mitarbeiterkreis) aus dem Infotyp *Maßnahmen* (0000) ab. Diese Werte werden nur über die Durchführung von Personalmaßnahmen geändert.

Den Vorschlagswert im Feld *AbrKreis* (Abrechnungskreis) kann der Anwender ändern.

2.3 Daten zur Person (Infotyp 0002)

Im Infotyp *Daten zur Person* (0002) werden die Kerndaten, wie Name, Geburtsort, Geburtsdatum, Familienstand und Konfession der Mitarbeiter, angelegt bzw. geändert. Der Gültigkeitsbeginn des ersten Datensatzes des Infotyps *Daten zur Person* (0002) wird aus dem Geburtsdatum des Mitarbeiters bzw. Bewerbers ermittelt.

Aufgrund dessen, dass der Infotyp (0002) die Zeitbindung 1 hat, muss zu jedem Zeitpunkt der Tätigkeit des Mitarbeiters im Unternehmen genau eine gültige Instanz dieses Infotyps existieren.

Abb. 2.5
Infotyp (0002)
Daten zur Person

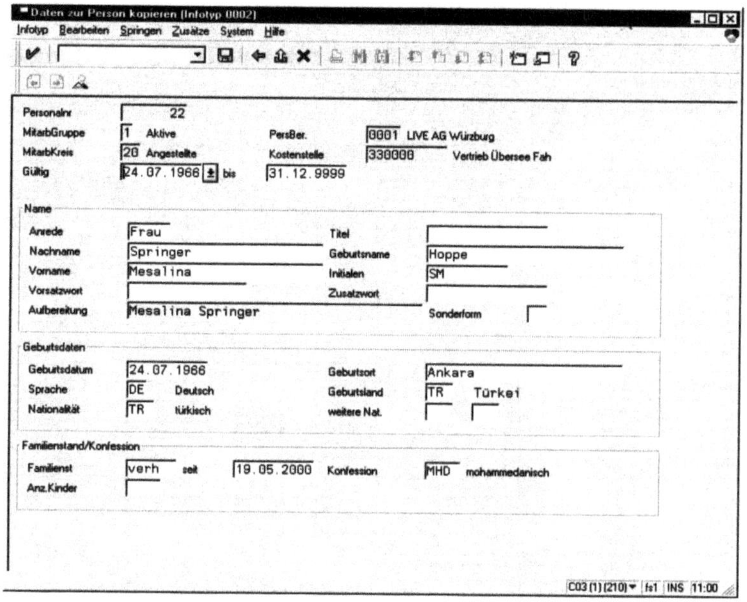

Die einzelnen Familienmitglieder des Mitarbeiters bzw. Bewerbers werden nicht im System erfasst, deswegen erfolgt keine Prüfung zwischen dem Inhalt des Feldes *Anz.Kinder* (Anzahl Kinder) aus dem Infotyp *Daten zur Person* (0002) und der Anzahl der Kinder aus dem Infotyp *Familie/Bezugsperson* (0021).

2.4 Anschriften (Infotyp 0006)

Im Infotyp *Anschriften* (0006) werden die Anschriften eines Mitarbeiters bzw. Bewerbers abgelegt. Durch Infotyp 0006 entsteht die Möglichkeit die Anschrift eines Mitarbeiters bzw. Bewerbers zusammen mit dem Namen aus dem Infotyp *Daten zur Person* (0002) in unterschiedlichen Listen, Formularen oder Adressaufklebern zu verwenden. In der Standardauslieferung von R/3 stehen folgenden Subtypen von 0006 zur Verfügung:

Subtypen
von 0006

- **Ständiger Wohnsitz**
- **Zweitwohnsitz**
- **Heimatanschrift**
- **Notadresse**
- **Postalische Anschrift**
- **Pflegeadresse**

Abb. 2.6
Anschriften Infotyp
(0006)

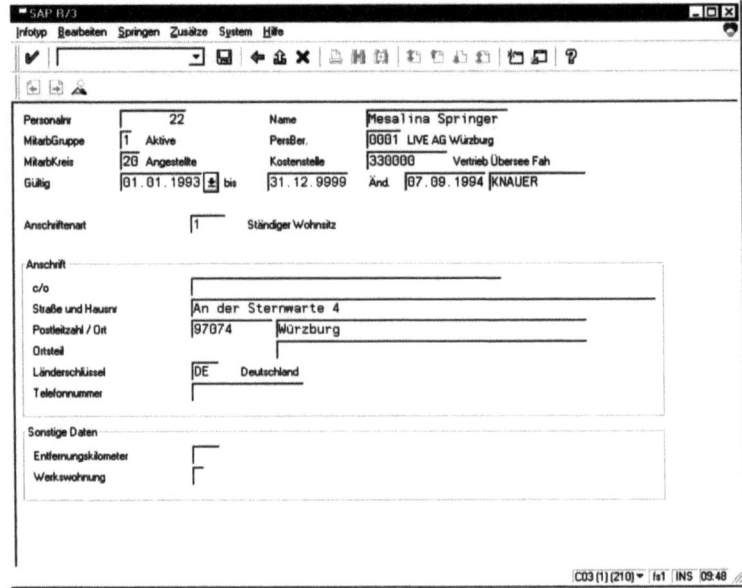

Für den Infotyp *Anschriften* (0006) existieren verschiedene Eingabemasken für die einzelnen Länderversionen. Beim Anlegen einer Anschrift wählt das System das Länderbild, das dem Land des Personalbereichs entspricht, dem der Mitarbeiter bzw. Bewerber im Infotyp *Organisatorische Zuordnung* (0001) zugeordnet ist.

Auslandanschrift

Wenn der Anwender statt der vom System vorgeschlagenen Eingabemaske eine andere wählen will, um eine Auslandsanschrift eines Mitarbeiters bzw. Bewerbers zu erfassen, kann die Funktion Auslandsanschrift genutzt werden. Beim Anlegen einer Anschrift findet man diese Funktion auf der Eingabemaske des Infotyps *Anschriften* (0006).

2.5 Basisbezüge (0008)

Abb. 2.7
Anschriftenarten

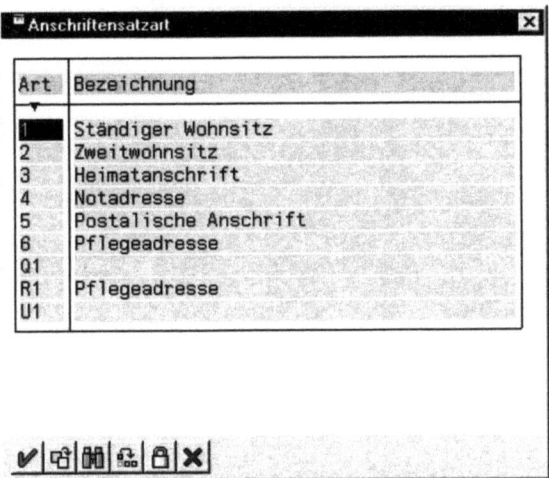

2.5 Basisbezüge (0008)

Im Infotyp *Basisbezüge* (0008) werden die Grundbezüge eines Mitarbeiters abgelegt. Über die Infotyphistorie kann man den Überblick die Lohn- und Gehaltsentwicklung des Mitarbeiters erhalten. In der Standardauslieferung stehen dem Benutzer die folgenden Bezugsarten zur Verfügung:

- **Basisvertrag**
- **Basisvertrag erhöhen**
- **Vergleichbarer Inlandsbezug**
- **Kostenerstattung in Fremdwährung**
- **Örtlicher Zusatzvertrag**

Man kann den Infotyp *Basisbezüge* (0008) einzeln oder während einer Personalmaßnahme bearbeiten. Will man einen neuen Infotypsatz anlegen, muss man die Bezugsart bereits in der Eingabemaske *Personalstammdaten* einpflegen. Bearbeitet man die Basisbezüge mit Hilfe von Personalmaßnahmen, wird die Bezugsart vorgegeben.

Tarif

Das System schlägt die Tarifart und das Tarifgebiet automatisch vor. Es besteht aber Möglichkeit die vom System vorgeschlagene Werte zu überschreiben.

Abb. 2.8
Bankverbindungen
Infotyp (0009)

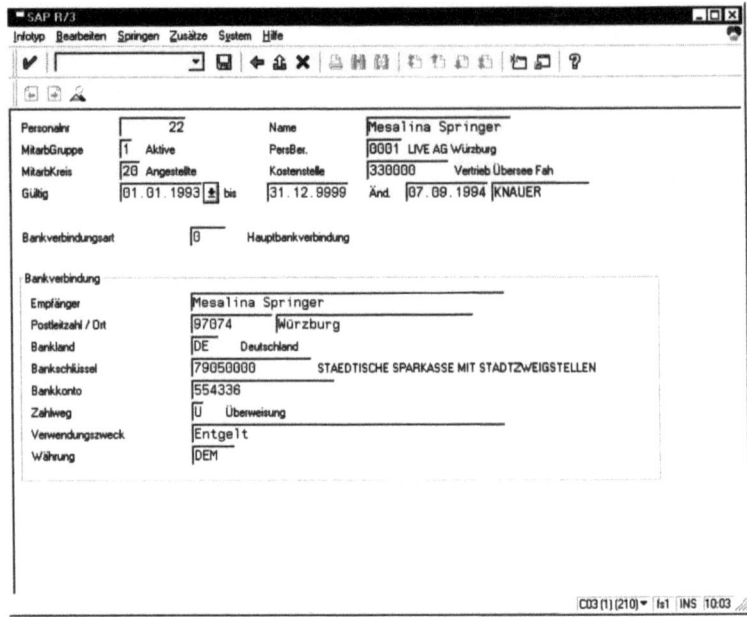

Lohnarten

Wenn der Anwender einen Infotypsatz hinzufügt, werden die Lohnarten automatisch vom System vorgeschlagen. Das System unterstützt etwa zwanzig Lohnarten. Einige der Lohnarten kann man nicht überschreiben oder löschen.

2.6 Bankverbindungen Infotyp (0009)

Im Infotyp *Bankverbindung* (0009) werden die Empfänger des Auszahlungsbetrages der Entgeltabrechnung bzw. der Reisespesen sowie deren Bankverbindung eingegeben. Bei der Eingabe eines neuen Datensatzes wird der Name des Mitarbeiters bzw. Bewerbers aus dem Infotyp *Daten zur Person* (0002) als Empfängername und die Postleitzahl bzw. das Ort aus dem Infotyp *Anschriften* (0006) vom System automatisch vorgeschlagen. Empfänger und Mitarbeiter bzw. Bewerber müssen nicht identisch sein.

In der Standardauslieferung von R/3 stehen folgende Bankverbindungsarten zur Verfügung:

- **Hauptbankverbindung**
- **zusätzliche Bankverbindungen**
- **Reisespesen**

2.7 Externe Überweisungen Infotyp (0011)

Abb. 2.9
Bankverbindungsart

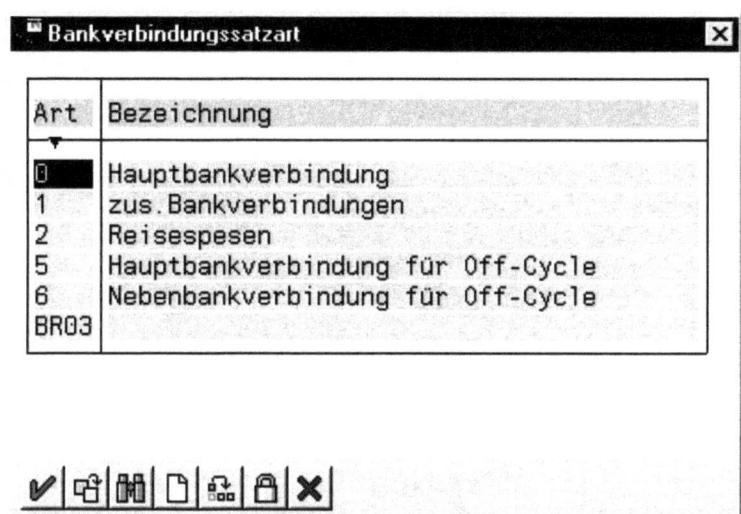

Will man zusätzliche Bankverbindungen bzw. Reisespesen eingeben, erscheinen die Felder *Vorgabe-Wert* und *Vorgabe-Prozentsatz*.

2.7 Externe Überweisungen Infotyp (0011)

Der Infotyp *Externe Überweisung* (0011) bietet die Möglichkeit die für externe Überweisungen notwendigen Informationen zu hinterlegen. Zu **externen Überweisungen** zählen z. B. Überweisungen von Versicherungsbeiträgen an eine Versicherung des Mitarbeiters und Mietabzüge an den Vermieter des Mitarbeiters.

Zahlungsangaben

Im Feld *Lohnart* wird eingegeben, auf welcher Lohnart die externen Überweisung basieren. Abhängig von der Lohnart werden entweder das Feld *Betrag* oder die Felder *Anzahl* und *Einheit* bearbeitet. Die eingegebene Kombination wird vom System überprüft. Abhängig vom Buchungskreis wird die Währung vorgeschlagen, man kann sie aber auch manuell eingeben.

Um die **Zahlungszeitpunkte** festzulegen, bestehen folgende Eingabemöglichkeiten:

- In den Feldern *Erste Auszahlperiode* und *Abstand in Perioden* zur nächsten und allen weiteren Perioden;
- in den Feldern *Erstes Auszahldatum* und *Abstand/Einheit* zum nächsten und allen weiteren Tagen.

2.8 Familie/Bezugsperson (Infotyp 0021)

Im Infotyp *Familie/Bezugsperson* (0021) können die Familienangehörigen sowie die Bezugspersonen des Mitarbeiters hinterlegt werden.

In der Standardauslieferung stehen die folgenden Verwandtschaftssatzarten zur Verfügung:

- **Ehegatte**
- **Kind**
- **Erziehungsberechtigter**
- **Erblasser**
- **Vormund**
- **Stiefkind**
- **Notruf**
- **Bezugspersonen**

Abb. 2.10
Infotyp (0021)
Familie/Bezugsperson

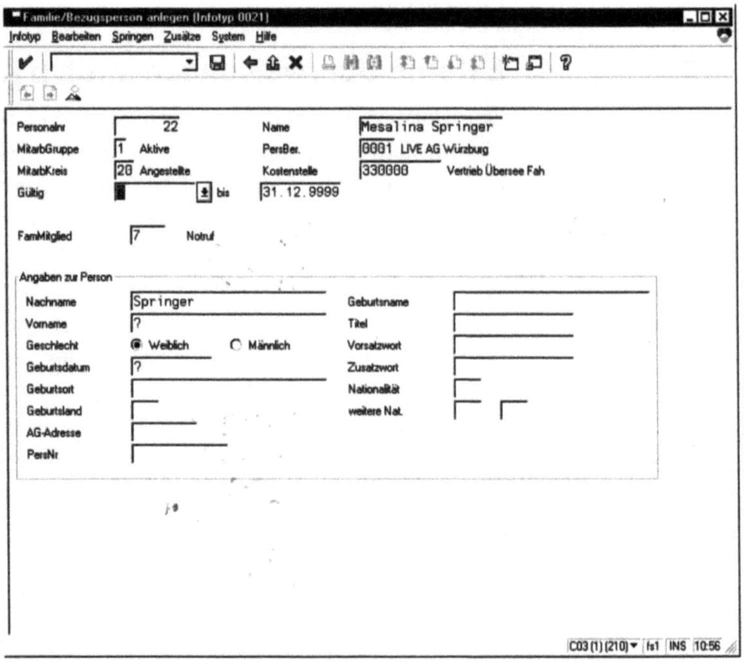

2.9 Kostenverteilung (0027)

Im Infotyp *Kostenverteilung* (0027) kann der Anwender festhalten, wie sich die Kosten für einen Mitarbeiter auf verschiedene Kostenstellen verteilen. Bis zu 25 verschiedene Kostenstellen mit den jeweils zugehörigen Prozentsätzen stehen zu Verfügung.

Um die Kosten, die verteilt werden sollen, zu differenzieren, werden Subtypen verwendet. In der Standardauslieferung stehen die Subtypen **Lohn/Gehalt** und **Reisekosten** zur Verfügung.

Kostenverteilung

Durch die Eingabe im Feld *Verteilung* bestimmt der Anwender, auf welche Kosten sich die Kostenverteilung bezieht.

In den vom System durchnummerierten Zeilen wird die Kostenverteilung durch Eingaben in den folgenden Feldern festgelegt:

- **BuKr (Buchungskreis)**
- **GsBe (Geschäftsbereich)**
- **Kostenst. (Kostenstelle)**
- **Proz. (Kostenstellenprozentsatz)**

Mit den Funktionstasten wird auf insgesamt drei Seiten geblättert, um Zeilen einzufügen, anzuhängen oder zu löschen. Auf der jeweiligen Eingabemaske wird jeweils die Kostenstelle angezeigt, die im Verteiler auf der Eingabemaske unter Nummer 01 eingetragen ist. Bevor ein Datensatz des Infotyps *Kostenverteilung* (0027) angelegt werden kann, muss man Buchungskreise, Kostenrechnungskreise und Kostenstellen einrichten.

2.10 Versicherungen Infotyp (0037)

Im Infotyp *Versicherungen* (0037) werden die Angaben über die Versicherungen eines Mitarbeiters gemacht. Zur Differenzierung der Versicherungsarten verwendet das System Subtypen. In der Standardauslieferung sind folgenden Subtypen eingerichtet:

- **Direktversicherung**
- **Gruppenunfallversicherung**
- **Lebensversicherung**
- **Zusatzversorgung**
- **nicht pflichtig**
- **Risiko**
- **Risiko/Rente**

- **Krankenpflege**
- **Krankengeld**

Im Customizing gibt es Möglichkeiten weitere Versicherungsarten als Subtypen einzurichten.

Für die Erfassung der Daten zur Sozialversicherung (Daten zur Sozialversicherung Deutschland (0013)) und Altersversorgung/ Direktversicherung (Direktversicherung (0026)) stehen separate Infotypen zur Verfügung.

Hier werden folgende Daten eingegeben:

Daten zur Versicherung

- **Versicherungsart**
- **Versicherungsgesellschaft**
- **Versicherungsnummer**
- **Versicherungssumme**
- **Versicherungsprämie**

Das Standardsystem wertet die Daten vom Infotyp (0037) nicht aus. Man kann diesen Infotyp für eigene Auswertungen nutzen.

2.11 Direktversicherung (0026)

Infotyp (0026) umfasst die Daten zu Direktversicherungen, die im Rahmen der betrieblichen Altersversorgung für Mitarbeiter abgeschlossen werden. Diese Daten sind für die Lohn- und Gehaltsabrechnung der Mitarbeiter notwendig.

Der Infotyp *Direktversicherung* (0026) unterteilt sich in Subtypen, die jeweils eine andere Versicherungsart erfassen. In der Standardauslieferung des Systems sind folgende Subtypen eingerichtet:

- **Lebensversicherung**
- **Gruppenunfallversicherung**
- **Rentenversicherung mit Kapitalwahlrecht**
- **Todesfallrisikoversicherung**
- **Unfallversicherung mit Prämienrückgewähr**

3 Organisationsstruktur und -management

Zunächst muss eine Aufbauorganisation erstellt werden, die es ermöglicht, Mitarbeiter im Unternehmen darzustellen und zu verwalten. Die Aufbauorganisation im HR ist ein umfassendes dynamisches Modell der Unternehmensstruktur. Sie kann jederzeit umstrukturiert, modifiziert und geändert werden.

Durch Zuordnung einzelner Planstellen und deren Verknüpfungen untereinander entsteht ein Organigramm.

Strukturen im HR

HR unterscheidet zwischen drei Hauptstrukturen:

- **Unternehmensstruktur**
- **Personalstruktur**
- **Organisationsstruktur**

3.1 Unternehmensstruktur

Die Unternehmensstruktur gliedert sich in den Mandant, Buchungskreis, Personalbereich und Personalteilbereich.

Mandant

Der Mandant ist ein sowohl organisatorisch als auch juristisch eigenständiger Teilnehmer am System. Dies hat zur Folge, dass Mitarbeiter, die innerhalb eines Mandanten wechseln, jeweils neu angelegt werden müssen. Es existiert kein Datenaustausch zwischen den Mandanten.

Buchungskreis

Der Buchungskreis ist eine eigenständige Firma mit eigener Buchhaltung. In kleineren Unternehmen entspricht der Mandant dem Buchungskreis.

Personalbereich

Der Personalbereich unterteilt den Buchungskreis in kleinere Einheiten. Er wird durch eine vierstellige alphanumerische Kennung gekennzeichnet. Er dient sowohl der Berechtigungsprüfung als auch als Selektionskriterium für eine spätere Auswertung.

Personalteilbereich

Eine Untergliederung des Personalbereichs stellt der Personalteilbereich dar. Auf dieser Ebene erfolgen die Ländergruppierungen. Ländergruppierungen sind für die Umsetzung von gesetzlichen, tariflichen und innerbetrieblichen Bestimmungen nötig. Auch Feiertagskalender werden auf dieser Ebene zugeordnet.

3 Organisationsstruktur und -management

Abb. 3.1
Beispiel einer möglichen Unternehmensstruktur

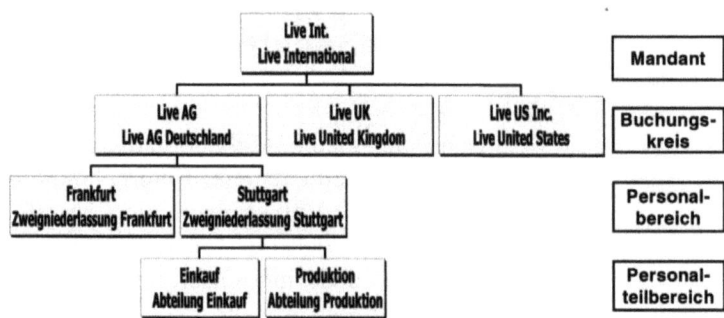

3.2 Personalstruktur

Die Personalstruktur wird im Customizing definiert. Sie dient der Durchführung von Berechtigungsprüfungen und zur Steuerung der Lohn- und Gehaltsabrechnung (vgl. Kapitel 7: Lohn & Gehalt).

3.2.1 Mitarbeitergruppe

Die Mitarbeitergruppe beschreibt die Stellung des Mitarbeiters zum Unternehmen anhand seiner zur Verfügung stehenden Arbeitskraft. Eine Grobunterteilung ist bereits vorgegeben. Es können unternehmensspezifisch Erweiterungen vorgenommen werden, bspw. lassen sich die gesamten Mitarbeiter in die Mitarbeitergruppen Aktive, Rentner, Externe Mitarbeiter unterteilen.

Die Mitarbeitergruppen bilden eine Einheit bei der Berechtigungsprüfung, sie dienen ebenfalls als Selektionskriterium für Auswertungen und ermöglichen das Generieren von Vorschlagswerten zur Dateneingabe für die Abrechnung.

3.2.2 Mitarbeiterkreis

Eine weitere Unterteilung bildet der Mitarbeiterkreis. Hier werden die einzelnen Mitarbeitergruppen feiner untergliedert. Kriterium dafür bildet der Mitarbeiterstatus, bspw. lassen sich die Aktiven aufteilen in Angestellte, Arbeiter, Stundenlöhner und Auszubildende.

Für die Mitarbeiterkreise können verschiedene Abrechnungszeitpunkte definiert werden, wie etwa stündlich oder monatlich sowie Arbeitszeitpläne.

Ebenso ist eine Generierung von Vorschlagswerten, wie z. B. für den zugehörigen Abrechnungskreis, möglich.

3.2.3 Personalabrechnungskreis

Der Personalabrechnungskreis ist eine organisatorische Einheit, die der Durchführung der Abrechnung dient. Es werden hier alle Mitarbeiter zusammengefasst, die zu einem bestimmten Zeitpunkt abgerechnet werden sollen. Die Abrechnung wird daher abrechnungskreisweise gefahren.

3.3 Organisationsstruktur

Die Organisationsstruktur stellt die Abbildung des Unternehmens im System dar. Bei der Einstellung eines neuen Mitarbeiters wird dieser einer Organisationseinheit, einer Stelle und einer Planstelle zugeordnet.

Organisationseinheit

Die Organisationseinheiten können je nach Unternehmen entweder nach funktionalen bzw. regionalen Aspekten oder direkt nach Projekten angelegt werden. Eine Verknüpfung unter ihnen erzeugt schließlich die Abbildung der Aufbauorganisation. Den einzelnen Organisationseinheiten werden aus dem Rechnungswesen Kostenstellen zugeordnet.

Stellen

Die Stelle im HR bezeichnet ein Organisationsobjekt. Sie ist eine allgemeine Klassifikation von Funktionen im Unternehmen. Stellen sind keine existierenden Positionen, sondern dienen lediglich als Hilfsmittel zum Anlegen von den mit Personen zu besetzenden Planstellen mit vergleichbarem Aufgabenprofil und Eigenschaften. So können z. B. Sekretärin, Abteilungsleiter, Vorstand derartige Stellen sein.

Planstellen

Planstellen sind konkrete, von Mitarbeitern zu besetzende Positionen im Unternehmen. Eine Planstelle kann von mehreren Personen besetzt sein (Halbtagskräfte), vakant sein oder sowohl besetzt als auch vakant sein, falls der Mitarbeiter das Unternehmen verlässt und die Planstelle neu besetzt werden soll. Eine Planstelle erbt die Aufgaben der zugehörigen Stelle. Man kann ihr jedoch weitere Aufgaben zuordnen, die für die jeweilige Stelle von Relevanz sind.

Beispiel für Planstellen vom Typ „Sekretärin" sind: Sekretärin Einkauf oder Sekretärin Marketing.

3 Organisationsstruktur und -management

Aufgaben

Aufgaben dienen der Stellen- und Planstellenbeschreibung. Es sind Pflichten, Verantwortlichkeiten und Zuständigkeiten, die von dem Inhaber der Planstelle ausgeführt werden müssen. Alle Aufgaben sind in einem Aufgabenkatalog zusammengestellt. Dieser kann jederzeit bei Bedarf erweitert werden.

Im Zuge der Suche eines geeigneten Mitarbeiters für die jeweilige Planstelle können diese Aufgaben mit der Qualifikation des Bewerbers verglichen werden (vgl. Kapitel 5: Personalbeschaffung).

Abb. 3.2
Beispiel Stelle mit abgeleiteten Planstellen und dazugehörige Aufgaben

Arbeitsplatz

Arbeitsplätze beschreiben den physischen Ort, an dem die Aufgaben ausgeführt werden sollen. Man kann diesem Arbeitsplatz konkrete Räume oder nur generelle Ortsbeschreibungen, wie die Zweigstelle in Frankfurt, zuordnen. Auch lassen sich Einschränkungen, wie behindertengerechte Arbeitsumgebung oder auch Besonderheiten, wie benötigte Gesundheitsvorsorgen, einpflegen.

Alle diese fünf zuvor beschriebenen Standardobjekte sind in Form eines **Infotyps** 1000 *Objekt* mit frei wählbarem 12-stelligen Kürzel und einem 40-stelligen Langtext dargestellt. Ohne Infotypen gibt es keine Objekte in R/3.

Der fachliche Zusammenhang der oben genannten Objekte ergibt sich aus folgender Grafik:

Abb. 3.3
Fachlicher
Zusammenhang

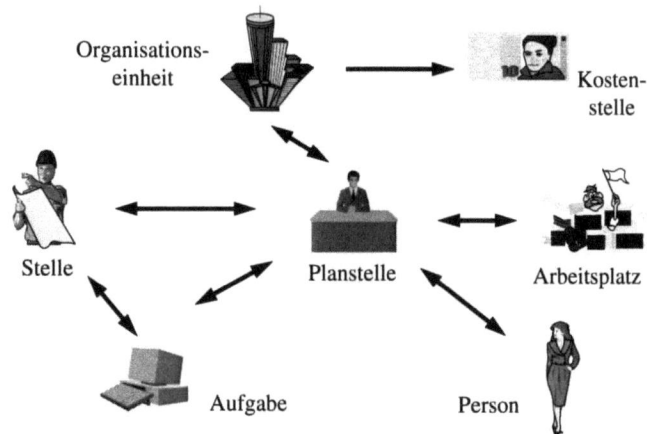

Die Planstelle (siehe Abb. 3.3) ist durch eine Person besetzt. Jede Planstelle wird durch eine Stelle beschrieben, wobei wiederum die Aufgabe die Stelle und Planstelle beschreibt. Die Planstelle gehört zum Arbeitsplatz. Jede Organisationseinheit umfasst ein oder mehrere Planstellen; mehrere Organisationseinheiten ergeben Organisationspläne. Den Organisationseinheiten werden Kostenstellen zugeordnet.

3.4 Datenpflege

Es gibt zwei Wege Daten einzupflegen. Die **Einfache Pflege** dient der Schnellerfassung. Änderungen lassen sich am besten über die **Detailpflege** erledigen.

3.4.1 Fallbeispiel: Organisationseinheiten hinzufügen

Anlegen einer neuen Organisationseinheit „Einkauf Deutschland" (Einkauf_D). Dieser neu angelegten Organisationseinheit „Einkauf Deutschland" sollen zwei Unterabteilungen „Einkauf Verwaltung (Einkauf_V)" und „Einkauf Produktion" (Einkauf_P) zugeordnet werden.

1. Anlegen der Organisationseinheit Einkauf_D

Auswahl des Menüpfads *Personal* ⇨ *Planung* ⇨ *Organisation* ⇨ *Einfache Pflege* ⇨ *Grunddaten Aufbauorganisation* ⇨ *Anlegen*.

„PP10_2_5_1.scm"

Abb. 3.4
Organisationseinheit anlegen

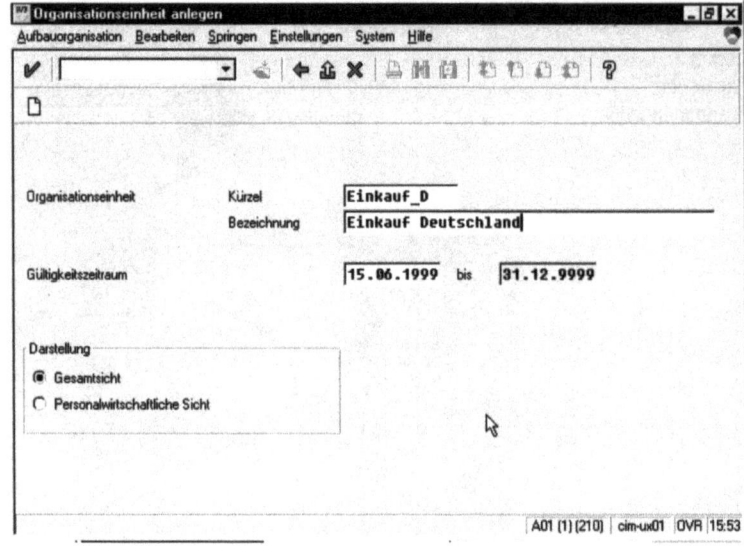

Organisationseinheit „Einkauf_D" ⇨ Beschreibung „Einkauf Deutschland" ⇨ Anlegen

2. Anlegen der Unterorganisationseinheiten Einkauf_P und Einkauf_V

Überorganisation „Einkauf_D" markieren ⇨ Bearbeiten ⇨ Anlegen ⇨ Organisationseinheiten ⇨ Einfache Pflege ⇨ Grunddaten Aufbauorganisation ⇨ Anlegen

Abb. 3.5
Unterorganisationseinheit anlegen

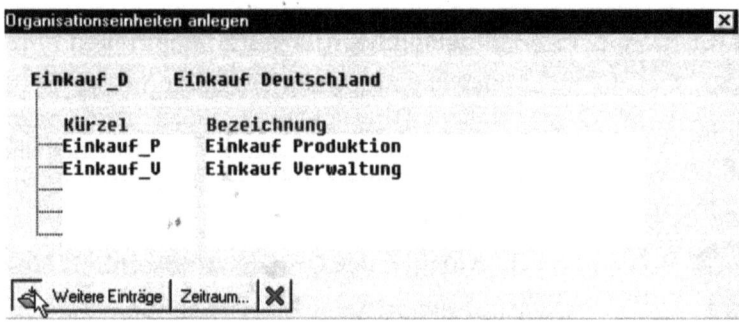

⇨ Sichern

3.4 Datenpflege

3. Anlegen einer Planstelle bei der Unterorganisationseinheit Einkauf_P

⇨ *Einkauf Produktion markieren* ⇨ *Planstelle* ⇨ *Anlegen*

Abb. 3.6
Planstelle anlegen

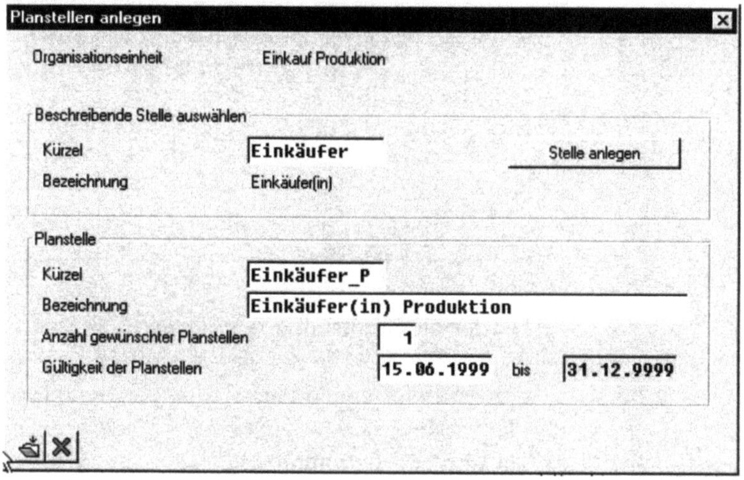

Planstellen anlegen	
Organisationseinheit	Einkauf Produktion

Beschreibende Stelle auswählen
- Kürzel: Einkäufer
- Bezeichnung: Einkäufer(in)
- Stelle anlegen

Planstelle
- Kürzel: Einkäufer_P
- Bezeichnung: Einkäufer(in) Produktion
- Anzahl gewünschter Planstellen: 1
- Gültigkeit der Planstellen: 15.06.1999 bis 31.12.9999

⇨ *Sichern*

3.4.2 Fallbeispiel: Stelle ergänzen

Die Stelle „Designer" soll in den aktuellen Stellenplan aufgenommen werden. Die Stelle soll ab dem 01. des Monats eingerichtet und aktiv werden sowie dem aktuellen Plan angehören. Die Stelle wird mit ihrer Bezeichnung eingepflegt.

„PP_5_2.scm"

1. Anzeige der existierenden Stellen

Mit *Personal* ⇨ *Planung* ⇨ *Organisation* und *Auswertungen* ⇨ *Stelle* und Auswahl von *Existierende Stellen* gelangt man in den Report, welcher die existierenden Stellen auflistet.

3 Organisationsstruktur und -management

Abb. 3.7
Stelle auswerten

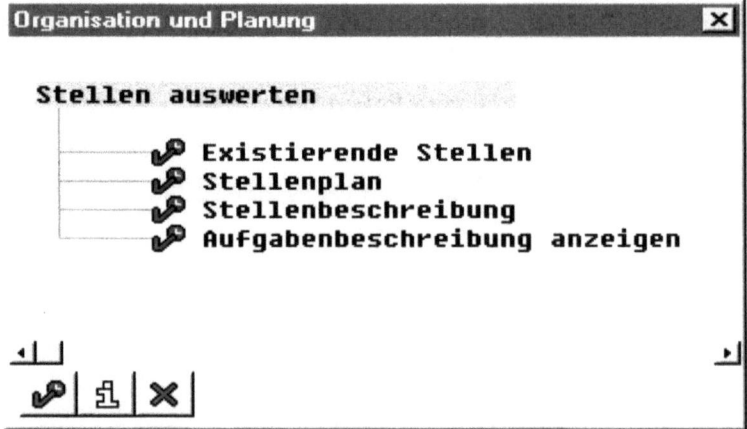

Da der Gesamtkatalog gewünscht wird, sind die Stellen ohne eine weitere Angabe mit 🔑 Ausführen aufzulisten. Unter Umständen ist beim ersten Aufruf der Personalplanung die gewünschte Planvariante *01 Aktueller Plan* einzugeben und mit ✔ Enter fortzufahren.

Abb. 3.8
Selektion:
Existierende Stellen

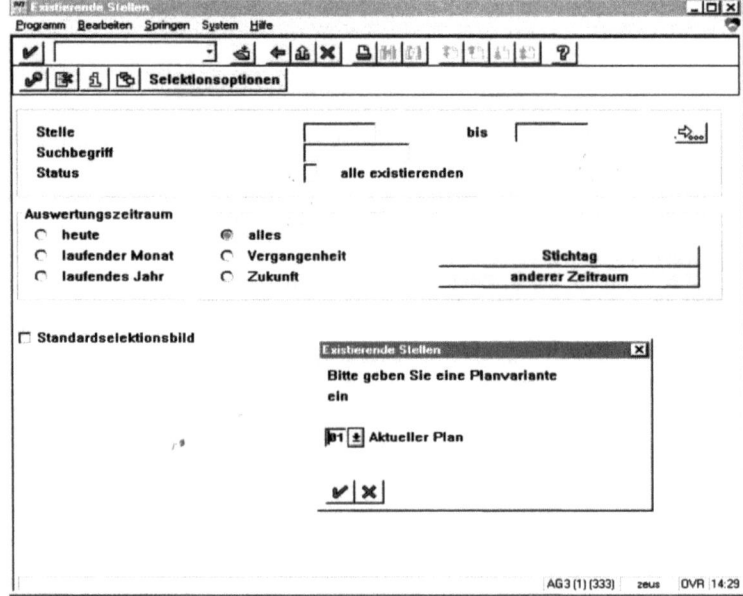

Als Ergebnis erhält man die Auflistung aller Stellen. Daraus wird ersichtlich, dass die Stelle eines Designers später mit der laufenden Nummer 00000027 eingepflegt werden kann.

3.4 Datenpflege

2x ⬅ Zurück und ❌ Abbruch beendet die Auflistung.

Abb. 3.9
Existierende Stellen

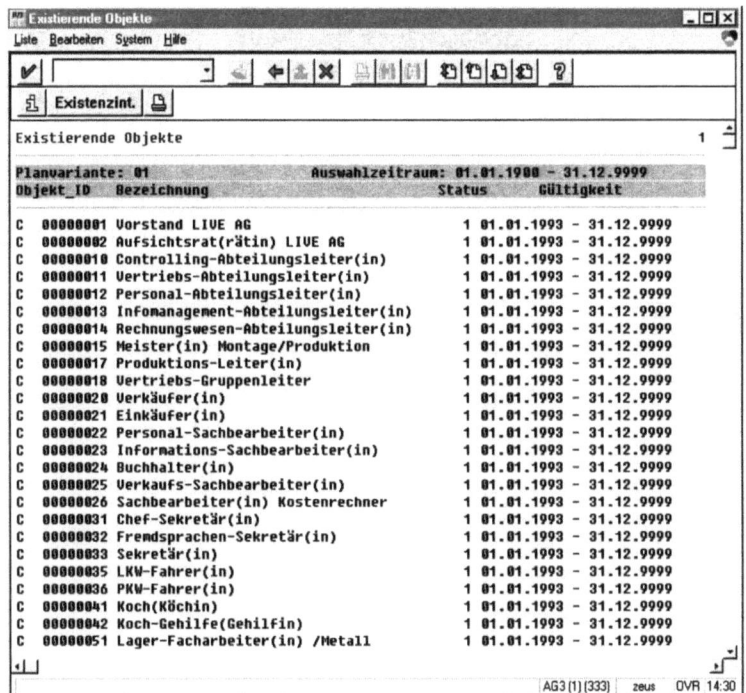

2. Grunddaten eingeben

Mit *Detailpflege* ⇨ *Stelle* gelangt man in die Einstiegsmaske zur Pflege der Plandaten.

Der **Aspekt** und die **Planvariante** ist nach der Verwendung der Plandaten der Stelle einzurichten. Die Vorschlagswerte *Organisations-Entwicklung und -Planung* sowie *Aktueller Plan* sind i. d. R. zu übernehmen bzw. auszuwählen. Dieser Punkt entfällt, falls in der Personalplanung vorher schon die Planvariante eingegeben worden ist.

Für das Hinzufügen der Stelle „*Designer*" ist eine freie Nummer zu vergeben (z. B. 00000027). Diese muss immer entsprechend erfasst werden.

Mit *Hilfsmittel* ⇨ *Status auswählen* kann der „Default Status" erreicht werden.

3 Organisationsstruktur und -management

Durch Auswahl von *aktiv* und *Status setzen* wird dieser bis zum Abmelden gesetzt.

3. Einrichten der Stelle

Den Infotypen *Objekt* (1000) wählt man durch Anklicken aus, zum Einrichten der Stelle betätigt man Anlegen.

Es ist ein entsprechendes Kürzel der einzurichtenden Stelle einzugeben. Die Bezeichnung der Qualifikation kann in „Langform" angegeben werden, um Verwechslungen zu vermeiden.

Abb. 3.10
Infotyp Objekt 1000: Hinzufügen

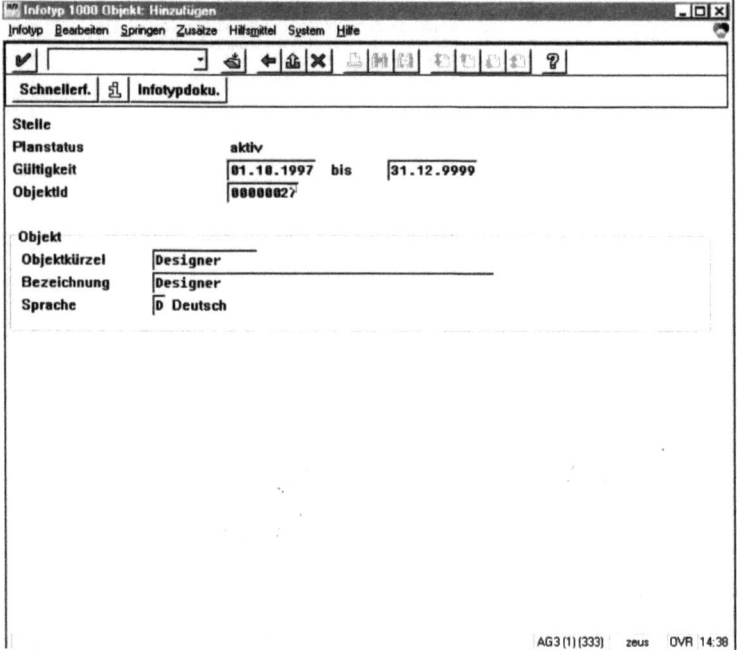

Durch Sichern werden die Eingaben abgespeichert. Über *Zurück* und 2 x „Beenden" gelangt man in das R/3-Einstiegsmenü.

Hinweis

Verknüpfungen zu Planstellen werden über das Pflegen der Planstellen eingerichtet.

3.4.3 Fallbeispiel: Auswerten einer Organisationseinheit

Auswertungen kann man nach Organisationseinheit, Stelle, Planstelle, Arbeitsplatz und Aufgabe vornehmen. Sie dienen der besseren Übersicht und ermöglichen zudem eine einfache Bearbeitung. Ändern, löschen, erweitern kann man auch an dieser Stelle.

Die in 3.4.1 angelegte Organisationseinheit soll mit zugeordneten Planstellen als Organigramm angezeigt werden.

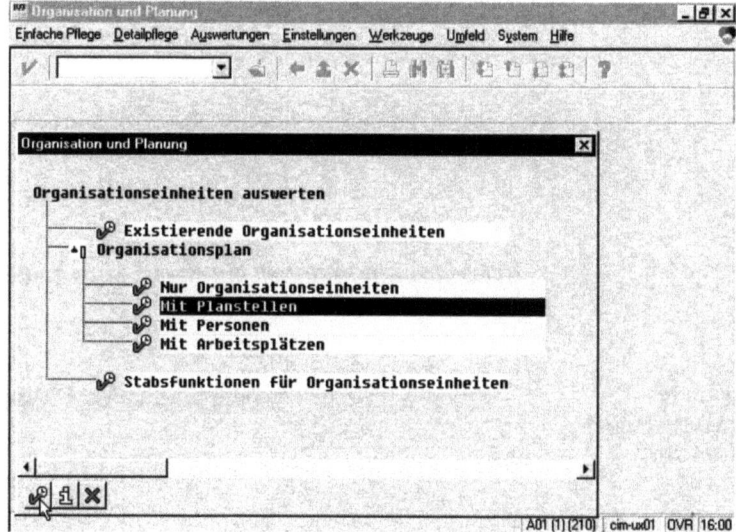

Abb. 3.11
Organisationseinheit mit Planstelle auswählen

„PP10_3_2.scm"

Personal ⇨ Planung ⇨ Organisation ⇨ Auswertungen ⇨ Organisationseinheit ⇨ mit Planstellen markieren ⇨ Ausführen

3 Organisationsstruktur und -management

Abb. 3.12
Auswertung
ausführen

⇨ *Organisationseinheit eintragen bzw. suchen* ⇨ *Ausführen*

Abb. 3.13
Strukturanzeige
auswählen

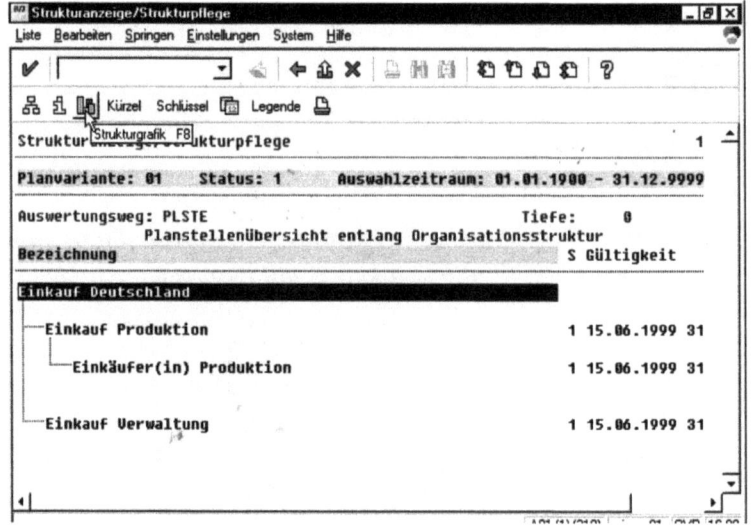

⇨ *Organisationseinheit (Einkauf Deutschland) markieren* ⇨ *Strukturgrafik-Button drücken*

3.4 Datenpflege

Abb. 3.14
Grafische Struktur-
pflege

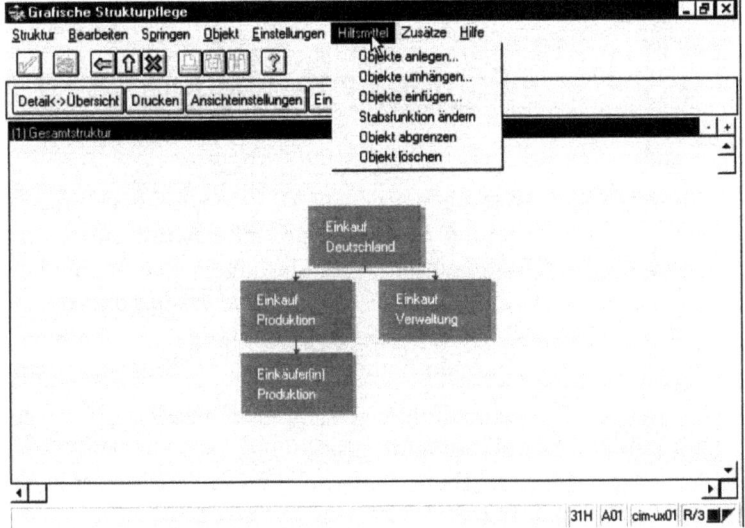

Mit ⇨ *Hilfsmittel* könnte man - wie oben erwähnt - auch an dieser Stelle Änderungen (umhängen, zufügen, löschen etc.) vornehmen.

4 Personalentwicklung

Bislang wurde unter Personalentwicklung die systematische Förderung des Führungskräftenachwuchses verstanden. Mit den zunehmenden Veränderungen der betrieblichen Produktionsprozesse und des Bedarfs zur Anpassung der externen Veränderungen wurde die Bedeutung des planmäßigen Ausbaus der Qualifikationen immer größer.

Demzufolge versteht man heutzutage darunter außer der generellen Berufsausbildung auch die laufbahnorientierte sowie die aufgabenorientierte Entwicklung der Mitarbeiter eines Unternehmens.

Personalentwicklung umfasst dabei:

- **Qualifikationen & Anforderungen**
- **Laufbahn und Karriereplanung**
- **Beurteilungssysteme**
- **Personalentwicklungspläne**
- **Veranstaltungsmanagement**

4.1 Qualifikationen und Anforderungen

Innerhalb der Komponente **Personalentwicklung** gibt es die Möglichkeit Qualifikationen und untergeordnete Spezialisierungen anhand eines Qualifikationskataloges zu verwalten, zu vergleichen etc.

Hierzu können geforderte und vorhandene Anforderungen gegenübergestellt und bei Bedarf grafisch aufgearbeitet werden.

Fallbeispiel:
Qualifikationskatalog ergänzen

„PP_5_3.scm"

Die Kenntnisse über R/3 wurden bisher noch nicht im Qualifikationskatalog abgebildet. Zukünftig sollen jedoch auch die Qualifikationen der Mitarbeiter in **Standardanwendungssoftware** als Spezialisierung der Qualifikation **Kenntnisse in Informatik** abgebildet werden. Dazu sollen dem Qualifikationskatalog unter der entsprechenden Struktur die gewünschten Qualifikationen hinzugefügt werden.

4.1 Qualifikationen und Anforderungen

Mit *Personal* ⇨ *Personalmanagement* ⇨ *Personalentwicklung* ⇨ *Auswertungen* ⇨ *Katalog* ⇨ *Qualifikationen* gelangt man in den Standard-Qualifikationskatalog.

Durch das Anklicken der Standardleiste erhält man das Katalogverzeichnis der Qualifikationen unterteilt in diverse Oberbegriffe (Mathematische Kenntnisse, Kenntnisse in Informatik, BWL etc.).

Um gezielt die eingepflegten Kenntnisse in Informatik zu erhalten, muss man auf [+] klicken.

Abb. 4.1
Qualifikationskatalog

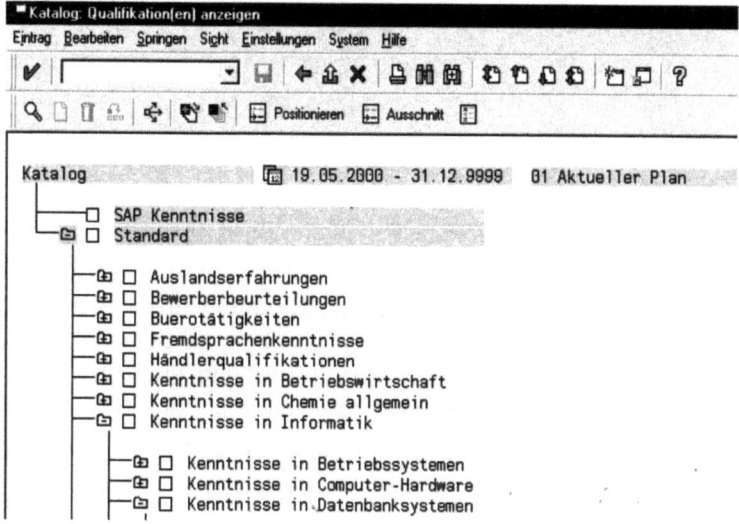

Da die Qualifikationen für Standardanwendungssoftware unmittelbar unter dem Punkt „Kenntnisse in Informatik" verknüpft werden sollen, klickt man auf die Zeile *Informatik*.

Die neuen Qualifikationen können über *Anlegen* eingepflegt werden. Als erstes ist die Qualifikation „Standardanwendungssoftware" anzulegen.

Hier gibt man ein entsprechendes „Kürzel" der einzurichtenden Qualifikation ein. Um Verwechslungen zu vermeiden, kann die Bezeichnung der Qualifikation auch in „Langform" angegeben werden.

Mit der Bezeichnung „Gültig" wird die Gültigkeitsdauer des neu angelegten Objekts festgelegt.

4 Personalentwicklung

Abb. 4.2
Objekt anlegen /
Gültigkeitszeitraum

Durch Betätigung von ✓ und 💾 gelangt man wieder in den Qualifikationskatalog.

Nun sind nur noch die Qualifikationen „R/3-Kenntnisse" als Spezialisierung der soeben eingerichteten Qualifikation „Standardanwendungssoftware" einzugeben. Dabei ist wieder wie oben beschrieben zu verfahren.

Durch zweimaliges Klicken auf ⬅ gelangt man zurück ins Hauptmenü der Personalentwicklung.

Zusatzinformationen zu Qualifikations-gruppen/Qualifikationen

Qualifikationsgruppen und Qualifikationen können mit folgenden Zusatzinformationen versehen werden:

- **Ausprägungsskala**
- **Ersatzqualifikation**
- **Halbwertszeit**

Abb. 4.3
Qualifikation
Anlegen / Ausprägungsskala

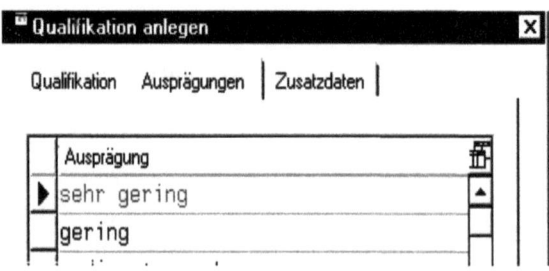

4.1 Qualifikationen und Anforderungen

Ausprägungsskala — Die Ausprägung gibt an, in welcher Qualität eine Anforderung für die Aufgabenerfüllung beherrscht werden sollte. Hierfür kann man beliebige Qualitätsskalen erstellen, wie z. B.:
- Mangelhaft
- Ausreichend
- Durchschnittlich
- Gut
- Sehr gut

Ersatzqualifikationen — Hierunter versteht man die Qualifikationen, die als gleichwertig oder als annähernd gleichwertiger Ersatz für eine geforderte Qualifikation angesehen werden können.

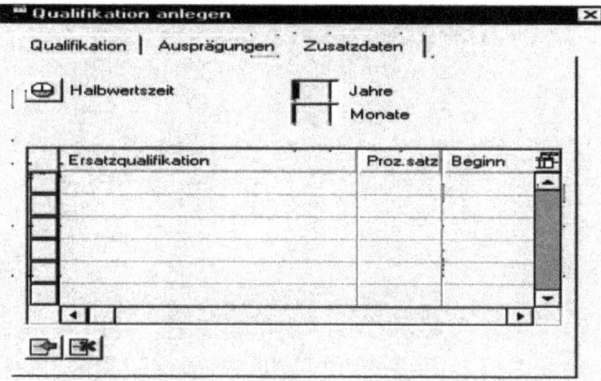

Abb. 4.4 Qualifikation Anlegen/Ersatzqualifikation

Halbwertzeit — Die Qualität einer bestimmten Qualifikation kann bei Nichtausübung der Tätigkeit einem zeitlichen Verfallsprozess unterworfen sein. Durch die Angabe einer Halbwertzeit kann für jede Qualifikation bestimmt werden, wann die Qualifikation nach eigener Einschätzung um die Hälfte gemindert sein wird.

Profilvergleiche — Nach der Erstellung der Anforderungs- und Qualifikationsprofile, können diese miteinander verglichen werden. Hierbei werden die Anforderungen der Planstelle in der geforderten Ausprägung und Erfahrung mit den Qualifikationen einer Person verglichen.

Durchführung eines Profilvergleichs — Um einen Profilvergleich durchzuführen, geht man folgendermaßen vor:

Personalentwicklung ⇨ Auswertungen ⇨ Profilvergleich

In der erhaltenen Maske muss im Feld *Person* die Personalnummer eingegeben oder die Person über Matchcode gesucht werden.

4 Personalentwicklung

Abb. 4.5
Profilvergleich

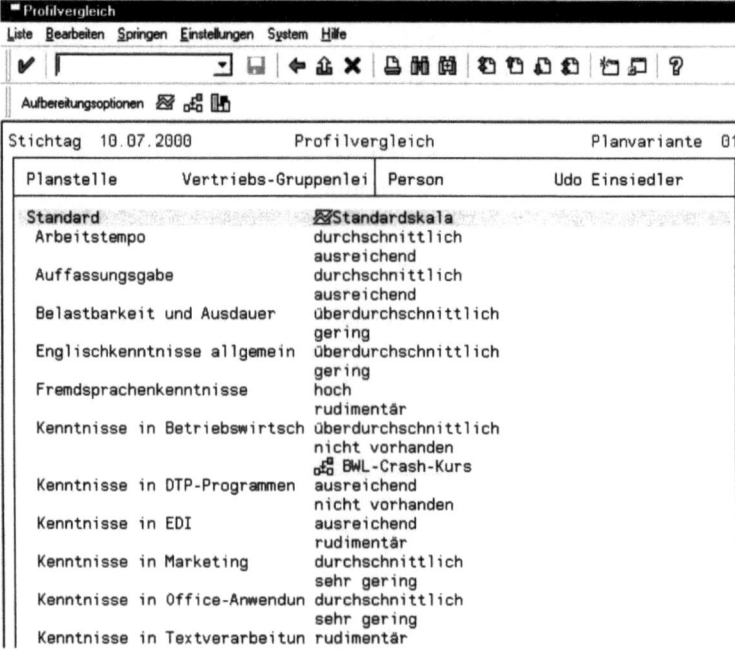

im Feld *Planstelle* wird die Position eingegeben; durch das Anklicken des Symbols wird dann der Vergleich von Anforderungen und Qualifikationen angezeigt.

4.2 Laufbahn- und Nachfolgeplanung

Die **Laufbahnplanung** zeigt auf, welche Aufstiegschancen Mitarbeiter innerhalb der Unternehmung haben. Die **Nachfolgeplanung** ermöglicht die rechtzeitige Besetzung der aus unterschiedlichen Gründen frei gewordenen Stellen mit dem optimal qualifizierten Nachfolger.

Führungskräfte

Wenn es um das Nachwuchsführungskräftepotential innerhalb der Unternehmung geht, gibt das System notwendige Hilfestellung, um nach Mitarbeitern zu suchen, die förderungswürdig und vor allem förderungsfähig sind.

Weiterbildung

Innerhalb der Komponente werden die Abbildungen von Laufbahnen und deren grafische Aufbereitung unterstützt und ein potentieller Weiterbildungsbedarf kann ermittelt werden.

4.2 Laufbahn- und Nachfolgeplanung

Fallbeispiel:
Laufbahnplanung

„PP_5_4.scm"

Personalnummer

Herr Udo Einsiedler, Verkaufssachbearbeiter, möchte sich über seine Aufstiegschancen innerhalb der Unternehmung informieren. Sein besonderes Interesse gilt der Planstelle „Vertriebsgruppenleiter".

Mit *Personalmanagement* ➪ *Personalentwicklung* ➪ *Planung* ➪ *Laufbahnplanung* gelangt man zur Maske *Laufbahnplanung*.

In dieser Maske sind folgende Felder auszufüllen:

In das Feld *Person* ist die Personalnummer des Kandidaten einzugeben. Falls sie nicht vorliegt, kann sie mit dem Standardmatchcode von bekannten Daten abgeleitet werden.

Abb. 4.6
Laufbahnplanung 1

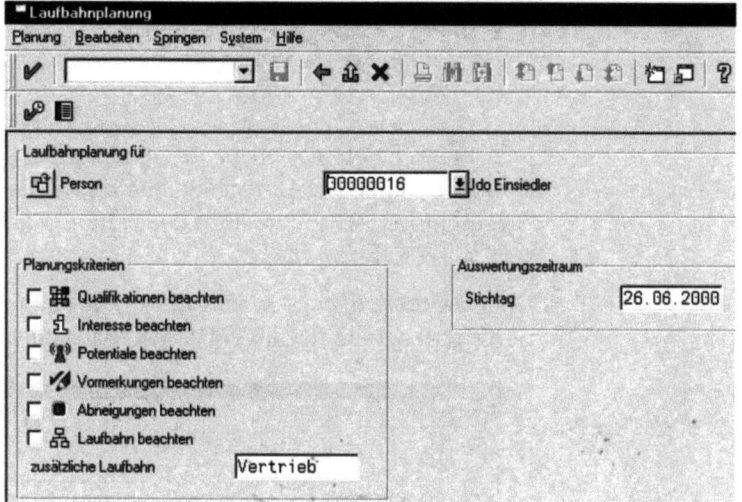

In dem Feld *Planungskriterien* werden die Kriterien, nach denen die Laufbahnplanung durchgeführt werden soll, selektiert. Die aufgeführten Selektionseinschränkungen sind je nach Bedarf anzuklicken. Für die Planung werden nur die am Stichtag gültigen Datensätze berücksichtigt. Die restlichen Voreinstellungen können übernommen werden.

Um die Planung durchzuführen, wird das Symbol betätigt.

4 Personalentwicklung

Abb. 4.7
Laufbahnplanung 2

Jetzt ist „*Vertriebs-Gruppenleiter*" anzuklicken. Hier wird eine Liste von potentiellen Planstellen für die Karriere des Kandidaten vorgeschlagen. Eine Rangliste der Eignung kann über das Symbol ₤ aufgerufen werden.

Hinweis

Über *Einstellungen* ⇨ *Eignung % ein/aus* erhält man den Eignungsprozentsatz für die einzelnen Planstellen.

Abb. 4.8
Laufbahnplanung 3

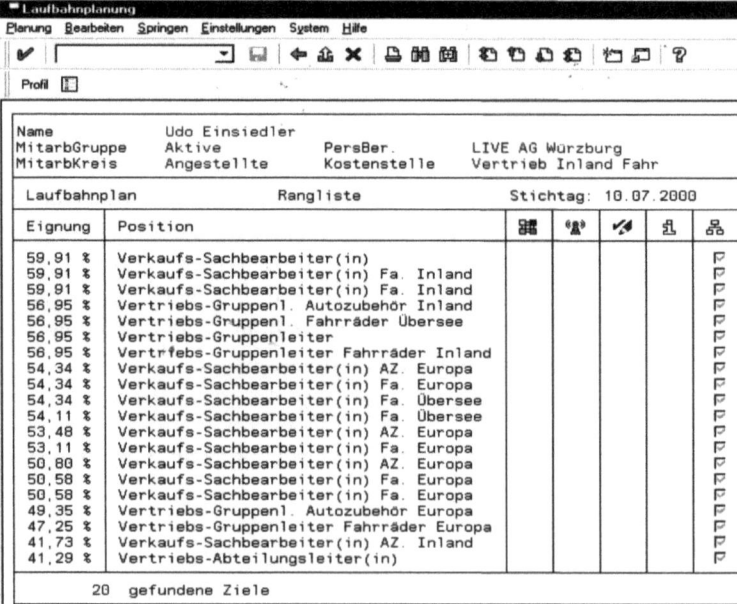

4.2 Laufbahn- und Nachfolgeplanung

Diese Liste ist geordnet nach einem Eignungsprozentsatz, der die prozentuale Übereinstimmung von Anforderungen der jeweiligen Planstelle mit den Qualifikationen der Person angibt. Ausgehend von den Eignungsprozentsätzen kommen für unseren Kandidaten die drei erstgenannten Stellen in Frage.

In unserem Fall beschränken wir uns auf die Aufstiegsmöglichkeiten zum „Vertriebs-Gruppenleiter Fahrräder Inland". Über *Springen* ⇨ *Profilvergleich* wird ein Vergleich zwischen den Anforderungen der Planstelle und den Qualifikationen des Mitarbeiters aufgerufen.

Abb. 4.9
Qualifikationsdefizite

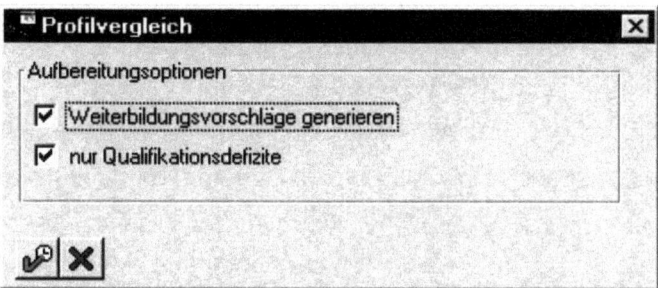

Mit dem Symbol wird ein Weiterbildungsvorschlag angezeigt. Hier kann über die Funktion *Bearbeitung*⇨*Veranstaltung buchen* für den Kandidat eine vorhandene Veranstaltung gebucht werden. Zur besseren Übersicht der angezeigten Qualifikationen können über *Einstellungen* ⇨ *Aufbereitungsoptionen* nur die Qualifikationsdefizite angezeigt werden.

Hinweis

Mit der Option *Weiterbildungsvorschläge generieren* werden die Weiterbildungsmöglichkeiten für die Qualifikationsdefizite angezeigt, aber nur unter der Voraussetzung, dass die entsprechenden Veranstaltungen im Veranstaltungsmanagement angelegt sind. Durch die Option *nur Qualifikationsdefizite* werden die Qualifikationen angezeigt, in denen der Mitarbeiter unter der Planstellenanforderung liegt.

4.3 Personalkostenplanung

Die Aufgabenstellung der Personalkostenplanung besteht darin, die derzeitigen Personalkosten insgesamt und aufgeteilt nach Bereichen auszuwerten. Außerdem soll geklärt werden, welche Kosten sich zusätzlich aus geplanten Maßnahmen ergeben können. Somit dient die Personalkostenplanung der Unterstützung unternehmerischer Entscheidungsprozesse. Sie ermöglicht eine umfangreiche Bestimmung aktueller Ist-Personalkosten und eine Vorschau auf zukünftig anfallende Personalkosten, in die künftige Änderungen eingebracht werden können.

Die Gesamtpersonalkosten eines Unternehmens setzen sich aus verschiedenen Kostenarten zusammen (z. B. Löhne, Gehälter, Sozialabgaben). Solche Kostenarten werden als **Kostenbestandteile** bezeichnet.

Folgende Planungsgrundlagen sind zu nennen:

Planungsgrundlagen

- Sollbezüge aufgrund von Lohnbestandteilen der Organisationsstruktur;
- Basisbezüge aufgrund von Lohnarten der Stammdaten;
- Abrechnungsergebnisse aufgrund von Lohnarten der Lohn- und Gehaltsabrechnung.

Kostenobjekte können beliebige Objekte sein, die den Personalkosten zugeordnet werden. Kosten können Organisationseinheiten, Arbeitsplätze, Planstellen, Mitarbeiter etc. sein.

Im Folgenden wird ein Fallbeispiel zur Personalkostenplanung mit Sollbezügen als Planungsgrundlage vorgestellt.

Fallbeispiel: Personalkostenplanung mit Sollbezügen

Für alle Organisationsbereiche soll eine Personalkostenplanung mit Sollbezügen für das Jahr 1996 durchgeführt werden. Anschließend sollen die für 1996 geplanten Personalkosten in der Kostenrechnung angezeigt werden.

„PP_5_5.scm"

Mit *Personal* ➪ *Planung* ➪ *Personalkosten* und *Planung* ➪ *Anlegen* ➪ *Sollbezüge* gelangt man in die Einstiegsmaske „*Planungsgrundlage Sollbezüge*".

Die folgenden Felderbeschreibungen stellen nur die Mindesteingaben dar:

Planvariante: Hier ist aus der Pick-Liste *Aktueller Plan* auszuwählen, falls dies nicht schon automatisch vorgeschlagen wurde.

Organisationseinheit: Hier ist die entsprechende Organisationseinheit einzutragen, deren Personalkosten für eine kurz- oder langfristige Planung ermittelt werden sollen (Matchcode Auswahl). Da alle Organisationsbereiche einbezogen werden sollen, ist eine *1* einzugeben.

Planungszeitraum: Eintrag des Zeitraums (s. Szenario).

Zeitraum: Aus der Pick-Liste ist *jährlich* auszuwählen.

Währung: Die entsprechende Währung und *Ausführen* sind einzugeben, um sich die Personalkostenplanung anzusehen.

Möglicherweise werden eine Reihe von Planstellen angezeigt, die im angegebenen Zeitraum vakant bzw. unbenutzt sind oder denen keine Lohnbestandteile zugewiesen wurden (z. B. Aufsichtsrat). Folglich werden diese bei der Berechnung der Sollbezüge nicht berücksichtigt. Falls dies der Fall ist, verlässt man die Maske mit *Weiter ohne Korrektur* und gelangt zum Bildschirm *Personalkostenplanung für Organisationseinheiten*.

4.3.1 Individuelle Entwicklungspläne

Entwicklungspläne stellen eine der neuesten Komponenten des R/3-Systems dar. Diese neue Komponente ermöglicht die Erstellung und Verwaltung allgemeiner und persönlicher Entwicklungspläne. Dadurch können langfristige Ausbildungen, sowie Ausbildungstätigkeit in einer Abteilung, Training on the Job, aber auch kurzfristige Entwicklungsmaßnahmen, z. B. Seminar/Veranstaltungsbesuche oder Auslandsaufenthalte, detailliert geplant, kontrolliert und überwacht werden.

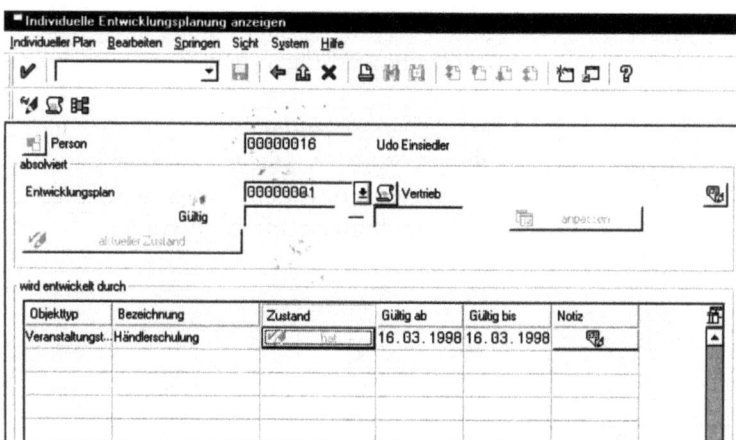

Abb. 4.10 Entwicklungsplan anzeigen

Über: *Personalmanagement* ➪ *Personalentwicklung* ➪ *Planung* ➪ *Individuelle Entwicklung* gelangt man in die Maske von Entwicklungsplänen.

Im Feld *Person* kann die Personalnummer eingegeben oder die Person über Matchcode gesucht werden. Durch das Anklicken der Leiste *individuelle Entwicklungsplanung* erhält man eine Liste mit dem jeweiligen Symbol ▨ aufsteigend bzw. ▨ absteigend, mit dem entsprechend sortiert werden kann. Aus der Liste kann mit dem Symbol ▨ eine Entwicklungsplangrafik erstellt werden.

4.3.2 Beurteilungssysteme

Dieses neue Beurteilungssystem ist ein wichtiges Instrument für die Personalentwicklung. Es ermöglicht die Planung, Durchführung und Analyse von Beurteilungen jeglicher Art. Im Bezug zur Personalbeurteilung unterstützt das System auf der Basis individuell definierter Kriterien, eine geplante und formalisierte Beurteilung. Somit stellen die Beurteilungen nicht nur eine wichtige Möglichkeit zur Beschaffung von aussagekräftigen Informationen dar, sondern gewährleisten auch größtmögliche Objektivität bei der Ergebnisermittlung.

Mit dieser Komponente können z. B. folgende Beurteilungssysteme abgebildet werden:

- Personalbeurteilungen
- 360° Feedback Beurteilungen
- Arbeitsbewertungen
- Stellenbewertungen usw.

Über *Personalmanagement* ➪ *Personalentwicklung* ➪ *Planung* ➪ *Beurteilung* ➪ *Anlegen* gelangt man in die Maske *Anlegen*. Hier können entweder Teilnehmerbeurteilungen oder Veranstaltungsbeurteilungen angelegt werden.

4.3 Personalkostenplanung

Abb. 4.11
Beurteilungsmuster suchen

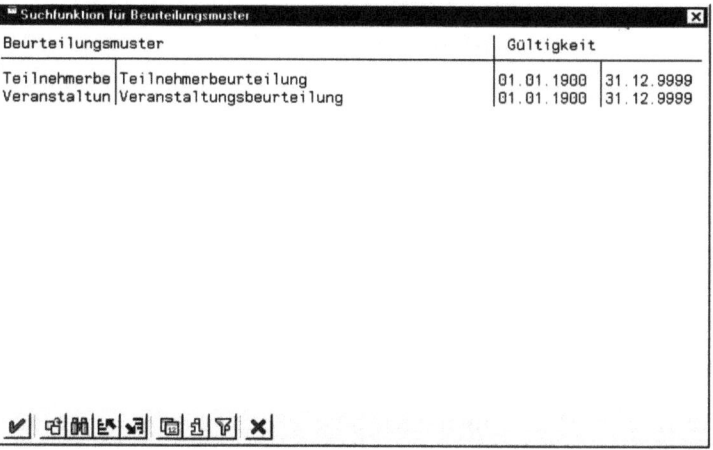

Über *Personalmanagement* ➪ *Personalentwicklung* ➪ *Auswertungen* können die Beurteilungen ausgewertet und verglichen werden. Nachdem das Feld *Beurteilungsmuster* (Teilnehmer/ Veranstaltung) ausgewählt wurde, wird in dem Feld *Beurteilungszeitraum* der Stichtag angegeben. Über Matchcode können dann *Beurteiler* und *Beurteilter* gesucht werden. Durch das Anklicken des Symbols 🔾 (bzw. *Auswertung* ➪ *Durchführen*) wird die Beurteilung durchgeführt.

Abb. 4.12
Beurteilung auswerten

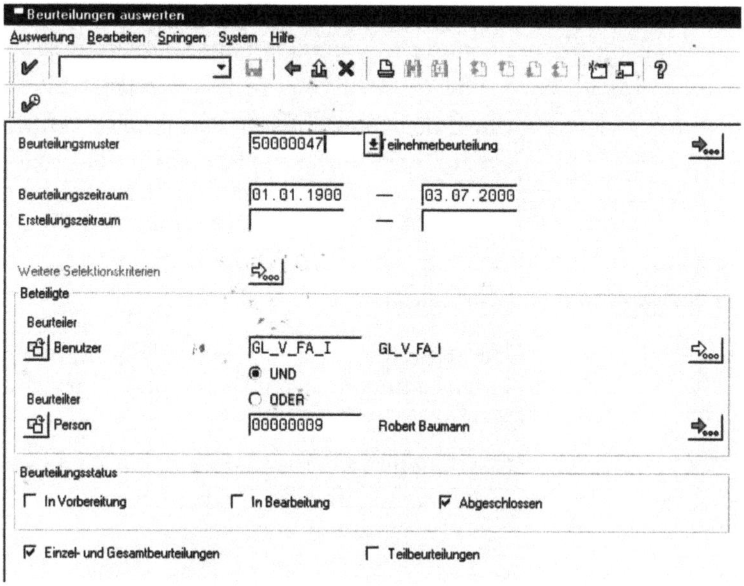

4.4 Veranstaltungsmanagement

Das Veranstaltungsmanagement unterstützt jene Bildungsmaßnahmen, wie z. B. Kurse, Seminare oder Schulungen, beim Planen und Verwalten, die durch die Weiterbildungsanalyse ermittelt worden sind.

Veranstaltungsumfeld

Zur Vorbereitung der Bildungsmaßnahmen muss vorerst das Veranstaltungsumfeld angelegt werden. Hierbei sollte das Ablaufmuster, die Gebäudeadresse, Kostenbestandteile etc. eingetragen werden.

Veranstaltungsobjekte

Um eine Übersicht über relevante Lokalitäten zu erhalten, müssen Veranstaltungsobjekte angelegt werden. Dabei werden Informationen über Veranstaltungsorte (Geschäftsstellen, Niederlassungen), Ressourcentyp (Raum, Referent, Overhead-Projektor) und Veranstaltungstypen eingegeben.

Auch das Veranstaltungsangebot muss intern wie extern hinsichtlich Terminüberschneidungen überprüft und ggf. geändert werden.

Im Gegensatz zu den internen Kursen braucht man bei **externen Kursen** nur den Katalog des Veranstalters und den gewünschten Kurs zu einem bestimmten Termin zu buchen.

Um eine reibungslose Koordination der Teilnehmer zu gewährleisten, müssen diese angelegt und verwaltet werden. Dabei fallen dem Verwaltungsmanagement nicht nur die Aufgaben der Buchung/Umbuchung oder Stornierung zu, sondern auch die der Teilnehmerbeurteilung und Gebührenverrechnung.

Über die Menüfunktion *Personal* ⇨ *Veranstaltungsmanagement* gelangt man in das Fenster *Veranstaltungsmanagement*. Hier hat man die Möglichkeit mit dem *Dynamischen Teilnahmemenü* zu arbeiten sowie mit dem *Dynamischen Veranstaltungsmenü*.

Dynamisches Veranstaltungsmenü

Personal ⇨ *Veranstaltungsmanagement* ⇨ *Dynamisches Veranstaltungsmenü*

Mit dem dynamischen Veranstaltungsmenü ist es möglich, die Veranstaltungen in einfacher und übersichtlicher Form zu bearbeiten.

Es können die vorhandenen Veranstaltungen geändert oder neue Veranstaltungen angelegt werden.

4.4 Veranstaltungsmanagement

Abb. 4.13
Dynamisches Veranstaltungsmenü

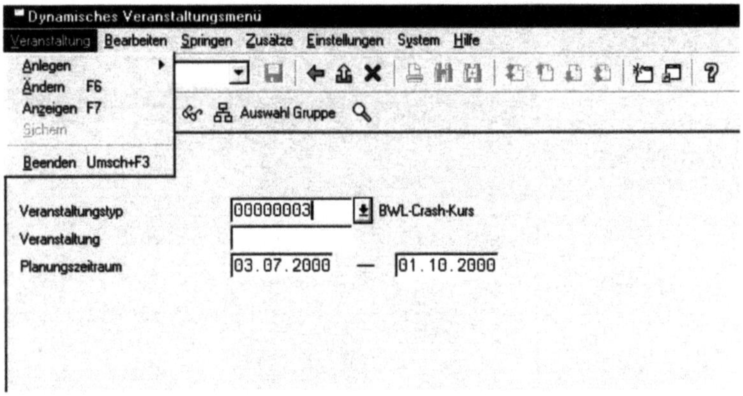

Veranstaltung anlegen

Nachdem der Veranstaltungstyp ausgewählt wurde, werden die entsprechenden Daten in das Feld *Planungszeitraum* eingegeben. Hier hat man die Möglichkeit die Veranstaltung je nach Bedarf *Mit Ressourcen* oder *Ohne Ressourcen* anzulegen. Bei der Auswahl *Mit Ressourcen* muss der Veranstaltungsort sowie der Veranstaltungstyp angegeben werden. Durch die Drucktaste *Ressourcenauswahl* kann eine bestimmte Ressource ausgewählt werden. Mit dem Anklicken des Symbols wird die Veranstaltung  angelegt.

Abb. 4.14
Veranstaltung mit Ressourcen anlegen

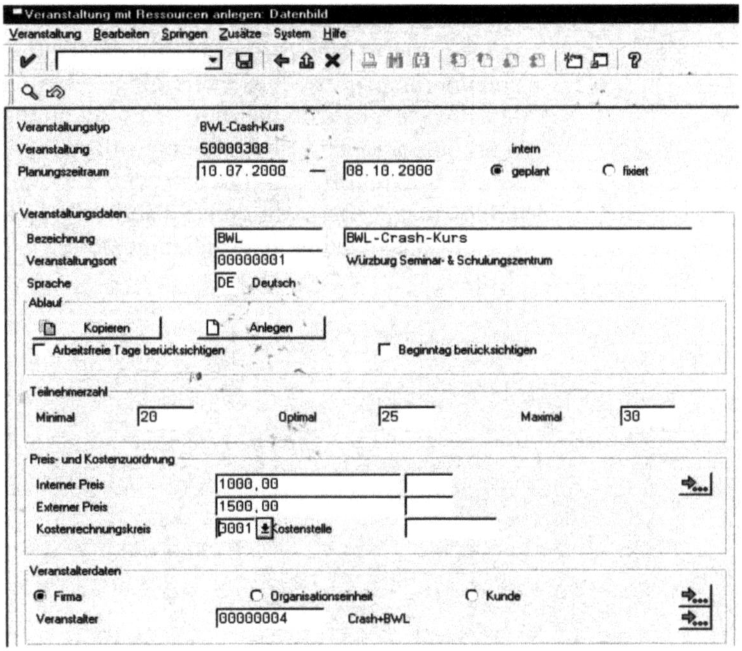

4 Personalentwicklung

Dynamisches Teilnahmemenü

Personal ➪ Veranstaltungsmanagement ➪ Dynamisches Teilnahmemenü

Abb. 4.15 Dynamisches Teilnahmemenü

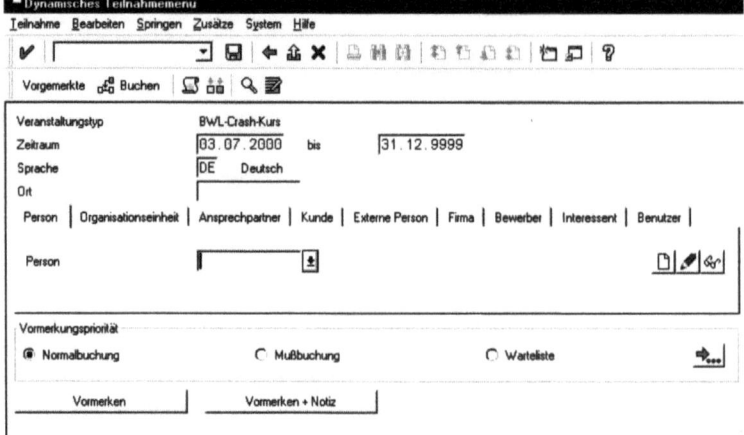

Das „Dynamische Teilnahmemenü" steht im R/3-System für die Funktionen des Tagesgeschäfts zur Verfügung. Aus diesem Menü können die Teilnehmer gebucht, vorgemerkt sowie storniert werden.

Teilnehmer buchen

Dabei wird zuerst die gewünschte Veranstaltung markiert. Durch Anklicken der Drucktaste *Buchen* oder des Symbols gelangt man in die Maske *Buchen*. Über das Feld *Person* kann die Personalnummer des Mitarbeiters eingegeben oder die Person über Matchcode gesucht werden. Die Buchungspriorität (bzw. Vormerkungspriorität) ist unbedingt anzugeben. Durch das Anklicken des Symbols *Buchen* wird die Meldung *Teilnahme gebucht* ausgegeben. Mit dem Symbol gelangt man wieder zurück in das dynamische Teilnahmemenü.

4.4 Veranstaltungsmanagement

Abb. 4.16
Teilnehmer buchen

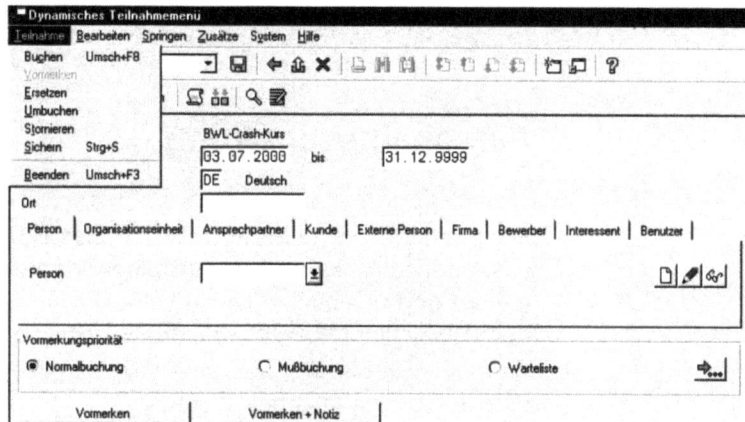

Dynamisches Menü wechseln

Über die Menüfunktion *Springen* ⇨ *Teilnahmemenü* bzw. *Springen* ⇨ *Veranstaltungsmenü* kann jederzeit vom dynamischen Veranstaltungsmenü zum dynamischen Teilnahmemenü oder umgekehrt gewechselt werden.

Schriftverkehr

Auch der Schriftverkehr kann mit diesem Veranstaltungsmanagement Modul abgewickelt werden. Es können Anmeldebestätigungen, Umbuchungs-, Storno- und Wartelistenmitteilungen erstellt werden, genauso wie Absagen und Teilnahmebescheinigungen.

Personalbeschaffung

Die Komponente „Personalbeschaffung" des R/3-Systems ist in das Modul **PA „Personaladministration und -abrechung"** integriert und unterstützt den Anwender von der Bekanntmachung des Personalbedarfs über die Vorauswahl der Bewerber bis zur Einstellung und der damit verbundenen Übernahme der Bewerberdaten in den Mitarbeiterstamm.

Auch im Falle der Auswertung von bestimmten, im Rahmen des Personalmarketings, häufig gestellten Fragen, z. B. nach der Anzahl der eingegangenen Bewerbungen, bietet die Komponente Personalbeschaffung nicht zu unterschätzende Dienste an.

Die Personalbeschaffung stützt sich sehr stark auf die Personalplanung, da hier viele für eine Stellenneubesetzung relevanten Daten bereits zu Verfügung stehen, z. B. die für eine bestimmte Planstelle erforderlichen Qualifikationen.

Die Personalbeschaffung mit R/3 gliedert sich im Wesentlichen in die folgenden Bereiche:

- **Vakanz und Ausschreibung**
- **Erfassung der Bewerberdaten**
- **Bewerbervorgänge**
- **Auswahl eines Bewerbers**
- **Einstellung eines Bewerbers**

Die folgende Abbildung veranschaulicht den Vorgang von einer Vakanz bis zu der Einstellung eines neuen Mitarbeiters im Unternehmen. Dieser Vorgang wird komplett von der Software unterstützt.

5.1 Vakanz und Ausschreibung

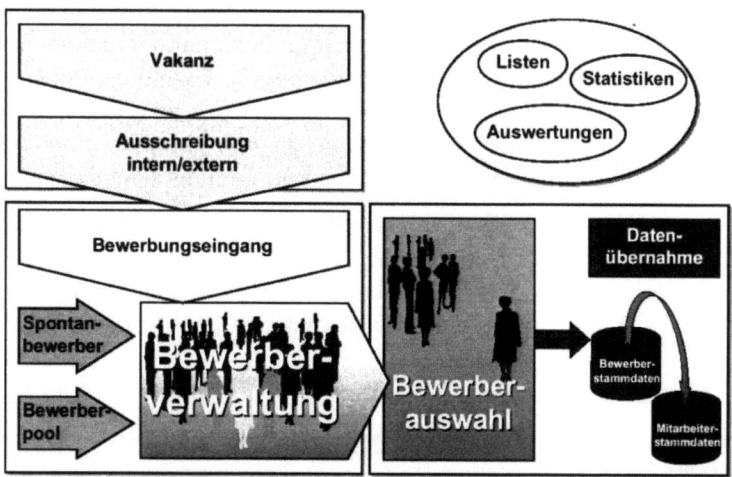

Abb. 5.1
Personalbeschaffungsvorgang im Überblick

5.1 Vakanz und Ausschreibung

Wenn einem Mitarbeiter gekündigt wird, er in Rente geht oder eine neue Planstelle geschaffen wird, entsteht eine **Vakanz,** also eine freie Stelle. Daraufhin ist die Personalabteilung bestrebt, diese freie Stelle zu besetzen. Dies geschieht im Normalfall mit Hilfe einer internen oder externen **Ausschreibung.**

Bei einer **internen Ausschreibung** wird versucht, die Stelle mit einem Mitarbeiter, der bereits im Unternehmen arbeitet, zu besetzen. Deshalb wird meist ein betriebsinternes Rundschreiben oder ein Aushang verfasst, außerdem könnte auch die Nachfolgeplanung der Personalbeschaffung benutzt werden.

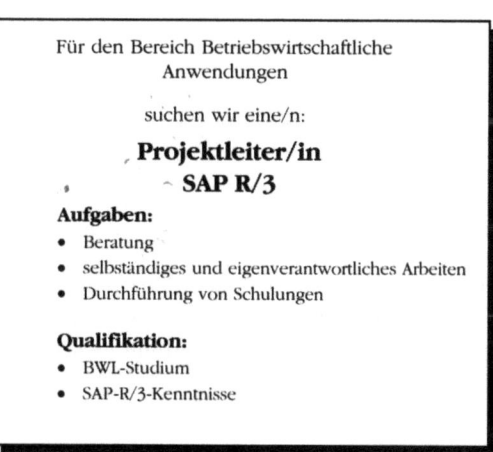

Abb. 5.2
Externe Ausschreibung: Zeitungsanzeige

5 Personalbeschaffung

Personalbeschaffungsinstrument

Bei einer **externen Ausschreibung** der vakanten Stelle wird die Stelle in einem sog. Personalbeschaffungsinstrument veröffentlicht. Hiermit bezeichnet R/3 sämtliche für den Betrieb relevanten Medien, um neue Mitarbeiter zu gewinnen. Diese sind von Betrieb zu Betrieb sehr unterschiedlich und werden über das Customizing angelegt und gepflegt (siehe Abb. 5.3).

Dadurch, dass die eingehenden Bewerbungen wiederum einer Ausschreibung zugeordnet werden können, ist es möglich, die Effektivität der einzelnen Personalbeschaffungsinstrumente zu vergleichen und dadurch den Beschaffungsprozess zu optimieren.

Abb. 5.3 Auswahl eines Personalbeschaffungsinstruments

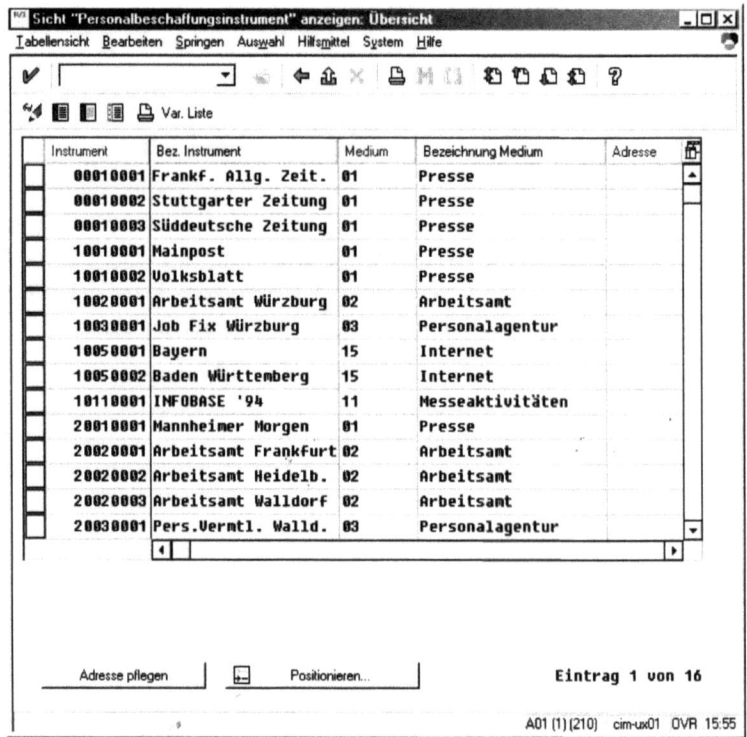

Personalwerbung

Die Aufgabe der Personalwerbung (sowohl der internen als auch der externen Werbung) ist es, im Rahmen der Personalbeschaffung den zuvor ermittelten Bedarf an Personal an die Öffentlichkeit zu tragen.

5.1 Vakanz und Ausschreibung

In diesem Zusammenhang müssen folgende Fragen beantwortet werden:

- **WO** Auf welchem Markt möchten Sie die Personalwerbung durchführen?
- **WIE** Mit welchen Maßnahmen sollte die Personalwerbung durchgeführt werden?
- **WANN** Zu welchem Zeitpunkt möchten Sie die Personalwerbung durchführen?

Entscheidungsfaktoren

Viele Faktoren beeinflussen die Entscheidung über die „korrekte" Maßnahme, dazu gehören z. B. die aktuelle Situation des Arbeitsmarktes, die Art des Personalbedarfs, die Dringlichkeit der zu offerierenden Stelle und nicht zu vergessen, die monetären Grenzen des Budgets.

Um den Anwender in den Aufgaben der Personalbeschaffung bestmöglichst zu unterstützen, bietet das R/3-System Informationen über den aktuellen Beschaffungsbedarf, die Möglichkeit intern (z. B. über Aushänge der zu vergebenden Stelle an Informationpoints) oder extern (z. B. über Tages- und Fachzeitungen sowie Fachzeitschriften) Ausschreibungen zu schalten oder beim Arbeitsamt bzw. über Personalagenturen Stellen anzubieten.

Personalbedarf

Ohne Wissen um den qualitativen und quantitativen Bedarf an Personal kann keine effektive Personalplanung betrieben werden. Deshalb muss eine Personalbedarfsplanung durchgeführt werden.

Die zentrale Frage der **Personalbedarfsplanung** ist:

Wieviele Mitarbeiter werden wo, mit welchen Qualifikationen und zu welchem Zeitpunkt benötigt?

Die Bedarfsplanung kann mittels verschiedener Methoden durchgeführt werden, als Beispiele seien hier Schätzverfahren, die Stellenplan- und Kennzahlenmethode genannt. Die Ermittlung des Personalbedarfs erfolgt auf der Grundlage der Stellenplanmethode mittels Vakanzen. Eine **Vakanz** beinhaltet den Personalbedarf, der auf eine bestimmte Planstelle bezogen ist.

Fallstudie:
Vakanzen auswerten

„PB_5_1.scm"

Vorhandene Vakanzen werden wie folgt ausgewertet:

1. Im Menü *Personalwesen* ⇨ *Personalbeschaffung* auswählen.
2. Nun wird *Personalwerbung* ⇨ *Vakanzen* ⇨ *Auswerten* selektiert.

5   Personalbeschaffung

3. Bestimmt werden nun die Selektionskriterien (In diesem Fall sind dies Datenauswahlzeitraum, Vakanz, Personalreferent, Fachverantwortlicher und Besetzungsstatus.).
4. Starten der Vakanzauswahl mittels des Buttons *Ausführen*.
5. Für zusätzliche Informationen kann die betreffende Zeile mittels Doppelklick ausgewählt werden.

Ausschreibung von Vakanzen

In aller Regel wird ein neuer, geeigneter Mitarbeiter durch eine innerbetriebliche bzw. außerbetriebliche Stellenausschreibung auf die neu zu besetzende Stelle aufmerksam gemacht. Eine Ausschreibung enthält im allgemeinen die nachfolgenden Informationen:

- **WER WIRBT?**   Name des Unternehmens
- **WOFÜR?**   betreffende Planstelle
- **WAS IST ZU TUN?**   exakte Stellenbeschreibung
- **WAS WIRD ERWARTET?**   geforderte Qualifikation
- **GEGENLEISTUNGEN?**   Vertrags- bzw. Arbeitskonditionen
- **WER IST ZUSTÄNDIG?**   Ansprechpartner

Weiterhin können zusätzliche Informationen, z. B. Datum, Kosten und Medium der Publikation usw., erfasst werden. Geeignete Medien/Beschaffungsinstrumente sind z. B. regionale/überregionale/internationale Zeitungen, Fachzeitschriften, interne Firmenpublikationen, Arbeitsämter, Personalagenturen.

Fallstudie:
Ausschreibungen anlegen

Eine Ausschreibung soll angelegt werden:

1. Der Anwender wählt den Pfad *Personalwerbung* ⇨ *Ausschreibungen* ⇨ *pflegen*.
2. Der Button *Ausführen* wird nun aktiviert.
3. Möchte der User eine bereits bestehende Ausschreibung kopieren, wird die betreffende Zeile markiert und auf *Ausschreibung kopieren* geklickt.

„PB_5_2.scm"

4. Wird gewünscht, eine Ausschreibung neu zu erstellen, dann wird die Schaltfläche *Ausschreibung Anlegen* aktiviert.
5. Auf dem nun erschienenen Bildschirm klickt der Anwender auf den Schaltknopf *Nächste freie Ausschr.#*. Das System schlägt die *nächste freie Ausschreibungsnummer* vor. Diese Ausschreibungsnummer kann übernommen werden.

6. Das Ausschreibungsinstrument, z. B. eine Lokalzeitung, eine überregionale Fachzeitung oder ein firmeninternes Magazin, wird im gleichnamigen Feld mit ▣ ausgewählt. Der Verantwortliche kann jederzeit über die Taste [F5] neue Instrumente einpflegen.

7. Der Tag der Publikation wird im entsprechenden Feld vermerkt.

8. Auch die Publikationskosten werden registriert und die Währung ausgewählt, entweder durch manuelle Eingabe oder durch ein Auswahlmenü, das mit der Scrollbar ▣ aktiviert wird.

9. Durch die Schaltfläche *Text pflegen* kann der Text der Anzeige eingegeben werden. Wird der Text gesichert und danach zurückgeschaltet, gelangt man in das Window „*Ausschreibung anlegen*" zurück.

10. Der Button *hinzufügen* ermöglicht die Einrichtung des Pop-Up-Menüs „*Auswahl Vakanzen*". Die entsprechende Vakanz wird selektiert und durch *übernehmen* der Ausschreibung zugeordnet.

11. Zum Schluss müssen die Daten gesichert werden (▣) und mit dem Rückschritt-Ikon ◀ wird ins Menü der Personalbeschaffung zurückgesprungen.

5.2 Erfassung der Bewerberdaten

Sobald sich Bewerber auf die Ausschreibung melden, werden ihre Daten im System erfasst. Diese Erfassung erfolgt grundsätzlich zweistufig.

Erfassung der Grunddaten

Zuerst werden von allen Bewerbern die sog. Grunddaten erfasst, dies sind:

- Name
- Anschrift
- organisatorische Zuordnung

Diese Daten sind grundsätzlich von allen Bewerbern erforderlich, auch von solchen, die für das Unternehmen nicht interessant sind. Bei Bewerbern, die sofort abgelehnt werden, werden die eingegebenen Daten zum Versand der Ablehnungsbescheide benötigt.

5   *Personalbeschaffung*

Abb. 5.4
Erfassung der
Bewerberdaten

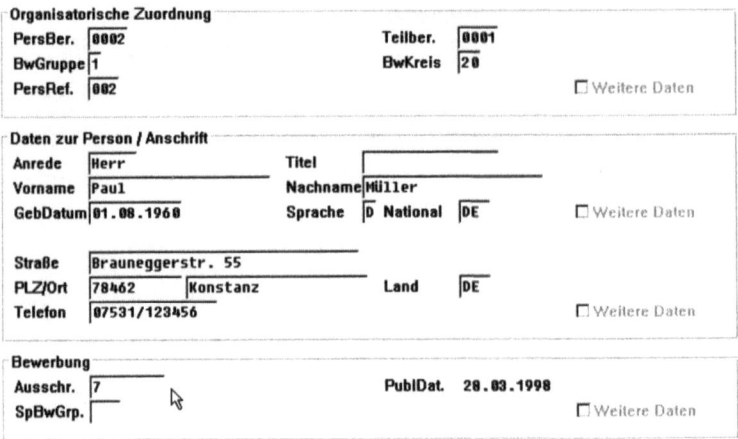

Erfassung der
Zusatzdaten

Von denjenigen Bewerbern, die für das Unternehmen in die engere Wahl kommen, werden auch die sogenannten Zusatzdaten erfasst, dies sind im Wesentlichen: Ausbildung, beruflicher Werdegang und besondere Qualifikationen (siehe Abb. 5.5).

Abb. 5.5
Erfassung der
Zusatzqualifikationen

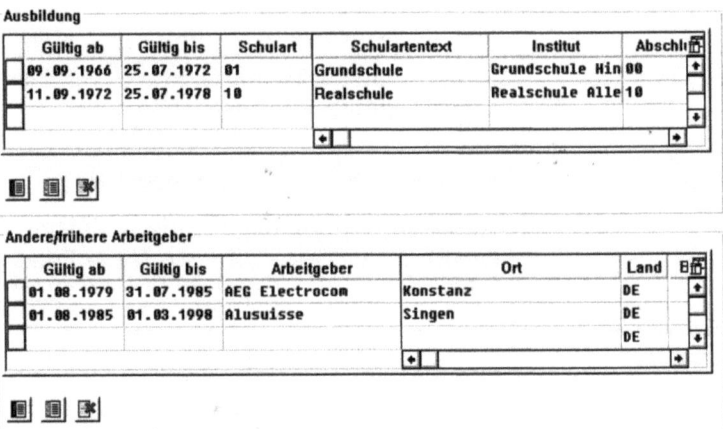

Bewerberstammsatz

Die Zuschrift eines Bewerbers auf eine vom Betrieb ausgeschriebene Stelle bringt unweigerlich eine beträchtliche Datenflut mit sich. Diese Daten werden in Form eines Bewerberstammsatzes im R/3-System gespeichert.

5.2 Erfassung der Bewerberdaten

Dieser Bewerberstammsatz enthält alle wesentlichen Informationen, die der bearbeitende Mitarbeiter benötigt, um die Bewerberadministration abwickeln zu können. Hier wären u. a. die Eingangsbestätigung und die Einladung zum Vorstellungstermin zu nennen. Zusätzliche Informationen, z. B. eine detailliertere Auflistung der Qualifikationen eines Bewerbers, können erfasst werden.

Informationstypen

Diese Informationen müssen so hinterlegt werden, dass es jederzeit möglich ist, schnell und methodisch auf die Daten zuzugreifen und sie ohne große Umstände zu pflegen. Dies wird im R/3-System durch die Speicherung der Daten in Informationstypen erreicht. Der Begriff „Informationstyp" wurde im 2. Kapitel „Personalstammdatenverwaltung" genauer beschrieben.

Primäre und sekundäre Daten

Die Infotypen, die einem Bewerberstammsatz zugeordnet werden, können in primäre und sekundäre Daten unterteilt werden. Die primären Daten, die auch **obligatorische Daten** genannt werden, werden für jeden Bewerber erfasst. Sie ermöglichen die Abwicklung der Bewerberkorrespondenz und sind für die statistische Verarbeitung nötig. Primäre Daten sind z. B. die Daten zur Person, Anschrift, Bewerbermaßnahmen.

Die sekundären Daten (**optionale Daten**) können später erfasst werden und dies auch nur bei Bewerbern, die für das Unternehmen interessant sind. Dazu zählen z. B. die Ausbildung, Qualifikation, Bankverbindung.

Kategorien

Des Weiteren werden die Bewerber in unterschiedliche Kategorien eingeteilt. Diese werden nach bestimmten Eigenschaften der Bewerber erstellt, z. B. ist der zukünftige Mitarbeiter ein interner oder externer Bewerber, zu welcher Bewerbergruppe (Auszubildende/Manager) zählt er, ist er Spontanbewerber oder Bewerber auf eine Anzeige.

Diese Strukturierung bietet dem Anwender im Rahmen des Auswahlprozesses folgende Vorteile:

- Möglichkeit für unterschiedliche Bewerber unterschiedliche Abläufe festzulegen (z. B. ein Azubi wird informeller angeschrieben als ein Manager).
- Erleichterung der Auswertung von Statistiken, gezielte Suche nach Bewerbereigenschaften im Bewerberpool.
- Berechtigungsprüfung des Nutzers: Verschiedene Nutzer haben unterschiedliche Zugriffsrechte auf das System.

5 Personalbeschaffung

Zwei-Stufenkonzept

Auch die Erfassung der Stammdaten wurde im R/3-System in zwei Kategorien unterteilt. Diese Vorgehensweise wird als das Zwei-Stufenkonzept bezeichnet. In der **1. Stufe** werden die für den weiteren Schriftverkehr und für die Statistik benötigten Grunddaten mittels Schnellerfassung registriert. Die **2. Stufe** umfasst die optionalen Daten, um das Bewerberprofil des Kandidaten zu ergänzen.

Die **Vorteile** dieses Konzeptes liegen auf der Hand:

- Für Kandidaten, die nicht den Anforderungen in der Stellenbeschreibung entsprechen, ist der Aufwand bei der Erfassung minimal.

- Die eingehenden Bewerbungen können von mehreren Mitarbeitern erfasst und bearbeitet werden.

- Die Schnellerfassung unterstützt die schnelle Abarbeitung von Bewerberdaten, auch bei einer großen Anzahl von Anwärtern.

Fallstudie:
Bewerbergrunddaten erfassen

1. Bewerbergrunddaten erfassen

Startmenü: *Personal* ➪ *Personalbeschaffung* ➪ *Bewerberstamm* ➪ *Bewerbermaßnahmen*

„PB_5_3.scm"

2. Erfassung der detaillierten Grunddaten

Kommt auch nur ein einziger Bewerber in die engere Wahl, so ist es unabdingbar, dass zusätzliche Daten über diesen Kandidaten erfasst werden. So werden weitere Qualifikationen des Bewerbers für den Personalchef ersichtlich.

Startmenü: *Bewerberstamm* ➪ *Bewerbermaßnahmen* ➪ *Zusatzdaten erfassen*

1. Bewerbernummer mittels ⬇ auswählen, danach das Feld „*Beginn*" mit dem bereits vorbelegten Datum übernehmen. Das Feld „*Personalbereich*" kann bei der Ersterfassung von Zusatzdaten weggelassen werden.

2. Hier wird (optional) die Schaltfläche „*Zusatzdaten erfassen*" markiert. Durch Klick auf ✔ gelangt man in die Maske „*Erfassung von Zusatzdaten*".

3. Über *Vorschlag Vakanz* werden die Vakanzen hinzugefügt, die der jeweiligen Ausschreibung zugeordnet wurden. Diese bestehenden Vakanzen können weiterbearbeitet werden.

4. Im Abschnitt Qualifikationen werden die Felder „*Gültig ab*" und „*Gültig bis*" beim Ausfüllen der Felder „*ID*" bzw. „Suchbegriff" ausgefüllt.

5. Das Feld „*Qualifikation*" wird gemäß der Qualifikationen, die der Bewerber besitzt, mittels des Qualifikationenkatalogs des Systems eingefügt.

6. Das Feld „*Ausprägung*" enthält sozusagen die „Benotung" der zuvor eingegebenen Qualifikationen. Hier müssen Ziffern zwischen 1 und 9 eingetragen werden.

7. Der Feldabschnitt „*Ausbildung*" wird entsprechend der im Bewerberschreiben angegebenen Daten ausgefüllt. Zu diesen Daten gehören z. B. die Zeitspanne der Ausbildung, die Schulart, Abschlüsse, Fachrichtungen, Dauer der Ausbildung und entsprechende Berufsausbildungen.

8. Im Abschnitt „*Andere/frühere Arbeitgeber*" wird wie in den obigen Abschnitten gezeigt vorgegangen.

9. Mit ✔ können die vom Anwender eingegebenen Daten überprüft werden. Wurden keine Fehler gefunden, sichert man die Zusatzdaten (💾). Mit Hilfe des Zurück-Buttons ⬅ kehrt man wieder in das Einstiegsmenü zur Personalbeschaffung zurück.

5.3 Bewerbervorgänge

Die Erfassung, Protokollierung und Planung der Auswahlprozesse für die verschiedenen Bewerber erfolgt über die sogenannten Bewerbervorgänge. Dies sind administrative Schritte, die ein Bewerber während des Auswahlvorgangs durchläuft.

Ein Bewerbervorgang wird im Wesentlichen durch die folgenden Eigenschaften charakterisiert:

- Vorgangsart
- Vorgangsstatus
- Ausführungstermin
- Vorgangsverantwortlicher

Die Vorgangsart legt fest, welche Aktivität durch den Vorgang dargestellt werden soll, es gibt z. B. die Vorgänge *Eingangsbestätigung versenden*, *Einladung Interview* und *Termin Interview*.

5 Personalbeschaffung

Abb. 5.6
Vorgang anlegen

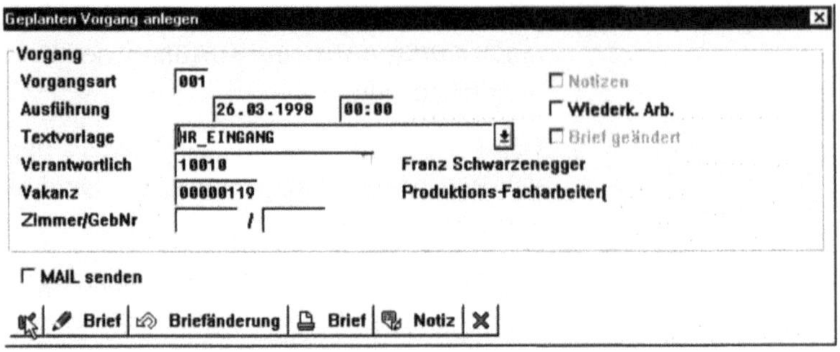

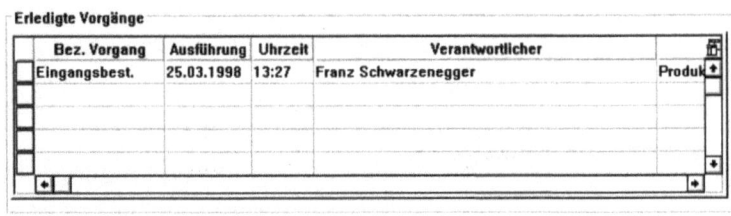

Durch den **Vorgangsstatus** wird festgelegt, ob ein Vorgang bereits erledigt wurde oder ob seine Erledigung noch aussteht. Durch die exakte Trennung in geplante und erledigte Vorgänge kann genau festgestellt werden, welche Arbeitsschritte bei einem individuellen Bewerber schon durchgeführt wurden.

Abb. 5.7
Vorgangsstatus

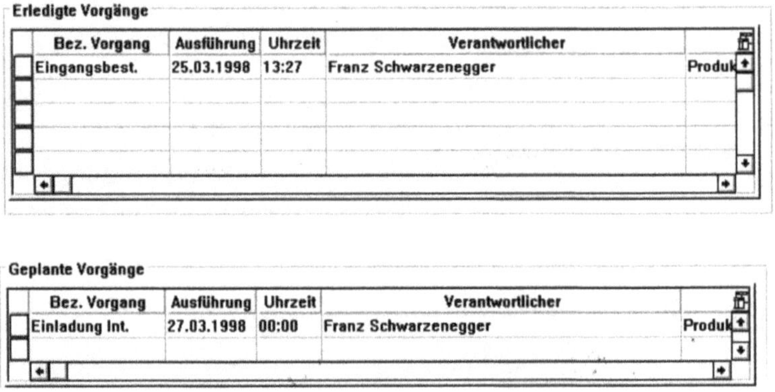

Mit dem Ausführungstermin wird bestimmt, wann ein spezieller Vorgang ausgeführt wird. Dies wird durch den Vorgangsverantwortlichen überwacht, er trägt die fachliche Verantwortung für die Durchführung des jeweiligen Vorgangs. Durch Anwählen von `MAIL senden` bietet das R/3-System die Möglichkeit, den Vorgangsverantwortlichen am Ausführungstermin durch ein Mail an den Vorgang zu erinnern, so dass ein Vergessen des Vorgangs vermieden werden kann.

Referenzvorgänge

Im R/3-System können auch zwei verschiedene Bewerbervorgänge miteinander in Verbindung gesetzt werden, d. h. eine sog. *Referenz* kann angelegt werden. Dies kann hilfreich sein, wenn sich ein Vorgang auf einen anderen bezieht, so dass daraus Daten übernommen werden können. So ist es bspw. sinnvoll, einem Vorgang *Einladung Interview* den Vorgang *Termin Inter-*

view als Referenzvorgang zuzuordnen, so dass das Datum des Interviews automatisch in das Einladungsschreiben übernommen werden kann.

5.4 Auswahl eines Bewerbers

Bei der Auswahl eines Bewerbers versuchen sich die zuständigen bzw. betroffenen Mitarbeiter ein Bild von den einzelnen Bewerbern zu machen und ihre Tauglichkeit für die jeweilige Stelle festzustellen. Dies geschieht mit Hilfe der Bewerbungsunterlagen, eines persönlichen Gesprächs und evtl. eines Tests.

Die durch diese Maßnahmen erhaltenen Bewerberprofile können im R/3-System erfasst werden, was vor allem bei einer größeren Zahl von in Frage kommenden Bewerbern sehr hilfreich ist.

Auf diesen Informationen aufbauend unterstützt das System den Benutzer bei der konkreten Auswahl eines Bewerbers.

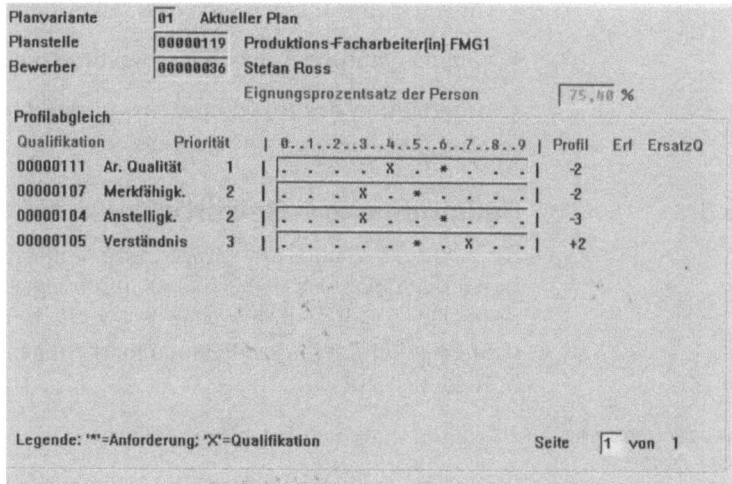

Abb. 5.8 Bewerbereignungsprofil

Hierzu wird vom System ein sog. **Eignungsprozentsatz** berechnet. Dadurch wird die Eignung eines Bewerbers für die gefragte Planstelle quantitativ erfasst. Der Eignungsprozentsatz sinkt mit dem Steigen der Abweichung vom Anforderungsprofil, d. h. auch bei besserer Qualifikation des Bewerbers als im Anforderungsprofil vorgegeben, sinkt der Eignungsprozentsatz.

Wie man aus Abb. 5.8 entnehmen kann, werden die Abweichungen von der Planstelle detailliert aufgezeigt. Der Benutzer kann sich so nacheinander die Eignungsprofile der einzelnen Bewer-

5 Personalbeschaffung

ber ausgeben lassen und dadurch ihre Qualifikationen vergleichen.

Auswahlprozess

Ein korrekt strukturierter Auswahlprozess ist essentiell, um die passenden Mitarbeiter für das Unternehmen zu werben. Der Auswahlprozess beginnt mit einer genauen, zielgerichteten Analyse der Bewerbungseingänge, gefolgt von Vorstellungsgesprächen mit den in Frage kommenden Kandidaten und wird mit der Einstellung eines Anwärters beendet.

Diese **Auswahlprozedur** wird wie folgt vom R/3-System unterstützt:

- Hinterlegung von Informationen für jeden Bewerber mit genauer Zuordnung der entsprechenden Vakanz.
- Erstellen einer Bewerbervorauswahl auf Basis der jeweiligen Qualifikation, die wiederum mit der vakanten Stelle verglichen werden kann.
- Anlegen und Pflegen eines aktuellen Bewerberstatus.
- Unterstützung bei der Bewerberkorrespondenz.
- Übernahme der Bewerberdaten in den Mitarbeiterstamm nach Abschluss des Auswahlprozesses.

5.5 Fallstudien zur Bewerberauswahl

Der aktuelle Stand der Bewerbung eines Kandidaten wird im Bewerberstatus des R/3-Systems hinterlegt. Dies erleichtert die Kontrolle des Bewerbungsstandes, z. B. bei Nachfrage des Bewerbers, Anfragen des Personalmarketings. Ein Bewerberstatus bezieht sich auf:

Globaler & spezieller Auswahlprozess

- den globalen Auswahlprozess und
- den Auswahlprozess zu jeder vakanten Stelle (spezieller Auswahlprozess).

Der **globale Auswahlprozess** stellt die Gesamtheit aller Auswahlprozesse dar, d. h. jeder spezielle Auswahlprozess nimmt am globalen Prozess teil. Hier wird entschieden, ob der Bewerber überhaupt zur Zeit für die Firma interessant ist.

Der **spezielle Auswahlprozess** folgt auf den Globalprozess und ist einer oder mehreren bestimmten Vakanz(en) zugeordnet. Hier wird die Eignung des Interessenten für diese Vakanz(en) überprüft.

5.5 Fallstudien zur Bewerberauswahl

Mögliche Einstellungen des Bewerberstatus sind z. B. *noch in Bearbeitung* oder *Bearbeitung zurückgestellt*.

Verknüpfung von Bewerbervorgängen

Zur weiteren Unterstützung der Bewerberauswahl können Bewerbervorgänge mit administrativen, immer wiederkehrenden Funktionen, wie z. B. *Einladungsbriefe drucken*, verknüpft werden.

5.5.1 Fallstudie: Bewerbervorgänge pflegen

Startmenü: R/3-Startmenü

„PB_5_4.scm"

1. *Personal* ⇨ *Personalbeschaffung* ⇨ *Bewerbervorgang pflegen*.
2. In dieser Maske wird die betreffende *Bewerbernummer* eingegeben bzw. der betreffende Bewerber durch die Auswahlfunktion ▣ selektiert.
3. Mittels Aktivieren des Buttons 🔑 erreicht man das Menü *Bewerbervorgänge pflegen*.
4. Nun im Bereich *Geplante Vorgänge* die *Eingangsbestätigung* auswählen.
5. Durch Auswahl von **Folgevorgänge** gelangt der Anwender in die Maske *Folgevorgänge auswählen*.
6. Die gewünschten Folgevorgänge sind zu kennzeichnen, bevor die Auswahl mit ✓ beendet werden kann.
7. Im folgenden Fenster *geplanten Vorgang anlegen* die gewünschten Informationen ergänzen (**Abb. 5.9**). Auch dieses Menü schließt mit dem Symbol ✓ ab.
8. Diese Prozedur wird für alle gewünschten Bewerbervorgänge wiederholt.
9. Bei Beendigung aller Bewerbervorgänge wird das Sichern-Symbol 💾 angeklickt. Man gelangt zurück zum Einstiegsfenster *Bewerbervorgänge pflegen*.

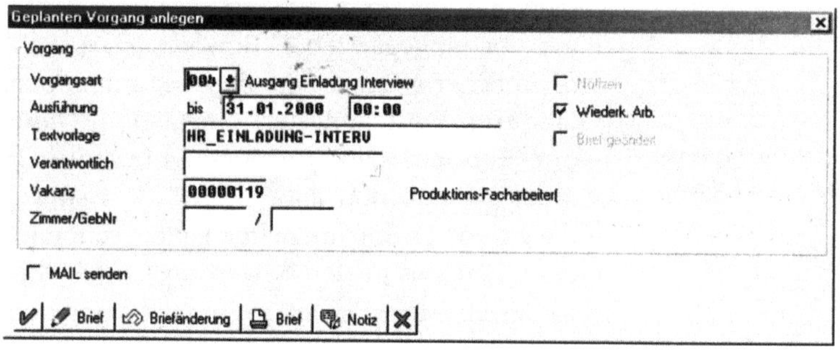

Abb. 5.9
Vorgang: Übergabe Bewerberakte

5 Personalbeschaffung

5.5.2   **Fallstudie: Autom. Erstellen von Bewerberkorrespondenz**

Der schnellen Antwort auf Bewerbungen kommt eine besondere Bedeutung zu, da sich hier für das Unternehmen die Möglichkeit ergibt, einen ersten positiven Eindruck zu vermitteln. R/3 ermöglicht dies mit der Unterstützung durch eine automatisierte Bewerberkorrespondenz. So kann schnell und effektiv auf Bewerbungseingänge und ähnlichen Schriftverkehr reagiert werden. Diese Erstellung von Schriftverkehrsstücken wird vom R/3-eigenen Textverarbeitungsprogramm vorgenommen bzw. durch Microsoft-WinWord© (ab Version 6.0) umgesetzt.

Brief bearbeiten

Startmenü: *Personal* ➪ *Personalbeschaffung* ➪ *Bewerbervorgang pflegen*.

„PB_5_5.scm"

1. In dieser Maske wird die betreffende *Bewerbernummer* eingegeben bzw. der betreffende Bewerber durch die Auswahlfunktion selektiert.
2. In dem nun erscheinenden Fenster *Bewerbervorgänge pflegen* einen Vorgang markieren.
3. Nun im Menü *Bearbeiten* auf *Brief ändern* klicken.
4. Daraufhin kann das Dokument in WinWord® bearbeitet werden. Nach Beendigung der Bearbeitung wird *Datei* ➪ *beenden* gewählt.
5. Nun muss im Vorgangswindow „Bewerbungsvorgänge pflegen" der Vorgang selektiert werden und die Fläche *Brief drucken* betätigt werden.
6. Abschließend die Bezeichnung des Druckers angeben und mit *Drucken* Druckvorgang starten.

5.5.3   **Fallstudie: Beurteilung eines Bewerbers nach Einstellungstest**

Nachdem die Daten eines Kandidaten in das R/3-System eingegeben wurden und die ersten primären Auswahlvorgänge anhand der eingegangenen Bewerbungen vollzogen wurden, werden üblicherweise die in Frage kommenden zukünftigen Mitarbeiter zum Einstellungstest eingeladen. Die aus diesen Tests gewonnenen Zusatzinformationen über die Qualifikation der Bewerber können nun mit Hilfe des Vorgangs *Beurteilung* verwaltet werden. Damit erhält man eine schnelle Übersicht über die Gesamtheit der in der Bewerbung angegebenen Qualifikationen und der aus dem Einstellungstest gewonnenen Erkenntnisse.

Zusatzinformationen über Qualifikationen

5.5 Fallstudien zur Bewerberauswahl

Diese Erkenntnisse geben einen detaillierteren Einblick auf die Fähigkeiten eines Bewerbers und enthalten z. B.

- psychische Merkmale (u. a. Konzentrationsfähigkeit, Arbeits- und Gemeinschaftsverhalten);
- sensorische Fähigkeiten;
- Fremdsprachenkenntnisse.

Vorgang:
Beurteilung anlegen

„PB_5_6.scm"

Startmenü: *Personal* ⇨ *Personalbeschaffung* ⇨ *Bewerbervorgang pflegen*.

1. (Dieser Vorgang ist identisch mit dem Abschnitt *Vorgänge anlegen*) Eingabe der *Bewerbernummer*. Die Auswahl anschließend mit ✔ bestätigen.
2. Den (vorher bereits angelegten) Vorgang *Termin Test* markieren. Zur weiteren Bearbeitung auf *Folgevorgänge* klicken.
3. Im Window „*Folgevorgänge auswählen*" Selektion der Option *geplant* und mit ✔ bestätigen.
4. Die erforderlichen Eintragungen sind einzugeben und die vom System bereits vorgenommenen Eintragungen (z. B. die betreffende Vakanz und deren Bezeichnung) sind zu überprüfen.
5. Abspeichern mittels 💾.
6. Mit Klick auf ⬅ gelangt man zurück auf das Hauptmenü „*Personalbeschaffung*".

Qualifikationen anlegen

„PB_5_7.scm"

Startmenü: *Personalbeschaffung* ⇨ *Bewerbervorgang* ⇨ *Liste gepl. Vorgänge*

1. Angabe der *Bewerbernummer* bzw. Selektion der gewünschten Nr. aus dem Pop-up-Menü; Klicken auf ✔.
2. Nun erhält der Anwender eine Auflistung der einzelnen Bewerbervorgänge; hier klickt man auf die Zeile *Beurteilung*.
3. In der Menüleiste gelangt man über *Bewerberstamm* ⇨ *pflegen* in das Menü *Bewerberstammdaten pflegen*.
4. Klicken auf die Option „*Qualifikationen*" und Aktivieren des Icons 📄

5. Nun erfolgt eine Auswahl unter „ID des verknüpften Objekts" durch ⬇ und Auswahl im folgenden Fenster „*Struktursuche*"

6. Nach der Bestätigung mit ✓ erscheint der Qualifikationskatalog (vgl. Abb. 5.10).

7. Durch Klick auf das Ordnersymbol 📁 gelangt der Benutzer in die jeweiligen Untermenüs. Nun z. B. *Bewerberbeurteilung* ⇨ *Kenntnisse in Informatik* auswählen. Anschließend die Auswahl (✓) bestätigen.

8. Sichern der getätigten Eingaben durch den SAVE-Button 💾.

9. Im erschienenen Window führt man die Beurteilung durch. Die betreffenden Qualifikationen werden mit Zahlenwerten benotet, die von 0 (unbewertet) bis 9 (hervorragend) reichen. Eine Übersicht über diese Bewertungen erhält man durch Klick auf ⬇. Sicherung der Eingaben erfolgt durch 💾. Diese Abfolge wird für alle anderen Qualifikationen durchgeführt.

10. Nachdem alle Qualifikationen angelegt wurden, kehrt man mit ⬅ in das Ausgangsmenü *Geplante Vorgänge für Personalreferent* zurück.

11. Der Gesamtvorgang der Beurteilungen wird durch Kennzeichnung von „erledigt" abgeschlossen.
Dazu selektiert man den Vorgang *Beurteilung*. Durch Klick auf **Vorg. erledigen** wird die Überstellung des Vorgangs von *geplant* zu *erledigt* abgeschlossen.
Die korrekte Übertragung prüft der Anwender durch Klick auf **Vorgang**. Hier kann man sich die geplanten und erledigten Vorgänge aufzeigen lassen. Abschließend erreicht man durch dreimaligen Klick auf ⬅ die Rückkehr zum Startmenü der Personalbeschaffung.

Abb. 5.10
Qualifikationskatalog

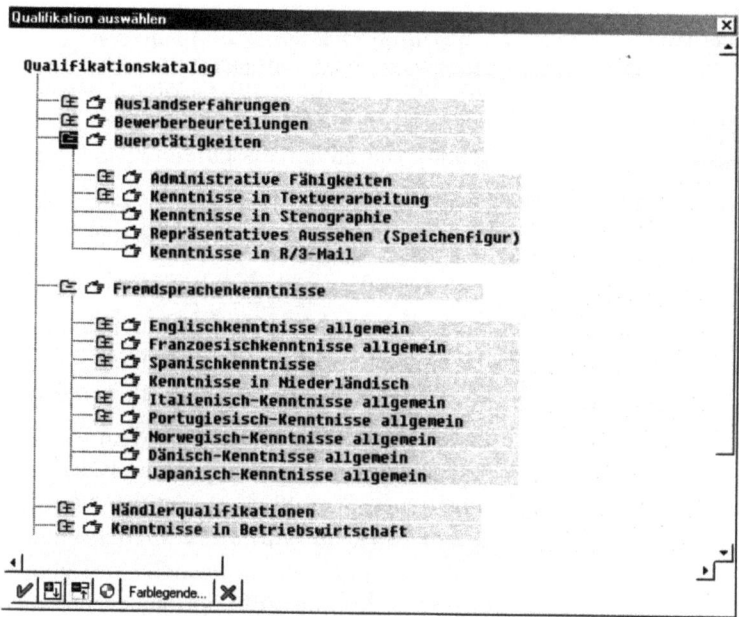

5.5.4 Fallstudie: Auswahl des geeignetsten Bewerbers

An dieser Stelle tritt die Frage auf, weshalb der Anwender sich die Mühe machen soll, die Qualifikationen der Bewerber in dieser detaillierten Weise zeitraubend in das System einzulesen.

Um diese Frage zu beantworten, muss man sich nochmals die Voraussetzung der Entscheidung über eine Stellenbesetzung vor Augen führen: Um eine korrekte Auswahl zu treffen, muss der bzw. die Verantwortliche genau die Fähigkeiten und Qualifikationen - sowohl sachlicher wie auch menschlicher Natur - präzise mit den Anforderungen der zu besetzenden Vakanz vergleichen.

Hier kommt eine der Stärken des R/3-Systems ins Spiel, die automatische Abgleichung bereits eingegebener Daten mit denen der noch zu besetzenden Vakanzen. Diese Fähigkeit erspart dem Anwender einen nicht zu unterschätzenden Arbeitsaufwand bei der Entscheidungsfindung.

Die Auswahl des **qualifiziertesten** Bewerbers unterteilt sich in folgende Abschnitte:

- Auswahl des idealen Bewerbers aus dem Bewerberpool;
- Rückstellung weiterer in Frage kommender Bewerber;
- Ablehnung der nicht für diese Stelle geeigneten Bewerber.

5 Personalbeschaffung

Idealen Bewerber auswählen

„PB_5_8.scm"

Startmenü: *Personal* ⇨ *Personalbeschaffung* ⇨ *Personalwerbung* ⇨ *Vakanz* ⇨ *auswerten*

1. Der Benutzer trägt im Fenster *Vakanzen* den gewünschten Zeitraum ein (***TIP***: am sinnvollsten ist der Tag der Veröffentlichung der Stellenausschreibung).

2. Dann gibt man die Nummer der Vakanz ein. Nun auf ⬇ klicken. Markierung der Zeile mit der gewünschten Vakanz und betätigen von 🔑. Im Anschluss erhält man, nach dem Markieren einer Zeile und der Selektion des Ikons **AnfProfil**, das Anforderungsprofil der Vakanz.

3. Dieses Fenster bietet übersichtlich die geforderten Eignungen und deren Gewichtung. Mit dem Zurück-Button ⬅ gelangt man wieder ins Ausgangsmenü *Vakanzen auswerten* (Die erscheinende Warnung kann mit „JA" übergangen werden.).

4. Durch Klick auf *Kandidat suchen* werden alle vorhandenen Bewerber der Vakanz gesucht und gemäß ihrer Eignung auf das Anforderungsprofil der Stelle untersucht (vgl. Abb. 5.11).

Abb. 5.11
Personen zu Qualifikationen bzw. Anforderungen

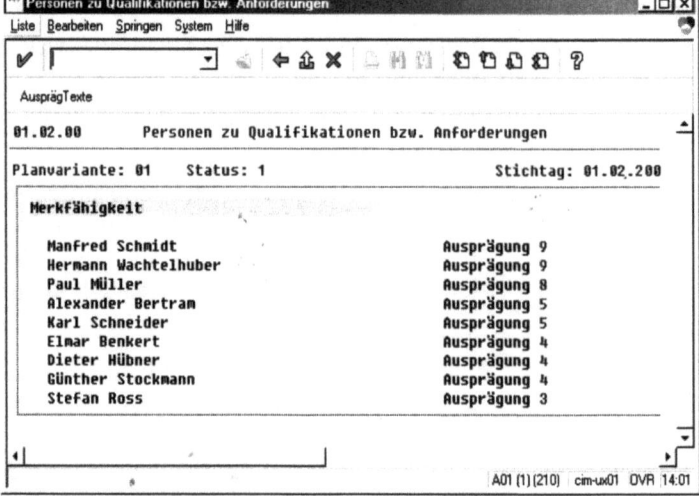

Rangliste der geeigneten Kandidaten

5. Durch doppelten Klick auf eine Qualifikation wird vom System eine Rangliste der einzelnen Kandidaten bezüglich dieser Qualifikation angezeigt. Man gelangt mit ⬅ wieder in das Fenster *Personen zu Qualifikationen bzw. Anforderungen*.

5.5 Fallstudien zur Bewerberauswahl

6. Der Anwender kann einen Gesamtvergleich über alle Bewerber erhalten. Hierzu klickt man auf einen Bewerber und aktiviert hinterher `Profil`.
7. In dem hierauf folgenden Fenster klickt man in der Sektion *Vergleiche Personentyp* neben der Option *Nummer* auf ⬇. Hiernach selektiert der Anwender die „Suchfunktion" und akzeptiert mit ✓. Als Suchbegriff gibt man - als Allgemeinanfrage - das Zeichen „*" ein und bestätigt mit ✓. Man erhält nun eine Übersicht über den geforderten Bewerber.
8. Durch Mausklick auf 🗐 können alle Einträge markiert werden. Daraufhin übernimmt man die Einträge mittels `✓ Übernehmen`. Anschließend wird wieder in das Menü *Profilvergleich* gewechselt.

Profilvergleich

9. Der Profilvergleich wird mittels 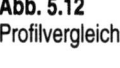 durchgeführt. Durch den Profilvergleich kann der Anwender nun schnell und übersichtlich die Bewerber miteinander vergleichen (vgl. Abb. 5.12).

Abb. 5.12
Profilvergleich

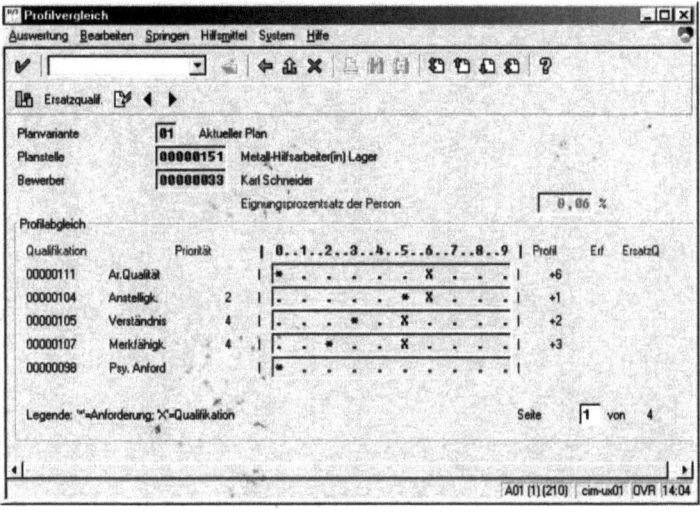

Achtung!

Der Prozentsatz der Eignung sinkt immer mit einer Abweichung vom Anforderungsprofil! D. h., auch wenn der Bewerber bessere Qualifikationen besitzt als im Anforderungsprofil vorgegeben, sinkt unweigerlich der Eignungsprozentsatz.

5 Personalbeschaffung

10. Mit den Icons ◀ und ▶ blättert man durch die jeweiligen Bewerber.
11. Mit Auswahl des Statistik-Buttons 📊 wird eine Vergleichsgrafik erzeugt, aus der die Qualifikationen der Kandidaten im Vergleich zum Anforderungsprofil zu erkennen sind (vgl. Abb. 5.13). Mit einem Klick auf das Feld **Legende** kann die Legende aufgerufen werden.
12. Mit viermaligem Drücken des Zurück-Button ⬅ gelangt man wieder ins Ausgangsmenü.

Abb. 5.13
Statistikgrafik

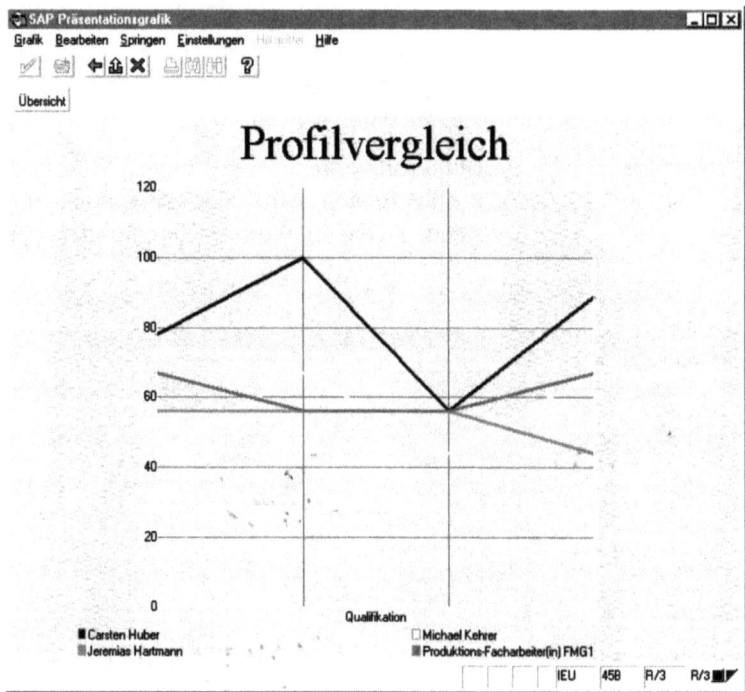

5.5.5 Fallstudie: Bewerber werden zurückgestellt

Bewerber zurückstellen

Wenn mehrere Bewerber für eine Ausschreibung in Frage kommen, aber eine endgültige Entscheidung noch aussteht, da der geeignetste Kandidat noch nicht dem Arbeitsvertrag zugestimmt hat, können Alternativkandidaten zurückgestellt werden. Dies bedeutet, dass den Kandidaten zwar noch keine Zusage erteilt wird, jedoch auch von einer Absage abgesehen wird.

Startmenü: *Personal* ⇨ *Personalbeschaffung* ⇨ *Bewerberstamm* ⇨ *pflegen*

„PB_5_9.scm"

1. Eingabe der Bewerbernummer des zurückzustellenden Kandidaten.
2. Markierung des Informationstypen *Bewerbermaßnahmen*.
3. Durch das Symbol wird ein Auswahlmenü geöffnet, in dem die verschiedenen Arten von Bewerbermaßnahmen aufgezeigt werden.
4. Der Anwender aktiviert nun die Bewerbermaßnahme *„02 Bewerber zurückstellen"* und bestätigt mit .
5. In diesem Menü muss die Gültigkeit des neu erstellten Datensatzes eingegeben werden. Die Eingabe kann durch kontrolliert werden.
6. Als Abschluss müssen die Daten abgesichert werden ().

5.5.6 Fallstudie: Bewerber werden abgelehnt

Wenn ein Bewerber nicht den Anforderungen der Vakanz entspricht, muss er abgelehnt werden. Da dies normalerweise für den größten Teil der Bewerber durchgeführt werden muss, bietet es sich an, diesen Vorgang auch mit der Massenverarbeitung von Daten zu koppeln.

Bewerber ablehnen

Startmenü: *Personalbeschaffung* ⇨ *Bewerberstamm* ⇨ *Massenverarbeitung* ⇨ *Vakanzzuordnung Liste*

„PB_5_10.scm"

1. Eingabe des Status. Hier wird mittels der Pull-down-Leiste  „*" ausgewählt.
2. Eingabe der Vakanz, für die einem Bewerber ein Vertrag angeboten werden wird ().
3. Eine Auflistung aller der Vakanz zugeordneten Bewerber wird mit  aufgerufen.

5 Personalbeschaffung

4. Bei Ablehnung mehrerer Bewerber wird der entsprechende Button (**Mengenverarbeitung**) ausgewählt.
5. Nun erfolgt die Auswahl der abzulehnenden Bewerber mittels Klick. Mit **Ablehnen** wird die Statusänderung vorbereitet.
6. Im Fenster *Gesamtstatus ändern* wird durch Klick auf ⏬ Ablehnungsgrund aktiviert. Bestätigung der Auswahl mit dem Button ✔. Im Fenster *Gesamtstatus ändern* wird wiederum mit ✔ akzeptiert.
7. Als Abschluss muss nun die Sicherung der Daten ausgeführt werden 💾.
8. Durch zweimaliges Betätigen von 🔙 gelangt man ins Hauptmenü *Personalbeschaffung*.

5.5.6 Fallstudie: Bewerber Vertrag anbieten

Bewerber Vertrag anbieten

Wurde der für den zu besetzenden Arbeitsplatz am besten qualifizierteste zukünftige Mitarbeiter gefunden, so wird ihm ein Arbeitsvertrag angeboten.

Startmenü: *Personalbeschaffung* ➪ *Bewerberstamm* ➪ *Massenverarbeitung* ➪ *Vakanzzuordnung Liste*

„PB_5_11.scm"

1. Eingabe des Status. Hier wird mittels der Pull-down-Leiste ⏬ „*" ausgewählt.
2. Eingabe der Vakanz, für die einem Bewerber ein Vertrag angeboten wird (⏬).
3. Eine Auflistung aller der Vakanz zugeordneten Bewerber wird mit 🔍 aufgerufen.
4. In der Auflistung der der Vakanz zugeordneten Stellenanwärter wird der gewünschte Kandidat markiert. Anschließend wird der Button **Gesamtstatus** betätigt.
5. Im folgenden Fenster *Gesamtstatus ändern* und in der durch ⏬ angeforderten Auflistung wird der Bewerberstatus mit *5 Vertrag angeboten* besetzt.
6. Diese Änderung wird mit ✔ bestätigt.

7. Mit ✓ wird wieder ins Hauptmenü der Personalbeschaffung zurückgeschaltet. Mit Änderung des Status auf *Vertrag angeboten* wird automatisch für den betreffenden Kandidaten ein Bewerbervorgang *Vertragsangebot* angelegt.

5.5.7 Fallstudie: Bewerber übernehmen

Es ist endlich soweit: nach einer langwieriger Auswahlphase soll nun den Betriebsangehörigen ein neuer Kollege präsentiert werden. Ein Arbeitsvertrag wurde angeboten und vom Bewerber angenommen.

Am Ende des abgeschlossenen Auswahlprozesses kann der Anwender die Übernahme der Bewerberstammdaten in die Stammdatei des Betriebspersonals vorbereiten. Es müssen noch die restlichen Bewerber abgelehnt und im System abgearbeitet werden.

Bewerber übernehmen

„PB_5_12.scm"

Startmenü: *Personal* ➪ *Personalbeschaffung* ➪ *Bewerberstamm* ➪ *Bewerbermaßnahmen*

1. Eingabe der Bewerbernummer und Markierung der Maßnahme *Einstellung vorbereiten*. Bestätigen mit ✓.
2. Im Menü „Bewerbermaßnahmen kopieren" wurden vom System bereits alle Angaben eingetragen. Es muss nur noch mit 💾 abgespeichert werden.
3. Im folgenden Menü „Pflegen der Vakanzenordnungen" markiert der Anwender die Vakanz, für die die Einstellung vorgesehen ist. Anschließend wird mit ✏ Status (Vakanz) der Status geändert.
4. Dies erfolgt mittels Mausklick auf das Pull-down-Menü ▼ und das Markieren des Bewerberstatus *einzustellen*. Hier wird mit ✓ wiederum bestätigt. Im Menü „Status der Vakanzzuordnung ändern" muss ebenfalls diese Änderung quittiert werden (✓).
5. Auswahl der restlichen Bewerber; danach Vakanzzuordnung mit ✏ Status (Vakanz) aktivieren.
6. Mittels ▼ den Status *4 abgelehnt* auswählen und zweimal abschließend bestätigen ✓.
7. Nun muss noch ein vorletztes Mal gesichert und zurückgeschaltet werden (💾 und ✓).

5 Personalbeschaffung

8. Als letzte Aktionen werden nun im Fenster *Pflegen der Vakanzzuordnungen* alle Einträge mit [Symbol] selektiert.
9. Nach Mausklick auf [Status (Vakanz)] wird im schon bekannten Window *Status der Vakanzzuordnung ändern* der Statusgrund *abgelehnt* eingetragen und zweimal übernommen => 2 X [Symbol]
10. Zum Schluss werden alle Daten gesichert [Symbol] und dem System überstellt.

6 Zeitwirtschaft

Bisher wird die Zeitwirtschaft häufig durch Stempelkarten versorgt, die ggf. manuell nachgetragen werden müssen. Der damit verbundene **Verwaltungsaufwand** ist zu hoch. Dieser Verwaltungsaufwand wird noch vergrößert durch die flexible Arbeitszeitgestaltung, die eine Vielzahl von differenten Beginn- und Endzeiten des Arbeitstages mit sich bringt. Hier wird die Notwendigkeit EDV-unterstützter Systeme deutlich, die zur Erfassung, Auswertung und Verwaltung verwendet werden.

Anforderungen an Zeitauswertung

Die gängigsten Anforderungen an eine Zeitauswertung lauten:

- flexibler Aufbau und leichte Anpassungsmöglichkeiten;
- Editiermöglichkeiten fehlerhafter Zeitbuchungen;
- Datenaustausch mit der Zeiterfassung (Datenerfassung), Anbindung an andere Komponenten innerhalb des System.

Flexibler Aufbau und leichte Anpassungsmöglichkeiten bedeuten, dass die Software an die jeweiligen betriebsspezifischen Aufgaben und benutzerspezifischen Einstellungen anpassbar sein sollte.

6.1 Zeitauswertung im System HR

Die Zeitauswertung kann auf verschiedene Arten erfolgen. Prinzipiell gibt es zwei Möglichkeiten der Zeitauswertung/-erfassung (siehe Abb. 6.1):

Abb. 6.1 Erfassungsvarianten in HR

Negativerfassung

Die Negativerfassung beinhaltet den Feiertagskalender, den Arbeitszeitplan (Schichtplan) und die Erfassung von Bewegungsdaten.

Es werden nur die Abweichungen:

- Abwesenheit (Urlaub, Krankheit)
- Rufbereitschaft
- besondere Anwesenheiten (Seminar, Dienstreise)
- Mehrarbeit

von einem vordefinierten Arbeitszeitplan manuell erfasst werden.

Dadurch entsteht der Nachteil, dass die Zeitauswertung (Zeitdaten) zu keinem Zeitpunkt auf dem aktuellen Stand ist. Dieser Umstand favorisiert die Positiverfassung in der Praxis.

Der Demonstration der Zeiterfassung in der Variante „Negativerfassung" dient das anschließende Beispiel:

Fallbeispiel: Negativzeiterfassung

Die Fehlzeiten einer Mitarbeiterin sollen für den letzten Monat von der Sachbearbeiterin in den Monatskalender eingegeben werden.

Funktionsüberblick:

Personal ⇨ *Zeitwirtschaft* ⇨ *Administration* ⇨ *Zeitdaten* ⇨ *Pflege*.

Zeitdaten pflege

1. Über die Menüfolge *Personal* ⇨ *Zeitwirtschaft* ⇨ *Administration* und [Zeitdaten pflegen] gelangt der Benutzer in die Einstiegsmaske zur Pflege der Zeitdaten.

Personalnummer

2. Es ist nun die Personalnummer einzugeben. Bei Unkenntnis kann sie auch über die Pick-Liste [↓] ausgewählt werden.

Zeitraum

3. Hier ist der erste und letzte Tag des Monats einzutragen. Wird kein Datum eingetragen, wird ab dem aktuellen Datum selektiert.

   Durch [Monat] gelangt der Benutzer direkt in den Infotypen *Monatskalender ändern*. Dort können im Monatsbild die Fehlzeiten eingetragen werden. Dazu ist unter dem jeweiligen Tagesarbeitszeitplan-Feld die Pick-Liste mit den verschiedenen Abwesenheitsarten aufzurufen.

6.1 Zeitauswertung im System HR

Abb. 6.2
Monatskalender

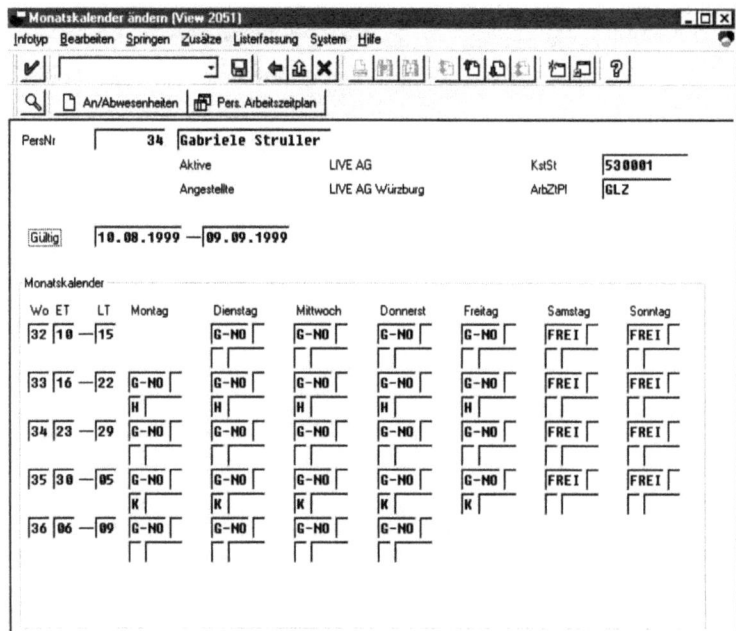

Monatskalender ändern

4. Die Abwesenheitsart ist jetzt anzugeben. Mit Hilfe der Pick-List kann die Abwesenheitsart herausgesucht werden.

Gespeichert wird mit der Schaltfläche . Es erscheint nun ein Pop-Up-Menü. Für den ersten Zeitraum muss die entsprechende Abwesenheitsart ausgewählt werden.

Abb. 6.3
Monatskalender ändern

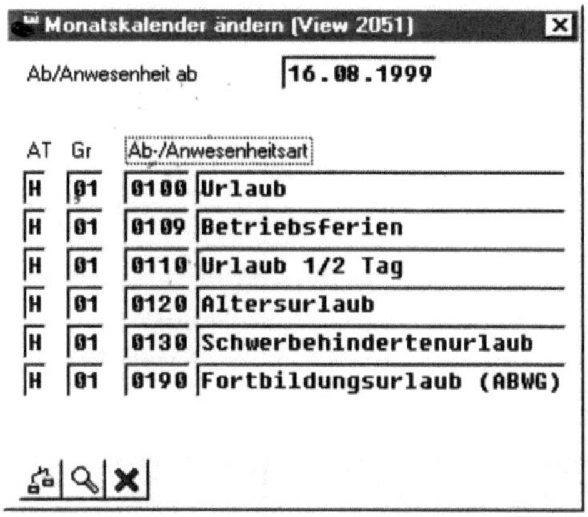

Abb. 6.4
Monatskalender
ändern

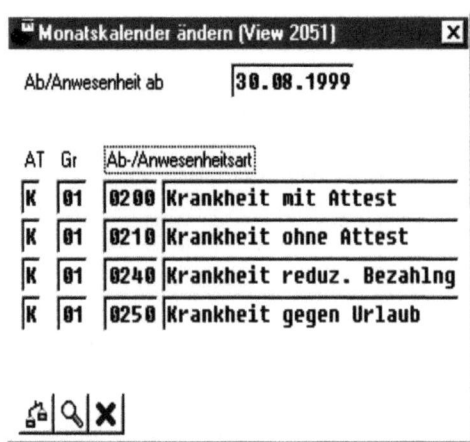

Der Benutzer befindet sich jetzt wieder im Monatsbild mit der Meldung, dass der Datensatz geändert wurde.

5. Wird ![icon] zweimal betätigt, gelangt der Benutzer in das Hauptmenü zurück.

Positiverfassung

Die Positiverfassung bewertet die erfassten Arbeitszeiten (Kommen/Gehen). Durch hohe Flexibilisierung der Arbeitszeit wird der Schichtplan nur noch als Zeitrahmen vorgegeben, d. h. geplante und tatsächliche Arbeitszeiten (Mehrarbeit oder Gleitzeitguthaben) werden gegenübergestellt und Abweichungen errechnet. Das heißt, in der Positiverfassung werden zusätzlich zu den **Abwesenheiten** auch die entsprechenden **Anwesenheiten** eines Mitarbeiters erfasst. Diese Erfassung erfolgt meist über vorgelagerte Zeiterfassungssysteme. In der Praxis können Mischformen beider Zeiterfassungssysteme auftreten.

Die Positiverfassung ergänzt somit die Negativerfassung um die Erfassung der Anwesenheitszeiten (Kommt-/Geht-Zeiten).

Abb. 6.5
Die drei Bausteine
der Zeitwirtschaft

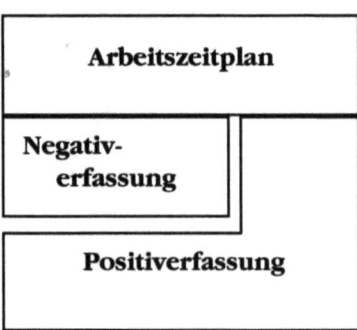

Die Daten der jeweiligen Erfassungsart (Positiv-/Negativerfassung) werden anschließend an

- Lohn- und Gehalt
- Reporting (Statistische Auswertung, Aktualisierung von Daten)
- Zeitnachweis für Mitarbeiter
- Zeiterfassungsterminal

weitergeleitet.

Fallbeispiel:
Positivzeiterfassung

Seit Anfang letzten Monats werden die Zeitdaten eines Mitarbeiters durch Zeiterfassung aufgezeichnet. Diese Änderungen der Zeiterfassung soll im System durchgeführt und danach die Zeitereignisse des letzten Monats erfasst werden. Diese sollen ausgewertet und das durch die Mehrarbeit entstandene **Gleitzeitkontigent** abgebaut werden. Dazu werden im nächsten Monat eine der Mehrarbeiten entsprechende Zahl von Abwesenheitstagen angelegt und danach das Arbeitszeitkonto überprüft.

Funktionsüberblick:

Personal ⇨ Zeitwirtschaft ⇨ Administration ⇨ Zeitdaten ⇨ Pflege.

Zeitdaten pflege

1. Über die Menüfolge *Personal ⇨ Zeitwirtschaft ⇨ Administration* und Zeitdaten pflegen gelangt der Benutzer in die Einstiegsmaske zur Pflege der Zeitdaten.

Personalnummer

Es ist nun die Personalnummer einzugeben. Bei Unkenntnis kann sie auch über die Pick-Liste ausgewählt werden.

Infotyp

Hier ist die Infotypnummer einzutragen. Einen Überblick bietet .

6 Zeitwirtschaft

Abb. 6.6
Zeitdaten pflegen

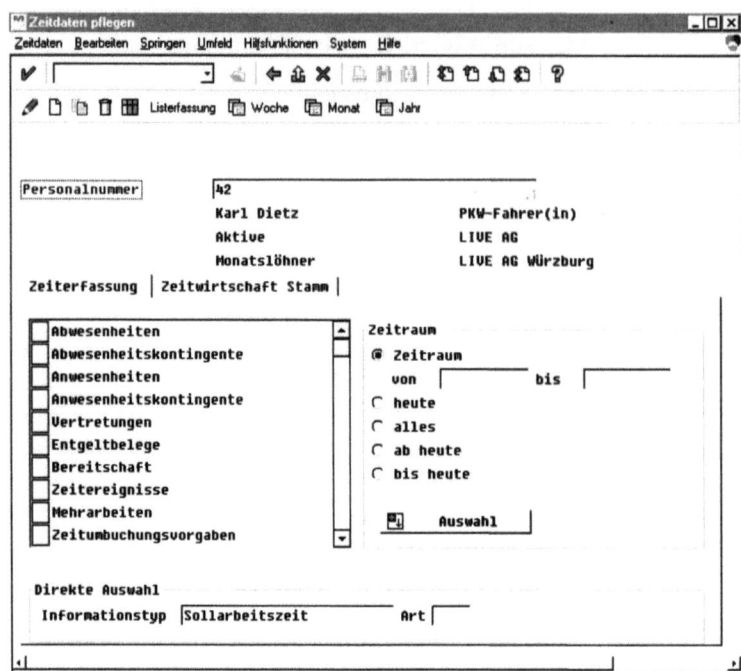

Sollarbeitszeit kopieren

2. Durch [Symbol] werden die Eingaben überprüft. Durch Betätigen des Buttons [Symbol] gelangt der Benutzer in die Eingabemaske *Sollarbeitszeit kopieren* (Infotyp 0007) inklusive aller vorhandenen Voreinstellungen.

Gültigkeit

Es muss der Zeitpunkt des Beginns der Umstellung auf Zeiterfassung eingetragen werden, [Symbol] dient als Hilfe zur schnellen Datumseingabe. Als Endzeitpunkt ist das Datum 31.12.9999 beizubehalten.

Arbeitszeitplanregel

3. Jetzt muss die Arbeitszeitplanregel eingegeben werden; über [Symbol] kann das Zeiterfassungsschema ausgewählt werden.

6.1 Zeitauswertung im System HR

Abb. 6.7
Sollarbeitszeit
kopieren

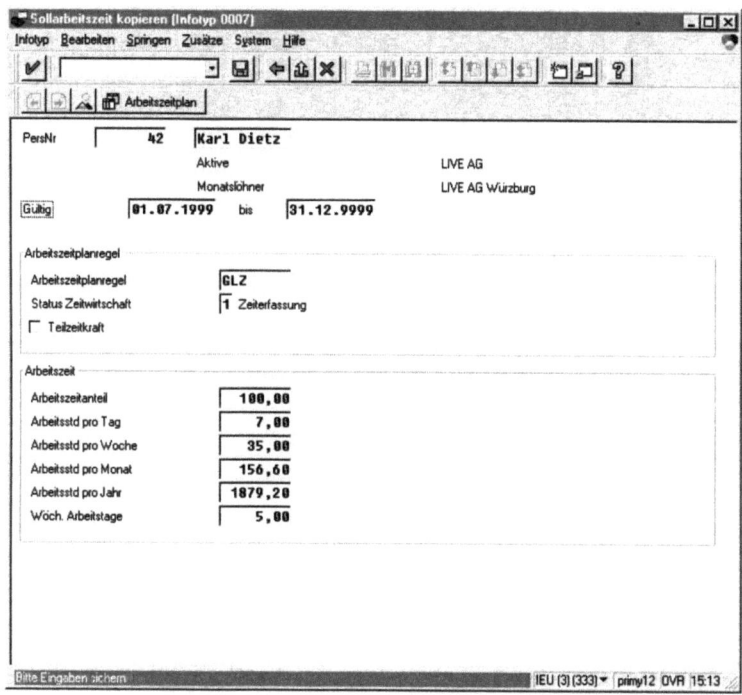

4. Durch ![btn] können Eingaben überprüft werden.

   Etwaige Warnungen oder Hinweise können mit ![btn] übergangen werden.

5. Nach dem Betätigen von ![btn] gelangt der Benutzer automatisch in die Maske *Zeiterfassungsinformation anlegen*.

   Jetzt müssen die **Zeiterfassungsinformationen** geändert werden.

6. Der Benutzer muss jetzt den Beginnzeitpunkt und das Enddatum eingeben, mit ![btn] kann eine Auswahl eingeholt werden.

Zeitausweisnummer

7. Eine beliebige Zeitausweisnummer ist einzugeben.

   Zeitereignisarten werden zu Arbeitszeitereignisgruppen (z. B. Kommen und Gehen) zusammengefasst.

   Die Gruppierung *Subsystemanbindung* gibt an, welchem Subsystem das zugeordnete Objekt übertragen wird.

6   Zeitwirtschaft

An-/Abwesenheiten Über die Gruppierung „An-/Abwesenheiten" werden die An- und Abwesenheiten zusammengefasst, die vom Mitarbeiter am Subsystem erfasst werden können.

Mitarbeiterausgaben Über die Gruppierungen für „Mitarbeiterausgaben" werden die Mitarbeiterausgaben zusammengefasst, die vom Mitarbeiter am Subsystem erfasst werden können.

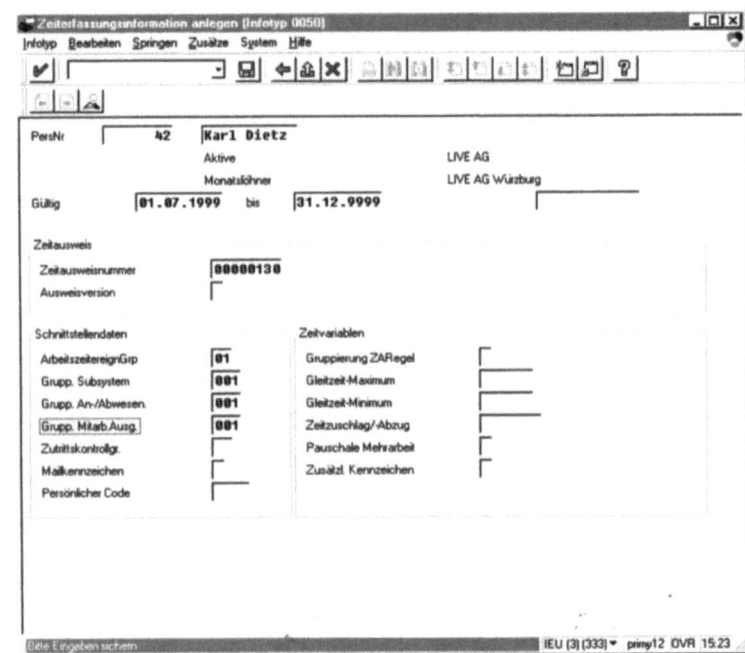

Abb. 6.8 Zeiterfassungsinfo anlegen

Zeitdaten pflegen

8. Durch Betätigen von 🖫 werden die Daten gesichert. Der Benutzer gelangt automatisch zurück in die Eingabemaske *Zeitdaten pflegen*. Mit zweimaligem 🔙 Betätigen gelangt man zurück ins R/3-Hauptmenü.

9. Es sollen nun für den Mitarbeiter die angefallenen Zeitereignisse erfasst werden. Über die Menüfolge *Personal* ⇨ *Zeitwirtschaft* ⇨ *Administration* und 🖉 Zeitdaten pflegen gelangt man in die Einstiegsmaske zur Pflege der Zeitdaten.

Personalnummer

10. Die Personalnummer ist einzugeben. Bei Unkenntnis kann optional über Eingabemöglichkeiten (durch Angabe des Nachnamens) der gewünschte Mitarbeiter selektiert werden.

11. Der Infotyp muss angegeben werden.

6.1 Zeitauswertung im System HR

Zeitraum

12. Der Zeitraum, für den die Zeitdaten erfasst werden sollen, muss angegeben werden.

Abb. 6.9
Zeitdaten pflegen

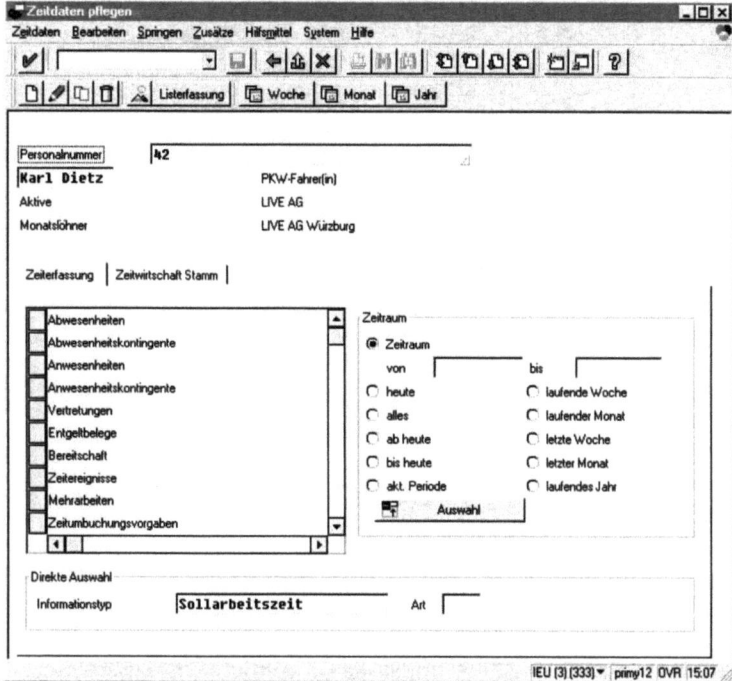

Zeitereignisse pflegen

13. Listerfassung , um in die Eingabemaske *Zeitergebnisse pflegen* zu gelangen.

14. Das jeweilige Datum ist anzugeben.

15. Die jeweilige Uhrzeit ist anzugeben

Zeitereignissart

Hier wird zwischen „Kommen" und „Gehen" unterschieden.

6   Zeitwirtschaft

Abb. 6.10
Zeitereignisse pflegen

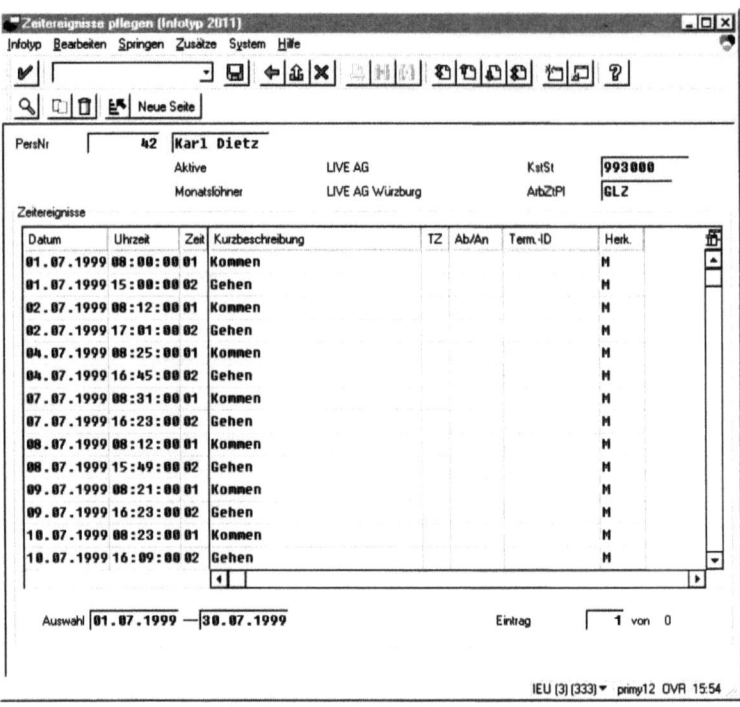

Zuerst muss das Kommen des Mitarbeiters in das obige Schema eingetragen werden und anschließend in der nächsten Zeile für das gleiche Datum das Gehen des Mitarbeiters. Durch Klick auf **Neue Seite** wird eine neue leere Seite an die Liste angefügt.

Hinweis Abwesenheiten (z. B. wegen Urlaub, Krankheit oder Gleitzeittage) können hier nicht eingetragen werden. Zur Eingabe dieser Abwesenheitsarten ist der Infotyp 2001 einzugeben.

16. Speichern der Eintragungen durch Betätigen von 🔲 . Über zweimal 🔙 gelangt man wieder zurück zum Einstiegsmenü von R/3.

6.2 Anbindung an vorgelagerte Systeme

Nachfolgend werden die Anbindungsmöglichkeiten und der Datenaustausch der HR-Zeitwirtschaft an Systeme wie Zeiterfassungsterminal, Lohn- und Gehaltsabrechnung und das Umfeld der Zeitwirtschaft näher erläutert.

Upload/Download

Zunächst erfolgt ein **Upload** der Daten von den Zeiterfassungsterminals zur HR-Zeitwirtschaft. Hier werden die Daten verarbeitet; die Auswertungsergebnisse, sog. Ministämme, werden über einen **Download** wieder zu den Zeiterfassungsterminals geschickt. Der Austausch erfolgt über die **Schnittstelle** (siehe Abb. 6.11). An den Zeiterfassungsterminals können die Mitarbeiter ihre aktuellen Daten zu Urlaub, Gleitzeit etc. abfragen.

Abb. 6.11
Prinzip der Anbindung über Schnittstelle

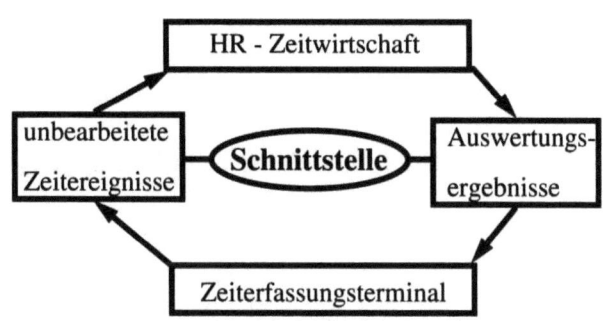

Dieser Up- und Download erfolgt über eine **interne Schnittstelle** und ist für den Mitarbeiter nicht sichtbar.

Abb. 6.12
Datenaustausch

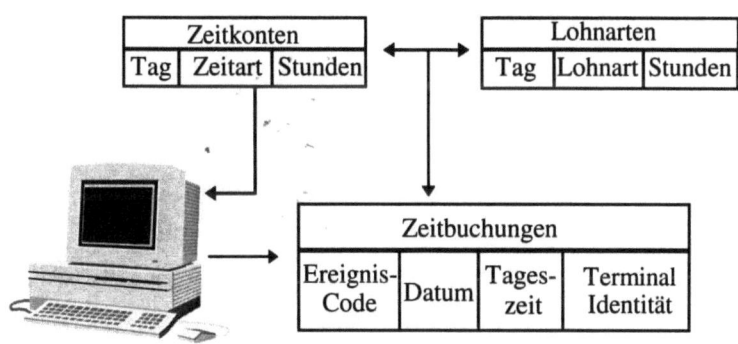

In Abb. 6.12 ist der Datenfluss zwischen den verschiedenen Ereignissen zu sehen. Es erfolgt ein Austausch von Daten von der HR-Zeitwirtschaft zu den Zeiterfassungsterminals. Weiter werden Daten von den Lohnarten an die HR-Zeitwirtschaft weitergegeben.

Daten für die Anbindung

Notwendige Daten eines Satzes für den **Upload** sind:
- Datum
- Uhrzeit
- Ausweisnummer bzw. Personalnummer
- Satzart (Kommen, Gehen etc.)

Über den **Download** werden folgende Daten an die Zeiterfassungsterminals weitergegeben:
- Ausweisnummer
- Zutrittsberechtigung
- Dienstgangberechtigung
- Informationen (Salden, Urlaub etc.)

6.2.1 Unterscheidung Zeiterfassungssystem - Zeitwirtschaft

Zeiterfassungsterminal

Aufgaben des Zeiterfassungssystems (Zeiterfassungsterminal) sind:
- Erfassen der Zeitereignisse;
- Übermitteln der Zeitereignisse zur Schnittstelle;
- Übermitteln der errechneten Salden von der Schnittstelle zu den Zeiterfassungsterminals.

Die Erfassung der Zeitereignisse erfolgt durch Einlesen der Daten mit einer Magnetkarte am Zeiterfassungsterminal. Diese Daten werden dann zur HR-Zeitwirtschaft weitergereicht (siehe Abb. 6.11).

Aufgaben der Zeitwirtschaft sind:
- Übermitteln der Zeitereignisse von der Schnittstelle zur Zeitwirtschaft;
- Verarbeiten der Zeitereignisse;
- Editieren der Zeitereignisse;
- Übermitteln der Salden an die Schnittstelle.

In der HR-Zeitwirtschaft werden die erfassten Zeitereignisse ausgewertet. Auftretende Fehler (z. B. fehlerhafter Lesevorgang, Mitarbeiter hat Kommenbuchung vergessen) werden mittels Auswertungen ausgedruckt und können nach Absprache mit dem entsprechenden Mitarbeiter editiert werden.

Durch die nachfolgende Grafik soll der Zusammenhang und das **Umfeld der Zeitwirtschaft** genauer erläutert werden (Abb. 6.13):

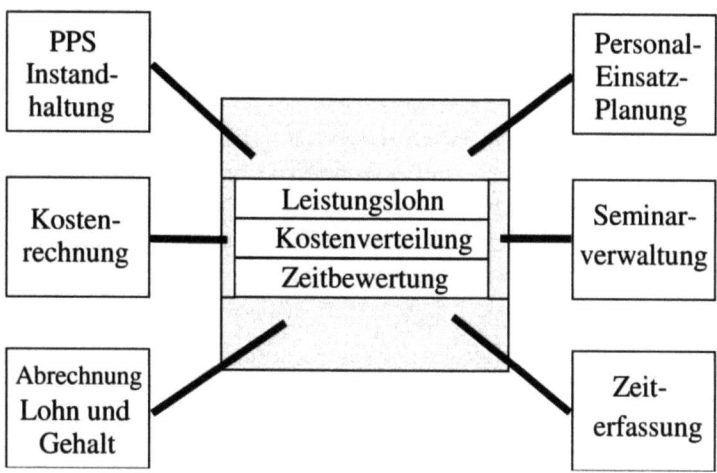

Abb. 6.13
Zeitwirtschaft

Das Umfeld der Zeitwirtschaft wird durch die sechs angegebenen Module/Anwendungen bestimmt (siehe Abb. 6.13). So sind die Module „Zeiterfassung", „Seminarverwaltung", „Personal-Einsatzplanung" sowie „Lohn und Gehalt" durch den gesamten Bereich betroffen, wohingegen die Kostenrechnung, PPS-Instandhaltung nur auf Teilbereiche zugreift. Hier stellt die Lohn- und Gehaltsabrechnung einen Sonderfall dar, da sie sowohl auf das Gesamte als auch auf den speziellen Teil der Zeitbewertung zugreift.

6.2.2 Lohn- und Gehaltsabrechnung

Die Versorgung der Lohn- und Gehaltsabrechnung erfolgt über die in dem „*RPTIME00-Modul*" gebildeten Lohnarten. Dabei stellt die interne **Tabelle ZL** die Schnittstelle dar (siehe Abb. 6.14). In der Lohn- und Gehaltsabrechnung muss nun die mit den Lohnarten der Zeitauswertung gefüllte Tabelle ZL gelesen werden. Relevant für die Lohn- und Gehaltsabrechnung sind die aus den An- und Abwesenheiten generierten Lohnarten.

6   Zeitwirtschaft

Hierbei kann eingestellt werden, ob z. B. ein Gleitzeitminus vom Gehalt abgezogen wird bzw. der Negativ-Saldo in die nächste Periode (Monat) übernommen wird.

Abb. 6.14
Tabelle ZL

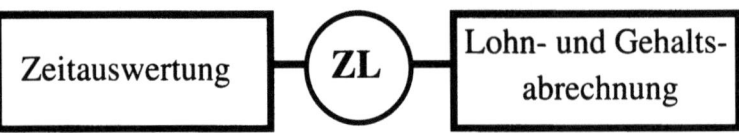

In der Abb. 6.14 ist der Datentausch über die Schnittstelle ZL graphisch dargestellt. Die mit dem „*RPTIME00*" errechneten Salden und Lohnarten können als **Zeitnachweisformular** für die Mitarbeiter ausgedruckt werden. Das heißt, der Mitarbeiter bekommt einen Ausdruck, den er abgleichen und bei eventuell fehlerhaften Zeiten reklamieren kann.

Versorgung einer fremden Lohn- und Gehaltsabrechnung

Mit dem Report „*RPTEZL100*" kann man sich die Daten aus der internen Tabelle besorgen. Die in der Zeitauswertung gebildeten Lohnarten werden auf ein sequentielles Dataset geschrieben, das die fremde Lohn- und Gehaltsabrechnung liest.

6.3   Zeittypen

In diesem Punkt soll auf die verschiedenen Zeittypen, wie Schichtplan, Tagesprogramm, Pausenregelung und Gleitzeitaufbau, genauer eingegangen werden.

6.3.1   Arbeitszeitplan (Schichtplan)

Der Arbeitszeitplan (Schichtplan) ist der zentrale Baustein der Zeitwirtschaft, da hier explizit definiert wird, ob und wie an einem Kalendertag gearbeitet wird. Es wird festgelegt, wie ein Arbeitstag zu entgelten und bei Abwesenheit zu verfahren ist.

Ein Arbeitszeitplan ist wie folgt aufgebaut:

Abb. 6.15
Umfeld eines
Arbeitzeitplans
(Schichtplan)

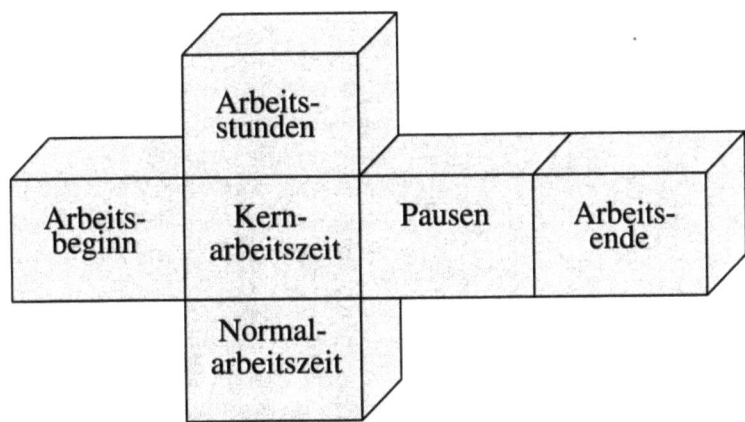

Kernzeiten

Ein Schichtplan wird durch die Arbeitszeit bestimmt. Im Zentrum steht die Kernzeit. In dieser Zeit muss jeder Mitarbeiter am Arbeitsplatz sein. Ein Schichtplan enthält z. B. Schichtarten, wie Frühschicht, Spätschicht, aber auch die normale Arbeitszeit. Der Schichtplan legt den Arbeitszeitrahmen einer Arbeitswoche fest. Die Arbeitszeiten, Pausen, Sollarbeitszeit usw., die der Schichtplan enthält, werden vom Tagesprogramm vorgegeben.

Fallbeispiel:
Sollplan prüfen

Der Sollplan eines Mitarbeiters soll überprüft werden, das bedeutet eine Prüfung und Ausgabe aller relevanten Daten dieses Mitarbeiters.

Funktionsüberblick:

Personal ⇨ Planung ⇨ Personaleinsatz ⇨ Einsatzplanung
Zusätze ⇨ Mitarbeiterauswahl ⇨ OrgStruktur einschr.

Sollplan bearbeiten:
Bearbeiten ⇨ Einsatzplan prüfen

Hinweis

Eine Prüfung ist nur im aktuellen Monat möglich, da das System nur auf diese Weise aktuelle Daten verarbeiten kann.

1. Im Menü *Personal ⇨ Planung* auswählen.
2. Über die Menüfolge
   Personaleinsatz ⇨ Einsatzplanung gelangt der Anwender in das Einstiegsmenü zur Personaleinsatzplanung.

Organisationseinheit

Es ist nun die Organisationseinheit einzugeben. Bei Unkenntnis kann sie auch über die Pick-Liste ausgewählt werden.

6 Zeitwirtschaft

Zeitraum

3. Nachdem das Feld „Anderer Zeitraum" angeklickt worden ist, muss der gewünschte Zeitraum eingegeben werden.

   Durch [Enter] oder ✓ wird die Eingabe geprüft und automatisch eine Einsatzgruppe ergänzt.
   Um auch die untergeordneten Organisationseinheiten zu aktivieren, muss die Auswahl von Organisationseinheitein zur Einsatzplanung aufgerufen werden. Dies erreicht man über *Zusätze* ⇨ *Mitarbeiterauswahl* ⇨ *Orgstruktur Einschr.*

4. Über Doppelklick oder markieren und 🔍 werden die Organisationseinheiten ausgewählt. Alternativ können über alle Organisationseinheiten 📋 ausgewählt werden.

5. Die gesamten Markierungen kann man über Doppelklick auf die Organisationseinheit oder 📋 wieder zurücknehmen.
   Durch [Enter] oder ✓ werden die Eingaben übernommen.

Sollplan pflegen

6. Über die Schaltfläche [✐ **Sollplan bearbeiten**] erreicht man die Plantafel zur Sollplanpflege. Außerdem wird dabei ein Fenster zum Bedarfsausgleich geöffnet.

Sollplan prüfen

   Über *Bearbeiten* ⇨ *Einsatzplan prüfen* oder durch einen Klick auf den Button 🔒 wird eine Prüfung des Sollplanes durchgeführt.

Hinweis

Sind bei der Prüfung Fehler aufgetreten, muss der Anwender sich vergewissern, ob er sich im Sollplan des aktuellen Monats befindet.

Ergebnisselektion

7. Es öffnet sich ein Fenster zur Ergebnisselektion. Durch Klicken auf das Pluszeichen (wie im Explorer von Win95©) kann die Struktur weiter aufgesplittet werden.

Lohn- und Zeitarten

8. Nun ist der gewünschte Mitarbeiter zu markieren. Durch einen Doppelklick werden die gesamten Lohn- und Zeitarten aktiviert. Markierungen werden gelb angezeigt (Abb. 6.18).

6.3 Zeittypen

Abb. 6.16
Ergebnisse
selektieren

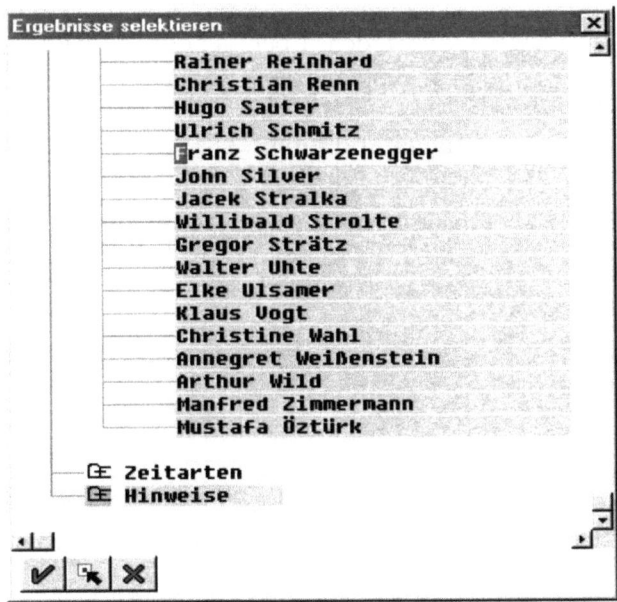

Daten anzeigen

10. Über ✓ werden die ausgewählten Daten angezeigt. Je nach Sollplan und Abteilung des gewählten Mitarbeiters weicht die Anzeige von der Darstellung des folgenden Beispiels ab.

Abb. 6.17
Prüfungsergebnisse
anzeigen

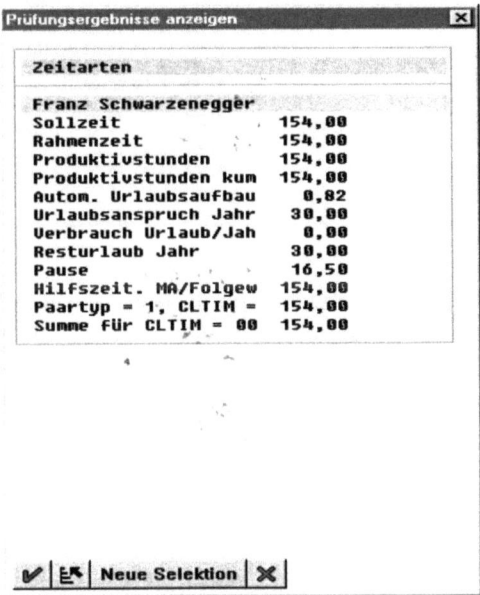

6 Zeitwirtschaft

11. Über **Neue Selektion** kann eine neue Auswahl getroffen werden. Über ✓ oder ✗ wird die Prüfung verlassen und zum Sollplan zurückgekehrt.

6.3.2 Tagesprogramm

Das Tagesprogramm beinhaltet sämtliche den Arbeitszeitrahmen betreffende Zeiten. Zum besseren Verständnis ein Beispiel, wie ein Zeitnachweis innerhalb des Tagesprogramms aussehen könnte (Abb. 6.18):

Abb. 6.18 Zeitnachweis

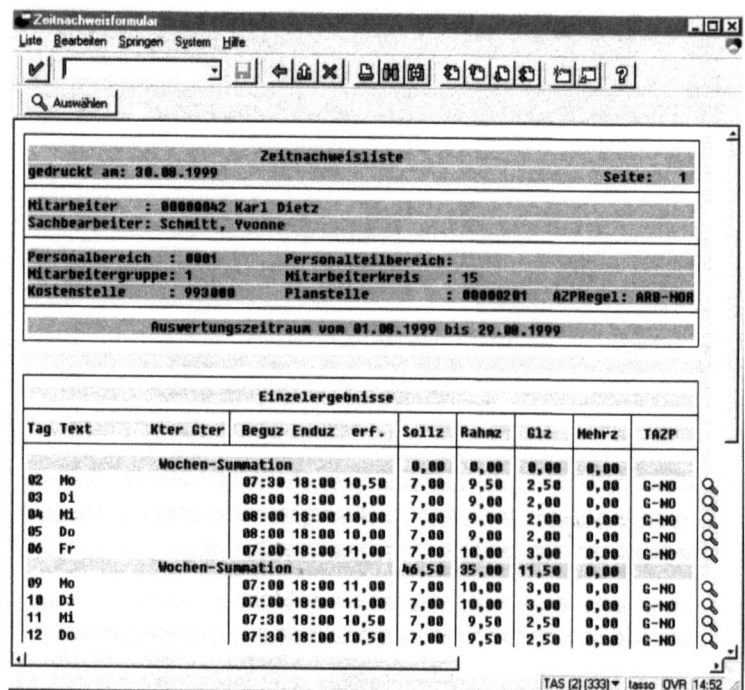

Das Zeitnachweisformular (hier ein Beispiel aus der LIVE AG) ist zeilenweise zu lesen. Vorne stehen die Wochenzeitangaben, aus denen die entsprechenden Zeitdaten, wie Soll-, Rahmen-, Gleit-, Mehrzeiten usw., zu entnehmen sind. Die Pausenzeiten werden in Pausenmodellen erfasst und entsprechend eingefügt.

Gleitzeitaufbau

Die Sollarbeitszeit wird auch Kernarbeitszeit genannt. Um die Arbeitszeit kann zusätzlich ein Arbeitszeitbeginn bzw. ein Arbeitszeitende definiert werden. Kommt der Mitarbeiter bspw. vor der Sollarbeitszeit, wird eine **Gleitzeit** aufgebaut. Diese Gleitzeit kann der Mitarbeiter später wieder abbauen, z. B. durch Urlaub.

6.3.3 Arbeitspausenplan

R/3 legt die Pausen unabhängig von den Tagesprogrammen fest. Das hat den Vorteil, dass in einem Tagesprogramm bis zu 99 Pausen eingebunden werden können. Ferner sind Arbeitspausenpläne (Pausenmodelle) mehrfach verwendbar.

Bei den Pausen gibt es verschiedene Arten:

Pausenarten

- die **fixe Pause:** zwischen 09:15 und 09:30 liegt eine Pause von exakt 0,25 Stunden;
- die **variable Pause:** im Zeitraum von 11:00 bis 13:30 liegt eine Pause von 0,5 Stunden;
- die **dynamische Pause:** nach 4 Stunden, bezogen auf den Beginn des Tagesarbeitszeitplans, liegt eine Pause von 0,75 Stunden. Die dynamische Pause ist variabel, da sie sich auf die Kommen-Buchung des Mitarbeiters bezieht.

Außerdem kann die Pause noch als bezahlt oder unbezahlt definiert werden.

Gegenüberstellung von alten und neuen Begriffen

Im R/3-System wird von „alten" Begriffen Abstand genommen. An dieser Stelle soll eine kurze Aufzählung der wichtigsten Änderungen nicht fehlen:

Tab. 6.1
HR-Begriffswechsel

Neuer Begriff	Abkürzung	Alter Begriff
Monatsarbeitszeitplan	Monats-AZP	Schichtplan für einen bestimmten Zeitraum
Arbeitszeitplanregel	AZP-Regel	Schichtplan, ganz generell
Tagesarbeitszeitplan	TagesAZP	Tagesprogramm
Tagesprogrammklasse	TagesAZPKlasse	Tagesarbeitszeitplanklasse

6.4 Arbeitszeitplan

In den Arbeitszeitplänen ist die Zeitgestaltung eines Unternehmens abgebildet. In ihnen sind die Arbeits- und Pausenzeiten von Gruppen von Mitarbeitern hinterlegt. Hinter dem Konzept der Arbeitszeitpläne stehen mehrere Elemente, die sich miteinander variieren lassen und die zusammengefasst die Arbeits- und Pausenzeiten, die man in dem Unternehmen hat, abbilden.

Im R/3-System hinterlegt man die Arbeitszeiten nicht individuell für jeden Mitarbeiter, sondern ordnet die einzelnen Elemente der Arbeitszeitpläne **Gruppierungen von Mitarbeiterkreisen und**

6 Zeitwirtschaft

Personalteilbereichen zu. Auf diese Weise spart man viel Erfassungsaufwand.

Abb. 6.19
Einstieg:
Zeiterfassung

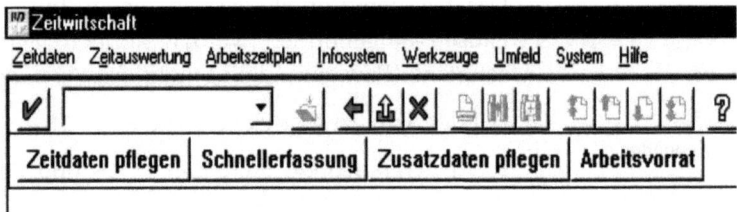

6.4.1 Elemente des Arbeitszeitplanes

Im folgenden werden die wichtigsten Elemente der Arbeitszeitpläne vorgestellt:

- Die kleinste Einheit der Arbeitszeitpläne ist der **Tagesarbeitszeitplan**. In den Tagesarbeitszeitplänen werden die erlaubten Arbeits- und Pausenzeiten (Arbeitspausenplan) für einen beliebigen Arbeitstag hinterlegt und die arbeitsfreien Tage definiert.

- In jedem Arbeitszeitmodell gibt es einen Wechsel zwischen arbeitsfreien Tagen und Tagen, an denen gearbeitet wird (z. B. Mo-Fr = Arbeit, Sa+So = frei). Dieser Wechsel wiederholt sich periodisch über einen bestimmten Zeitraum (z. B. eine Woche). Die periodische Abfolge von Tagesarbeitszeitplänen für beliebige Arbeitstage und Tagesarbeitszeitplänen für arbeitsfreie Tage wird in dem **Periodenarbeitszeitplan** festgelegt.

- Ein Periodenarbeitszeitplan wird in der **Arbeitszeitplanregel** näher spezifiziert. Unter anderem wird er darin einem Feiertagskalender zugeordnet und kann so kalendermonatsgetreu abgerollt werden.

- Durch das Abrollen der Arbeitszeitplanregel auf den Kalender generiert das System den **Monatsarbeitszeitplan.** Er ist die Basis für die konkreten Arbeitszeiten von Mitarbeitergruppierungen und einzelnen Mitarbeitern.

Arbeitszeitplanregel

Mit der Arbeitszeitplanregel können die Bezugsdaten für den Periodenarbeitszeitplan und weitere Eigenschaften festgelegt werden. Aus der Arbeitszeitplanregel generiert das System den **Monatsarbeitszeitplan.** Die Arbeitszeitplanregel kann man sehr flexibel verwenden. Aus einem Periodenarbeitszeitplan können verschiedene Arbeitszeitplanregeln erzeugt werden:

6.4 Arbeitszeitplan

- Bei der Darstellung einer bspw. dreizügigen Wechselschicht bildet ein einziger Periodenarbeitszeitplan die Grundlage für drei Arbeitszeitplanregeln. Die Frühschicht, die Spätschicht und die Nachtschicht unterscheiden sich dann lediglich durch unterschiedliche Aufsetzpunkte für den Periodenarbeitszeitplan.
- Man nutzt einen Periodenarbeitszeitplan für beliebig viele Feiertagskalender. Bei der Generierung des Monatsarbeitszeitplans berücksichtigt das System den in der Arbeitszeitplanregel hinterlegten Feiertagskalender.

Monatsarbeitszeitplan pflegen

Die Vorgehensweise, um Daten des Monatsarbeitszeitplanes zu pflegen, lautet:

1. Man wählt den Menüpfad *Personal* ⇨ *Zeitwirtschaft* ⇨ *Arbeitszeitplan* ⇨ *Ändern*. Man befindet sich nun auf dem Bild *Monatsarbeitszeitplan ändern*.

2. Man bestimmt den zu pflegenden Arbeitszeitplan näher, indem die Eingaben in den folgenden Feldern gemacht werden:
   - Gruppierung der Mitarbeiterkreise
   - Feiertagskalender
   - Gruppierung der Personalteilbereiche
   - Arbeitszeitplanregel.

3. Es muss außerdem im Format MMJJJJ der Zeitraum eingegeben werden, für den die Daten zu ändern sind.

4. Man lässt sich über die Funktion *Ändern* den Arbeitszeitplan im Pflegemodus anzeigen.
   Ergebnis: Die Arbeitszeitplandaten für die angegebene Gruppierung werden im Pflegemodus angezeigt und können dort geändert werden. Für jeden Tag kann man die folgenden vier Felder pflegen:
   - Feiertagsklasse (Anzeige nur, wenn der angegebene Tag ein Feiertag ist)
   - Tagestyp
   - Tagesarbeitszeitplan
   - Variante eines Tagesarbeitszeitplanes

5. Auf **Monatsebene** kann man die Daten durch Überschreiben der Werte für Tagesarbeitszeitplan, Tagestyp sowie ggf. anderer Feldwerte tageweise pflegen. Über einen Doppelklick auf einen bestimmten Tag zeigt das System den Tagearbeitszeitplan für diesen Tag an.

6 Zeitwirtschaft

Auf **Wochenebene** stehen die gleichen Optionen wie auf Monatsebene zur Verfügung. Über einen Doppelklick auf Woche zeigt das System den Wochenarbeitszeitplan für diese Woche an. Auf **Tagesebene** zeigt das System den vollständigen Tagesarbeitszeitplan an. Die Pflege von Daten ist auf diesem Weg nicht möglich. Über die Eingabe des entsprechenden Datums kann auf den Tagesarbeitszeitplan eines anderen Tages zugegriffen werden. Informationen dazu, wie zwischen den verschiedenen Ebenen navigiert werden kann, findet man in *Navigieren zwischen den verschiedenen Ebenen des Arbeitszeitplanes*.

Hinweis

Die Feiertagsklasse kann nur für solche Tage gepflegt werden, die im System als Feiertage definiert sind. Mit der R/3-HR-Schichtplanungkomponente hat man die Möglichkeit einen Zielplan zu organisieren, zu dem jeder Zeitabschnitt angelegt werden kann. Man kann nach Bedarf die Schichten planen unter Berücksichtigung aller Kriterien einschließlich Abwesenheiten wegen Urlaub oder Krankheiten.

Je nach der Einstellung im Customizing muss für den Mitarbeiter u. U. ein entsprechendes Kontingent vorhanden sein, um für ihn einen Abwesenheitssatz erfassen zu können. Andernfalls gibt das System eine Warn- bzw. Fehlermeldung aus, d. h. der Satz kann nicht ohne weiteres gesichert werden. Da der Monatsarbeitszeitplan die Basis sämtlicher Berechnungen darstellt, sollte man es vermeiden, einen bereits bestehenden Arbeitszeitplan erneut anzulegen.

Änderungen im Monatsarbeitszeitplan machen Neuberechnungen im Bereich der Abwesenheiten und Mehrarbeiten erforderlich, darüber hinaus muss evtl. eine Rückrechnung für die Personalabrechnung durchgeführt werden.

Monatsarbeitszeit-plan anzeigen

Vorgehensweise, um einen Monatsarbeitszeitplan anzuzeigen (siehe Abb. 6.20):

Abb. 6.20
Einstieg:
Arbeitszeitplan
anzeigen

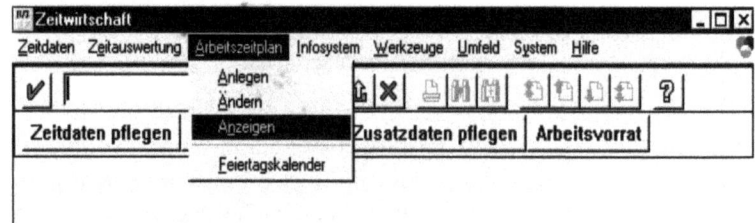

6.4 Arbeitszeitplan

Man wählt den Menüpfad *Personal* ⇨ *Zeitwirtschaft* ⇨ *Arbeitszeitplan* ⇨ *Anzeigen* und befindet sich auf dem Bild *Monatsarbeitszeitplan anzeigen*.

1. Es soll der Arbeitszeitplan angezeigt werden. Es müssen Eingaben in den folgenden Feldern gemacht werden:
   - Gruppierung der Mitarbeiterkreise
   - Feiertagskalender
   - Gruppierung der Personalteilbereiche
   - Arbeitszeitplanregel
2. Es soll außerdem im Format MMJJJJ der Zeitraum angezeigt werden, für den Daten angegeben sind.
3. Über die Funktion *Anzeigen* wird der Arbeitszeitplan angezeigt.

Ergebnis

Die Monatsarbeitszeitplandaten für die angegebenen Gruppierungen erscheinen im Anzeigemodus. Für jeden Tag werden vier Felder - *Feiertagsklasse* (Anzeige nur, wenn der angegebene Tag ein Feiertag ist) *Tagestyp, Tagesarbeitszeitplan, Variante eines Tagesarbeitszeitplanes* - angezeigt, die man jedoch in diesem Modus nicht pflegen kann.

Ebenen des Arbeitszeitplanes

Bei der Pflege bzw. Anzeige von Arbeitszeitplänen über das Menü *Arbeitszeitplan* verzweigt man automatisch zunächst auf die Monatsebene. Man kann jedoch beliebig zwischen den Ebenen Monat, Woche und Tag navigieren. Darüber hinaus hat man die Möglichkeit, sich Arbeitszeitpläne für andere Monate als den auf dem Selektionsbild angegebenen Monat anzeigen zu lassen.

Es folgt die Vorgehensweise, um zwischen den verschiedenen Ebenen des Arbeitszeitplanes zu navigieren:

- Navigieren von Monatsebene auf Wochenebene
- Navigieren von Monatsebene auf Tagesebene
- Blättern auf gleicher Ebene
  Man wählt den Menüpfad *Springen* ⇨ *Nächster Monat* bzw. *Voriger Monat*, um sich die Arbeitszeitpläne für nachfolgende bzw. vorangehende Monate anzeigen zu lassen. Rückkehr zur nächsthöheren Ebene mit [F3] oder über den Menüpfad *Springen* ⇨ *Zurück*.
- Rückkehr zum Selektionsbild Arbeitszeitplan
  Ein persönlicher Arbeitszeitplan zeigt den genauen Arbeitszeitplan eines ausgewählten Mitarbeiters an.

6 Zeitwirtschaft

Alle Mitarbeiterzeitdaten werden zentral mit der R/3-Zeitwirtschaft verwaltet. Das bedeutet, dass nicht nur die geplanten Arbeitszeiten direkt an die Zeitwirtschaftkomponente weitergegeben werden, sondern auch kurze Änderungen, wie z. B. Krankheiten oder Mehrarbeit.

6.4.2 Erfassen von Zeitdaten

Die Zeiterfassung ermöglicht es, die Personalzeiten der Mitarbeiter (z. B. geleistete Arbeitszeit, Urlaub, Dienstreisen, Vertretungen) nach verschiedenen Methoden zu erfassen, wobei die Zeitdaten im Stunden- oder Uhrzeitformat sowie mit Angaben zu einer Kontierung für andere Anwendungen des R/3-Systems erfasst werden können.

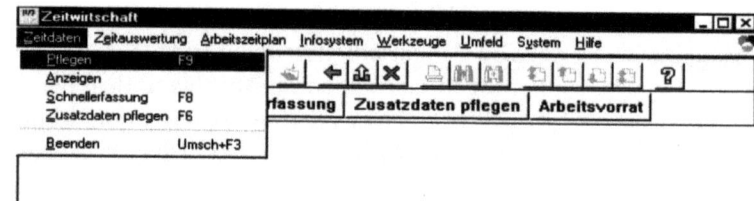

Abb. 6.21
Einstieg:
Zeitdaten plegen

Grundsätzlich gibt es zwei verschiedene Methoden, die Zeitdaten der Mitarbeiter in das R/3-System zu übertragen:

1. Erfassung von Abweichungen von dem Arbeitszeitplan

Bei dieser Methode werden nur die Zeitdaten des Mitarbeiters erfasst, die eine Abweichung von dem zugeordneten Arbeitszeitplan des Mitarbeiters darstellen. Hier vermerkt man aktuelle Daten, wie z. B. die Krankheit eines Mitarbeiters, und trägt den Jahresurlaub des Mitarbeiters ein.

2. Zusätzliche Erfassung der Istzeiten

Bei dieser Methode werden nicht nur die Abweichungen vom Arbeitszeitplan erfasst, sondern auch alle Anwesenheitszeiten (Istzeiten), in denen der Mitarbeiter für das Unternehmen arbeitet. Es gibt zwei Verfahren die Istzeiten zu erfassen:

Automatisierte
Erfassung

Bei diesem Verfahren werden die Istzeiten über vorgelagerte Zeiterfassungssysteme erfasst und in das R/3-System hochgeladen. Mit den Zeiterfassungssystemen lassen die Mitarbeiter ihre Anfangs- und Endzeiten (Istzeiten) durch die Verwendung eines Zeitausweises elektronisch erfassen. Diese Daten werden dann in das R/3-System eingespeist und dort durch die Zeitauswertung verarbeitet.

Manuelle Erfassung

Es ist aber nicht zwingend notwendig, ein Zeiterfassungssystem zu verwenden, um die Istzeiten der Mitarbeiter zu dokumentieren. Die Istzeiten können auch manuell über den Infotyp Anwesenheiten (2002) gepflegt werden, wobei die Zeiten im Uhrzeit- oder im Stundenformat erfasst werden können. Neben diesen Methoden der Zeiterfassung gibt es eine Reihe von Varianten und Sonderformen, die abhängig von den spezifischen Anforderungen an die Zeitwirtschaft eingesetzt werden können.

6.4.2.1 Allgemeine Anwesenheiten pflegen

Die Erfassungsmaske für allgemeine Anwesenheiten wird für Anwesenheitszeiten (z. B. Dienstreisen) verwendet, die von keinem Kontingent abgetragen werden können. Direkt auf der Erfassungsmaske können die ermittelten Abrechnungstage und -stunden für eine Anwesenheit überprüft werden.

Anwesenheiten über Infotyp Anwesenheiten (2002) pflegen

Vorgehensweise, um allgemeine Anwesenheiten über den Infotyp *Anwesenheiten (2002)* zu pflegen:

1. Es soll der Infotyp *Anwesenheiten* (2002) selektiert werden.
2. Man wählt einen Subtyp aus, der eine allgemeine Anwesenheit beschreibt.
3. Angabe eines Zeitraums.
4. Man wählt einen Bearbeitungsmodus aus.
5. Den Gültigkeitszeitraum des Datensatzes auswählen; ihn ggf. korrigieren.
6. Die Dauer der Anwesenheit angeben. Hierzu stehen die folgenden Möglichkeiten zur Verfügung.
   - *Pflegen von ganztägigen Anwesenheiten*: Wenn man keine zusätzlichen Angaben vermerken möchte, kann man den Datensatz direkt abspeichern.
   - *Pflegen von untertägigen Anwesenheiten:* man gibt entweder eine Uhrzeit und/oder eine Zeitdauer an.
   Bei der Angabe von nur einer Uhrzeit wird die andere anhand der Angaben aus dem persönlichen Arbeitszeitplan des Mitarbeiters ermittelt. Gibt man nur eine Zeitdauer an berechnet das System, abhängig von den Einstellungen des Customizings, unter Umständen die Anwesenheitsstunden ab der Beginnuhrzeit des zugeordneten Tagesarbeitszeitplans.

7. Man setzt das Vortageskennzeichen, wenn der Satz dem Vortag zuzuordnen ist.
8. Bei Bedarf kann eine Lohnart oder Angaben für eine abweichende Bezahlung hinterlegt werden.
9. Man pflegt bei Bedarf die Rechnungswesen-/Logistikvorgaben, um die Anwesenheitsdaten in andere Applikationen des R/3-Systems zu integrieren. Informationen über die Leistungsverrechnung und die Kostenzuordnung findet man in dem Kapitel Integration mit dem Controlling.
10. Man wählt Datenfreigabe und überprüft die Abrechnungstage und -stunden.
11. Die Eingaben müssen gesichert werden.

6.4.2.2 Erfassen von Abwesenheiten

Im Infotyp *Abwesenheiten* (2001) können Fehlzeiten von Mitarbeitern erfasst werden. Im HR-System ist ein Mitarbeiter abwesend, wenn er seine im Persönlichen Arbeitszeitplan hinterlegte Sollarbeitszeit nicht erfüllt. Abwesenheiten untergliedern sich in Abwesenheitsarten. Eine Abwesenheitsart bildet einen Subtyp des Infotyps *Abwesenheiten* (2001).

Dieser Infotyp hat die Besonderheit, dass für Gruppen von Subtypen unterschiedliche Erfassungsmasken aktiv sind, damit spezielle Daten zu den Abwesenheiten hinterlegt werden können.

Im R/3-Standard gibt es Erfassungsmasken:
- für allgemeine Abwesenheiten (siehe Abb. 6.22),
- für Abwesenheiten mit Kontingentabtragung,
- für Abwesenheiten, die eine Arbeitsunfähigkeit betreffen.

Je nachdem, ob eine allgemeine Abwesenheit, eine Abwesenheit mit Kontingentabtragung, eine Arbeitsunfähigkeit oder ein Urlaub erfasst werden soll, sind in diesem Infotyp unterschiedliche Erfassungsmasken aktiv. Dort können spezielle Daten zu Abwesenheiten hinterlegt werden. Ebenso werden unterschiedliche Funktionen aktiv, wenn man eine ganztägige oder eine untertägige Abwesenheit pflegt.

6.4 *Arbeitszeitplan*

Abb. 6.22
Einstieg:
Abwesenheiten

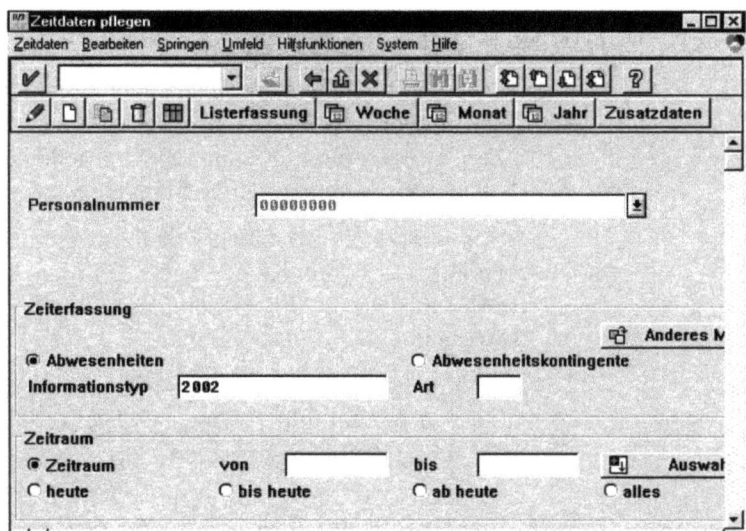

Abhängig von den Einstellungen des Customizings können Abwesenheiten mit Uhrzeiten (z. B. 10:00 - 12:00 Uhr) oder mit Stunden (z. B. 2 Stunden) erfasst werden.

Ob für einen Mitarbeiter Stunden oder Uhrzeiten erfasst werden, kann z. B. abhängen von:

- dem Status der Zeitwirtschaft des Mitarbeiters (Infotyp *Sollarbeitszeit* (0007));
- der Arbeitszeitplanregel, nach der ein Mitarbeiter arbeitet (Infotyp *Sollarbeitszeit* (0007));
- dem Personalbereich, Personalteilbereich etc., dem der Mitarbeiter zugeordnet ist (Infotyp *Organisatorische Zuordnung* (0001)).

Beispiel: Urlaub/ Fortbildungsurlaub

Ebenso ist es von den Einstellungen des Customizing abhängig, ob das System bei einer Stundenerfassung automatisch auch Uhrzeiten generiert. Über den Infotyp *Abwesenheiten* (2001) und den „*Besondere Abwesenheitsarten mit Kontingentabtragung*" wird der Urlaub erfasst. Urlaubsabwesenheiten können aus Kontingenten abgetragen werden, die in zwei unterschiedlichen Infotypen hinterlegt sind:

1. Ein Tarifurlaub z. B. trägt Kontingente ab, die für den Mitarbeiter im Infotyp *Urlaubsanspruch* (0005) hinterlegt worden sind.

2. Urlaubskontingente, die z. B. über geleistete Arbeit aufgebaut werden, werden aus dem Infotyp *Abwesenheitskontingente* (2006) abgetragen. Aus welchem Kontingent eine Urlaubsabwesenheit abgetragen wird, ist abhängig von der verwendeten Abwesenheitsart und den Einstellungen im Customizing. Die Abtragung kann auch manuell gesteuert werden.

Wenn ein Mitarbeiter einen Urlaub gegen Geld abgelten möchte, erfasst man diesen Sachverhalt über den Infotyp *Abgeltungen* (0083). In diesem Arbeitsablauf wird die Pflege von ganztägigen Abwesenheitssätzen beschrieben.

Die Vorgehensweise, um eine Urlaubsabwesenheit für einen Mitarbeiter über den Infotyp *Abwesenheiten* (2001) zu pflegen (siehe Abb. 10.24) ist folgendermaßen:

1. Es soll der Infotyp *Abwesenheiten (2001)* selektiert werden und im Subtyp eine *Abwesenheitsart* eingetragen werden, die einen Urlaub betrifft.
2. Ein Zeitraum ist anzugeben.
3. Ein Bearbeitungsmodus muss ausgewählt werden.
4. Der Gültigkeitszeitraum des Datensatzes ist zu überprüfen und ggf. zu korrigieren. Je nach den Einstellungen im Customizing gibt das System eine Warn- oder Fehlermeldung aus, wenn das Beginn- oder Endedatum des Datensatzes an einem arbeitsfreien Tag liegt.
5. Man wählt [Enter]. Das System berechnet automatisch die Werte aller wesentlichen Felder der Erfassungsmaske. Wenn das Abwesenheitskontingent des Mitarbeiters für die Erfassung des Urlaubs nicht ausreicht, weist das System mit einer entsprechenden Fehlermeldung darauf hin.

6.4.3 Auswerten von Zeitdaten

Auswertungen können nur über die Menüleiste bearbeitet werden. Dazu muss *Umfeld* und im Untermenü *Auswertungen* angewählt werden.

Grundlagen der Zeitauswertung

Unter dem Begriff **Zeitauswertung** wird im HR-System die Auswertung der Personalzeiten der Mitarbeiter über ein speziell entwickeltes Programm verstanden. Die Zeitauswertung bildet Salden und Lohnarten, schreibt Zeitkontingente fort und dient der Überprüfung von Arbeitszeitordnungen.

6.4 Arbeitszeitplan

Die Anwesenheitszeiten der Mitarbeiter kann man im Hinblick auf eine spätere Zeitauswertung auf zwei Arten erfassen. Zum einen kann man, wenn mit der Zeitauswertung gearbeitet wird, vorgelagerte Zeiterfassungsgeräte im Einsatz haben. Mit diesen Geräten erfassen die Mitarbeiter elektronisch ihre Anfangs- und Endezeiten durch die Verwendung eines Zeitausweises. Diese **Zeitereignisse** werden dann in das HR-System eingespeist und dort durch die Zeitauswertung verarbeitet. Die Anwesenheitszeiten der Mitarbeiter können aber auch manuell über den Infotyp *Anwesenheiten (2002)* erfasst werden. Ebenso besteht die Möglichkeit, auch wenn keine Anwesenheitszeiten erfasst werden, eine Zeitauswertung durchzuführen.

Die Zeitauswertung ermöglicht die Auswertung und den Vergleich der Soll- und Istinformationen durch das Bereitstellen der Istinformationen über die erfassten Zeitdaten „An- und Abwesenheiten". Da sowohl die Stammdaten als auch die für die einzelnen Tage gültigen Tagesarbeitszeitpläne nur im Zeitwirtschaftssystem vorhanden sind, ist das externe Zeiterfassungssystem nicht in der Lage, Auswertungen vorzunehmen. Auf diese Weise wird sichergestellt, dass bei nachträglichen Änderungen eine erneute Auswertung erfolgt. Die Aufgaben und Funktionen des externen Zeiterfassungssystems und des R/3-Systems werden getrennt in:

Aufgaben und Funktionen des externen Zeiterfassungssystems

- Erfassung von Zeitereignissen;
- Weiterleitung von Zeitereignissen an die Schnittstelle;
- Weiterleitung von Ministammsätzen von der Schnittstelle an das Zeiterfassungsterminal.

Aufgaben und Funktionen des R/3-Systems

- Abholung von Zeitereignissen von der Schnittstelle;
- Verarbeitung von Zeitereignissen;
- Korrektur und Ergänzung von Zeitereignissen;
- Übertragung ausgewerteter Salden vom Zeitwirtschaftssystem an die Schnittstelle.

Verarbeitung von Zeitdaten für die Zeitauswertung

Die Verarbeitung von Daten für die Zeitauswertung erfolgt über die folgenden Schritte:

1. Manuelle Pflege der Infotypen der Zeitwirtschaft. (Wichtige Informationen über die Infotypen und die dazugehörenden Arbeitsabläufe enthält das Kapitel 6.4.2 Erfassung von Zeitdaten.)

2. Bei Einsatz eines Zeiterfassungssystems: Hochladen der Daten von einem Zeiterfassungssystem in das Personalwirtschaftssystem, Auswertung der Daten und Herunterladen in das Zeiterfassungssystem.
3. Ausführung des *Zeitauswertungsreports (RPTIME00)* zur Auswertung der Zeitdaten für die einzelnen Mitarbeiter. Über die Regelverarbeitung der Zeitauswertung werden Zeitsalden, Zeitkontingente und Zeitlohnarten gebildet. In der Regel wird der Zeitauswertungsreport automatisch über einen Batch-Nachtlauf gestartet.
4. Bearbeitung der durch die Zeitauswertung ermittelten Daten über die Funktion *Arbeitsvorrat Zeitwirtschaft*. Ermittlung und Korrektur nach evtl. bei der Zeitauswertung aufgetretenen Fehlern.
5. Nochmaliges Ausführen des Zeitauswertungsreports nach Abschluss der Korrekturen. Detaillierte Informationen zu den beschriebenen Schritten findet man in *Arbeitsvorrat Zeitwirtschaft* sowie in *Weitere Arbeiten im Umfeld der Zeitauswertung*.

Arbeitsvorrat Zeitwirtschaft

Mit dem Arbeitsvorrat Zeitwirtschaft erhält man ein umfassendes Instrument zur Kontrolle, Korrektur und Dokumentation der ausgewerteten Zeitdaten. Vom Einstiegsbild des *Arbeitsvorrat Zeitwirtschaft* aus kann man die wichtigsten Aufgaben durchführen, die im Rahmen der Zeitauswertung anfallen. Alle wesentlichen Funktionen und Informationen, die man als Sachbearbeiter für die Zeiterfassung zur Nachbearbeitung der Zeitdaten benötigt, stehen auf einer einzigen Oberfläche über Drucktasten direkt zur Verfügung. Folgende Aufgabenbereiche kann man durch den *Arbeitsvorrat Zeitwirtschaft* erreichen:

- Korrektur der bei der Zeitauswertung ermittelten Fehler;
- Vergleichen der nachgewiesenen Zeiten eines Mitarbeiters mit seinen Sollvorgaben durch einen **Zeitabgleich**;
- Übersicht über alle relevanten Zeitdaten eines Mitarbeiters mit dem **Zeitbeleg**;
- Überprüfung der **Anwesenheit** von Mitarbeitern zu einem bestimmten Zeitpunkt des Tages;
- Ausgabe der wichtigsten Ergebnisse der Zeitauswertung in einer komprimierten Form mit dem **Zeitnachweisformular** und der **Zeitsaldenübersicht**;

6.4 Arbeitszeitplan

- Überprüfung der aktuellen, durch die Zeitauswertung ermittelten **Zeitsalden.**

Arbeitszeit

Neben den auf die Zeitauswertung bezogenen Funktionen und Auswertungen hat man die Möglichkeit, sich über die Sollarbeitszeiten der Mitarbeiter zu informieren. Über das Menü *Arbeitszeit* erhält man folgende Informationen:

Persönlicher Arbeitszeitplan eines Mitarbeiters sowie Anzeige aller relevanten Zeitinfotypen; **Zeitinfotypsätze** für einzelne Mitarbeiter (über Wochen-/Monats-/Jahreskalender) und den **Monatsarbeitszeitplan.**

6.4.4 Fallbeispiel: Jahreskalender ändern

„ZW_2_1.scm"

Als Beispiel für eine **Abwesenheitsart** soll für einen Mitarbeiter der Urlaub im Jahreskalender eingetragen werden.

Der Jahreskalender des R/3-Moduls HR ist eine pflegefähige Jahresfehlzeitenkarte. Viele Unternehmen führen derartige Aufzeichnungen noch immer von Hand. Aus ihnen gehen z. B. Abwesenheiten in der Vergangenheit (Urlaub, Krankheit) hervor. Ferner besteht die Möglichkeit, beliebig viele Abwesenheiten der Zukunft zu erfassen.

Funktionsüberblick:

Personal ⇨ Zeitwirtschaft ⇨ Zeitdaten ⇨ Pflegen

Infotyp: Jahreskalender (2050)

1. Im Menü *Personal ⇨ Zeitwirtschaft* auswählen.
2. Über Menüfolge *Zeitdaten ⇨ Pflegen* gelangt der Anwender in die Einstiegsmaske zur Pflege der Zeitdaten.

Personalnummer

3. Im Feld *Personalnummer* ist die gewünschte Personalnummer einzugeben. Bei Unkenntnis kann optional über Eingabemöglichkeiten (durch Angabe des Nachnamens) oder über die Matchcode-Auswahl = n.<Name> der gewünschte Mitarbeiter selektiert werden. Diese Option wird über die Pick-Liste ausgeführt.

Zeitraum

4. Das Feld *Zeitraum von – bis* beschreibt den Zeitraum, der geändert werden soll. Hier ist der erste Tag des gewünschten Jahres einzutragen. Wird kein Datum eingegeben, beginnt der Jahreskalender mit dem aktuellen Monat. Optional kann das Datum auch mit Hilfe der Pick-Liste gewählt werden.

Infotyp: Jahreskalender

5. Über den Button  gelangt der Anwender direkt in den Infotypen *Jahreskalender*. Jetzt kann im Jahresbild der gewählten Person die jeweilige Abwesenheit eingetragen

6 Zeitwirtschaft

werden. Über die Pick-Liste ⬇ werden die verschiedenen Abwesenheitsarten aufgerufen und angezeigt.

Abb. 6.23
Jahreskalender ändern

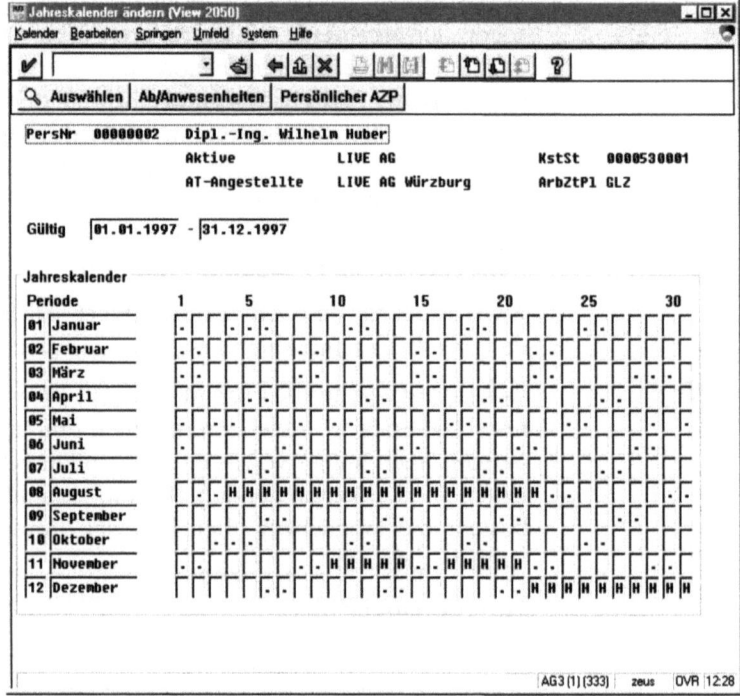

6. Sind die Abwesenheiten eingetragen, wird mit 💾 abgespeichert. Nun erscheint ein Pop-Up-Fenster:

Abb. 6.24
Pop-Up-
Abwesenheitsart

6.4 Arbeitszeitplan

Abwesenheitsart

Der Anwender muss jetzt für den gewählten Zeitraum die entsprechende Abwesenheitsart auswählen (Doppelklick oder **Auswählen**).

7. Nun befindet man sich wieder im Jahreskalender mit der Meldung, dass der ausgewählte Datensatz geändert wurde.

8. Durch Anklicken des Menü-Buttons *Zurück* gelangt man wieder in das Einstiegsmenü.

Anwesenheiten

Anwesenheiten sind Abwesenheiten in betrieblichem Auftrag, also Zeiten, während der ein Mitarbeiter nicht seiner üblichen Beschäftigung nachgeht. Anwesenheiten sind auch außerhalb der Arbeitszeit möglich.

Unter dem Pflegen von Anwesenheiten versteht man Buchungen (z. B. Kommen-/Gehenbuchungen), die der Mitarbeiter an den Zeiterfassungsterminals vornimmt. Sollten fehlerhafte bzw. unvollständige Buchungen ins HR-System geladen worden sein, können diese hier korrigiert bzw. hinzugefügt werden.

Um Daten, wie Anwesenheit, Vertretung, Mehrarbeit etc., zu erfassen, dient die nachfolgende Maske:

Abb. 6.25
Zeitdaten pflegen

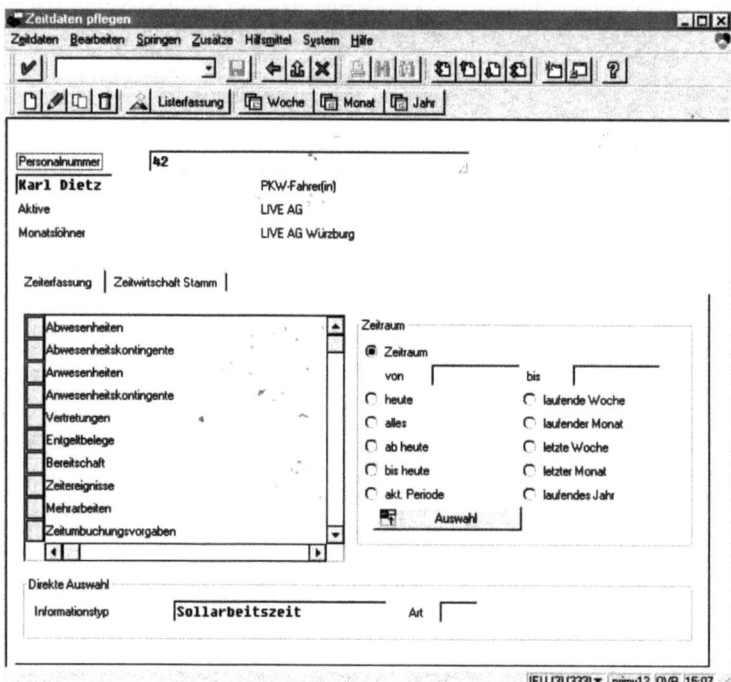

Hier können Zeiterfassungen als personalnummerbetreffende Abwesenheitsarten (Urlaub, Krankheit usw.) eingetragen werden.

In die Felder *von* und *bis* können Uhrzeiten eingetragen werden, falls es sich nur um stündliche Abwesenheiten handelt. Der Informationstyp referenziert dabei auf die Sollarbeitszeiten und errechnet Abweichungen für die persönlichen Arbeitszeitkonten.

6.4.5 Fallbeispiel: Anwesenheitskontingente anlegen

Die folgende Fallstudie beschreibt, wie bei einem Mitarbeiter **Mehrarbeit** angelegt wird.

Hinweis: Das Anlegen von Anwesenheitskontingenten findet nur bei der Positiverfassung Anwendung.

Funktionsüberblick:

Personal ⇨ *Zeitwirtschaft* ⇨ *Zeitdaten* ⇨ *Pflegen*

Infotyp: Anwesenheitskontingente (2007)

1. Im Menü *Personal* ⇨ *Zeitwirtschaft* auswählen.
2. Über Menüfolge *Zeitdaten* ⇨ *Pflegen* gelangt der Anwender in die Einstiegsmaske zur Pflege der Zeitdaten.
3. Das Feld *Personalnummer* ist wie in Abschnitt 6.4.3 zu bedienen.
4. Im Feld *Informationstyp* ist der gewünschte Infotyp anzugeben. Ist dieser nicht bekannt, kann über die Pick-Liste ausgewählt werden. Im Beispiel ist der Infotyp 2007 anzuwenden.
5. Über *Anlegen* gelangt der Anwender anschließend in den Infotypen und kann die gewünschten Daten eingeben, wobei die folgenden Feldbeschreibungen nur die Mindesteingaben darstellen. Ansonsten können die Voreinstellungen jeweils übernommen werden.

6.4 Arbeitszeitplan

Anwesenheitskontingente anlegen (Infotyp 2007)
(vgl. Abb. 6.26)

Gültig		Hier ist die Gültigkeitsdauer des Datensatzes einzugeben.
Typ	▼	Auswählen der entsprechenden Kontingentart aus der Pick-Liste.
Anzahl		Hier ist die Stundenanzahl der Mehrarbeit **insgesamt** einzutragen.
MehrVerrechnungsart	▼	Auswahl des Verrechnungsschlüssels aus der Pick-Liste

Abb. 6.26
Anwesenheitskontingente anlegen

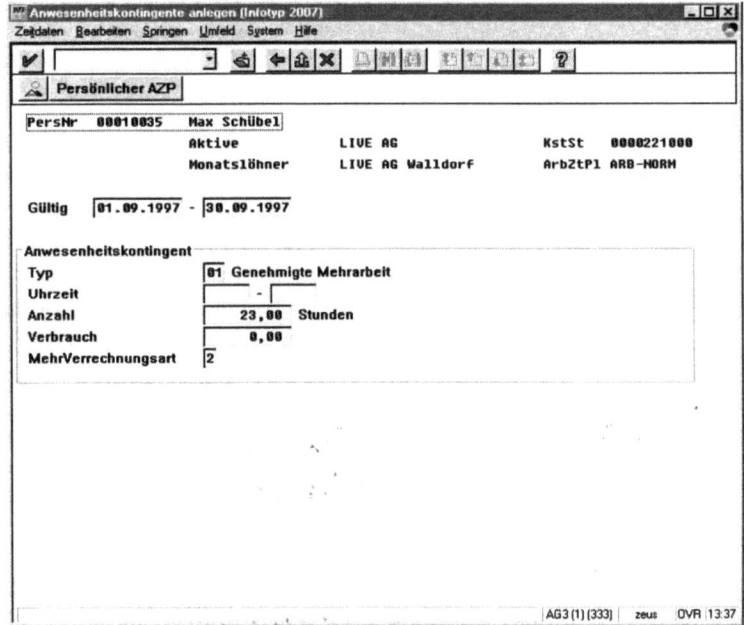

6. Danach sind die Angaben dieses Infotypen abzuspeichern. Über *Beenden* gelangt man wieder in das Einstiegsmenü.

Anmerkung — Bei Negativzeiterfassung wird das Kontingent über den Infotypen 2002 „*Anwesenheiten*" abgetragen.

7 Lohn- und Gehaltsabrechnung

Die Lohn- und Gehaltsabrechnung befasst sich i. w. S. mit der Errechnung des Entgeltes für geleistete Arbeit pro Mitarbeiter. Die Errechnung des Entgeltes erfolgt in zwei Hauptschritten:

- **Errechnung des Bruttoentgeltes**
- **Errechnung des Nettoentgeltes**

Das Brutto- und Nettoentgelt setzt sich aus verschiedenen Be- und Abzügen, die einem Mitarbeiter während einer Abrechnungsperiode angerechnet werden, zusammen. Im System R/3 fließen diese Be- und Abzüge mit Hilfe von Lohn- und Gehaltsarten in die Berechnung des Arbeitsentgeltes ein.

Bruttoentgelt

Lohn- und Gehaltsarten

Das Bruttoentgelt eines Mitarbeiters wird aus den verschiedenen Lohn- und Gehaltsarten gebildet. Mögliche Lohn- und Gehaltsarten, die das Bruttoentgelt eines Mitarbeiters erhöhen, sind: Urlaubsgeld, Weihnachtsgeld, Zulagen, Fahrtkostenzuschuss etc.; während folgende Lohn- und Gehaltsarten das Bruttoentgelt mindern: Werkswohnung, Betriebskindergarten oder ähnliche Leistungen des Arbeitgebers. Ob solche Leistungen das zu versteuernde Einkommen des Mitarbeiters erhöhen oder mindern, hängt von den gesetzlichen Bestimmungen des jeweiligen Landes ab. Wie oben schon erwähnt, können verschiedene Bruttozusammenfassungen gebildet werden (siehe Abb. 7.1). Sinnvolle Bruttozusammenfassungen sind z. B. **Steuerbrutto** und **Sozialversicherungsbrutto**.

Außerdem können **betriebsinterne Brutto** gebildet werden, wobei eine Bemessungsgrundlagen für die Berechnung des Weihnachts- oder Urlaubsgeldes denkbar wäre.

Abb. 7.1
Bruttozusammenfassungen

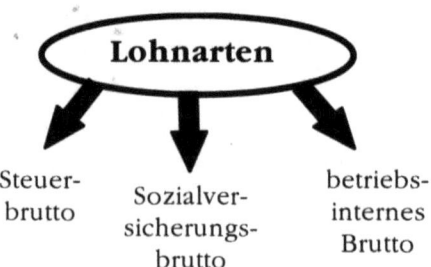

7.1 Lohn- und Gehaltsabrechnung

Nettoentgelt

Das Nettoentgelt wird auch als Auszahlungsbetrag bezeichnet. In die Berechnung des Nettoentgeltes fließen, je nach länderspezifischen Einstellungen, verschiedene Einflussgrößen, wie z. B. Steuern oder Sozialversicherungsbeiträge, die sich von Land zu Land unterscheiden können, ein. In Abhängigkeit von diesen länderspezifischen Einstellungen errechnet sich das Nettoentgelt aus unterschiedlichsten Bruttowerten. Aus diesem Grund werden verschiedene Summen gebildet, die für die spätere Abrechnung benötigt werden.

7.1 Lohn- und Gehaltsabrechnung

Im R/3-Personalwirtschaftssystem HR wird die Lohn- und Gehaltsabrechnung mit Hilfe von Reporten, Schemen und Tabellen realisiert (siehe Abb. 7.2).

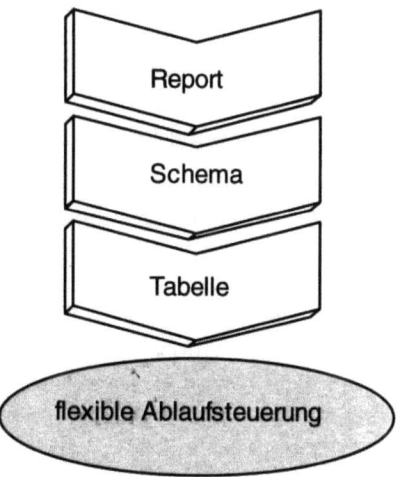

Abb. 7.2 Gehaltsabrechnung unter R/3

Report

Der Report beinhaltet keine länderspezifischen Daten. Dies bedeutet, dass er nur den Bruttoteil einer Abrechnung durchführen kann. Der länderspezifische Nettoteil muss explizit für jedes Land angegeben werden. Neben vordefinierten Reporten, wie z. B. Deutschland, Großbritannien, Frankreich, USA, Kanada, gibt es zusätzlich noch einen **Basisreport** aus dem eigene Länderreporte entwickelt werden können, die jeweils den steuer- und sozialversicherungsrechtlichen Ansprüchen des entsprechenden Landes genügen. Mit Hilfe dieser Basisreports kann man für jedes beliebige Land einen Abrechnungsreport erstellen.

7 Lohn- und Gehaltsabrechnung

Schema

Das Schema sorgt dafür, dass alle für die Abrechnung benötigten Informationen eingeholt werden, um die Lohn- und Gehaltsabrechnung für einen bestimmten Mitarbeiter durchzuführen. Jedem Report stehen verschiedene Schemen zur Verfügung, z. B. gibt es für den Report Deutschland standardmäßig zwei Schemen, „Deutschland allgemein" und „Deutschland Öffentlicher Dienst". Vom Benutzer können neue Schemen für seine persönlichen, unternehmensindividuellen Anforderungen erstellt werden. Dieses Schema nennt man **„leeres Schema"**, mit ihm können Abrechnungen für jedes beliebige Land realisiert werden. Im R/3-Abrechnungssystem gibt es außerdem noch vordefinierte Schemen, diese Schemen nennt man **Standardschemen**; das sind neben Deutschland und Deutschland Öffentlicher Dienst auch Belgien, Dänemark, Frankreich, Großbritannien, Niederlande, Österreich, Schweiz, Spanien, USA und Kanada.

Tabellen

Tabellen beinhalten alle Informationen, die die Abrechnung eines bestimmten Mitarbeiters betreffen. Das Schema holt sich aus verschiedenen Tabellen alle benötigten Informationen eines Mitarbeiters, wie z. B. Lohn- und Gehaltsarten, Abrechnungshäufigkeit, Abrechnungskreis etc.

Flexible Ablaufsteuerung

Diese Unterteilung der Aufgaben im Report, Schema und Tabelle im R/3-Abrechnungssystem (siehe Abb. 7.2) hat den großen Vorteil, dass es im Gegensatz zu anderen Abrechnungsprogrammen, die eine Anpassung meist nur in „fest verdrahteter Form" zulassen, sehr flexibel ist. Folglich können die Ablaufsteuerung und Abrechnungsanpassung allein durch die Pflege von Tabellen an die Bedürfnisse des Unternehmens angepasst werden. Komplizierte Programmänderungen oder Programmierungen sind in R/3 nicht notwendig.

Ein Nachteil allerdings besteht im **hohen Pflegeaufwand** der vielen Tabellen und der Unübersichtlichkeit, die schnell entsteht, wenn man versucht, sich die vielen verschiedenen Tabellen anzusehen.

7.2 Abrechnungsanpassung

Da alle Anwender der HR-Lohn- und Gehaltsabrechnung unterschiedliche Bedürfnisse haben, ist die Abrechnungsanpassung unabdingbar, um R/3 auf die persönlichen Anforderungen jedes einzelnen Unternehmens einzustellen.

7.2.1 Lohnartenschlüsselung

Mit Hilfe der Lohnartenschlüsselung kann der Anwender die Lohn- und Gehaltsarten auf seine Bedürfnisse zuschneiden. Er kann sich demnach verschiedene Be- und Abzüge, also Lohnarten definieren, von denen er meint, sie seien für sein Unternehmen notwendig. Die Definition dieser Lohnarten erfolgt in den Tabellen T512W und T511. Im System R/3 unterscheidet man zwei verschiedene Lohn- und Gehaltsarten:

- **Benutzerlohnarten** können direkt in den Infotyp eines Mitarbeiters eingefügt werden, z. B. kann ein freiwilliger Zuschlag zum Basislohn direkt in den Infotyp *Basisbezüge* eingegeben werden. Diese Lohnart wird dann bei jeder Abrechnung des Mitarbeiters in sein Abrechnungsergebnis einbezogen.
- **Technische Lohnarten** können nicht in den Infotyp eines Mitarbeiters eingegeben werden. Aus ihnen geht eine für das Programm interpretierbare Bedeutung hervor.

Verarbeitungsklassen Jede Lohn- und Gehaltsart kann bis zu 99 Verarbeitungsklassen aufweisen (siehe Abb. 7.4). Die Verarbeitungsklassen beinhalten Eigenschaften, die den weiteren Verlauf der Lohn- und Gehaltsabrechnung beeinflussen. Mögliche Eigenschaften wären z. B. Kürzung mit einem Faktor oder Aufteilung der Lohnarten in bestimmte Tabellen.

Kumulation Im HR-Abrechnungssystem stehen jeder Lohnart 96 Kumulationen zur Verfügung (siehe Abb. 7.4). Kumulationen sind Summen, in die die bestimmte Lohnart eingerechnet wird. Das können nicht nur die verschiedenen Brutto-Zusammenfassungen sein, sondern auch andere Summen, wie z. B. eine Zusammenfassung für die Bemessungsgrundlage der Beiträge zur Arbeitnehmerkammer Bremen oder andere Zusammenfassungen, die das individuelle Abrechnungsergebnis jedes einzelnen Mitarbeiters beeinflussen.

Abb. 7.3
Lohn- und Gehaltsarten in der Tabelle T512W

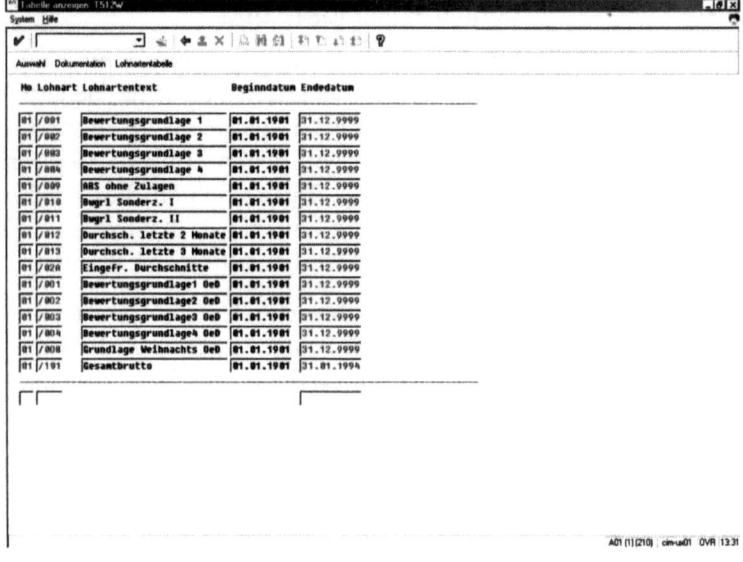

Abb. 7.4
Kumulationen & Verarbeitungsklassen in Tabelle T512W

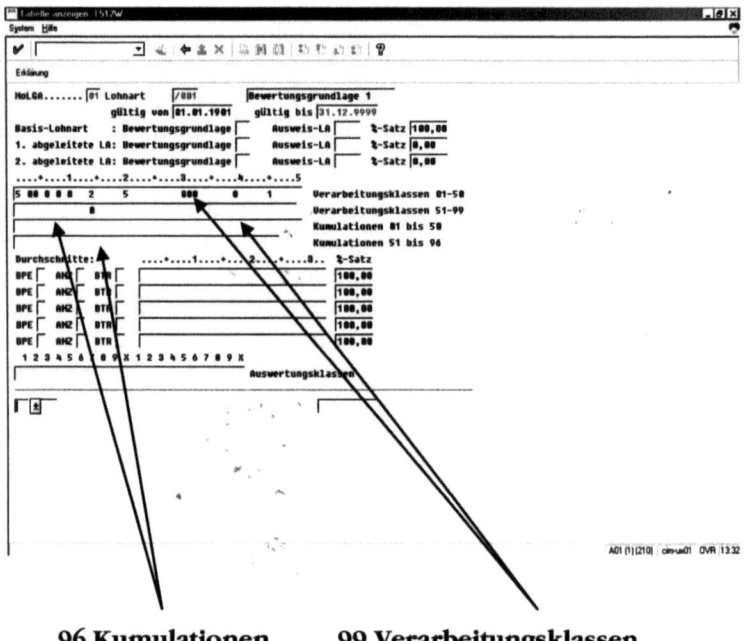

96 Kumulationen   99 Verarbeitungsklassen

7.2.2 Lohnartengenerierung

Die Lohnartengenerierung beinhaltet die Definition von bestimmten Bedingungen für eine Lohnart. Der Einbezug dieser Lohnart in die Lohnabrechnung erfolgt nur dann, wenn diese Bedingung erfüllt ist. Die Lohnartengenerierung wird hauptsächlich dazu verwendet, die sich aus der Zeitauswertung eines Mitarbeiters ergebenden Lohnarten zu generieren. Das heißt, es wird bspw. eine Bedingung definiert, dass die Lohnart nur in die Entgeltberechnung miteinfließen soll, wenn der Mitarbeiter an einem Sonntag gearbeitet hat. Es wird nun automatisch bei der Auswertung der Zeitdaten für jeden Mitarbeiter, der diese Bedingung erfüllt, eine Lohnart gebildet.

Mit dem Werkzeug Lohnartengenerierung kann viel Arbeit gespart werden: anstatt für jeden Mitarbeiter, der sonntags gearbeitet hat, manuell eine Lohnart „Zuschlag für Sonntagsarbeit" hinzuzufügen, kann im System diese Lohnart generiert werden. Damit wird sie automatisch in die Entgeltberechnung miteinbezogen.

7.3 Aliquotierung

In der Lohn- und Gehaltsabrechnung bedeutet der Begriff Aliquotierung die Ermittlung eines anteiligen Entgeltes für einen Mitarbeiter innerhalb einer Abrechnungsperiode. Gründe zur Errechnung des anteiligen Entgeltes können folgende Sachverhalte sein:

Anlässe für Aliquotierung

- Der Mitarbeiter hat nicht die gesamte **Abrechnungsperiode** gearbeitet (Ein- bzw. Austritt in der Abrechnungsperiode oder unbezahlte Abwesenheit);
- **Basisbezugsänderung** in der Abrechnungsperiode;
- Wechsel der **organisatorischen Zuordnung** in der Abrechnungsperiode oder Kostenstellenwechsel.

In der Aliquotierung werden **vier Kürzungsmethoden** unterschieden (siehe Abb. 7.5):

Abb. 7.5
Aliquotierungs-
methoden

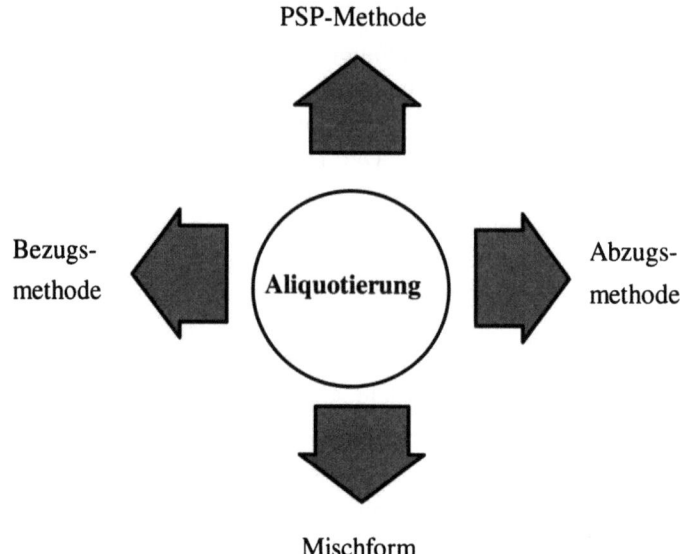

Bezugsmethode	Bei der Bezugsmethode wird aus dem vereinbartem Entgelt des Mitarbeiters ein Stunden- oder Tagessatz errechnet und mit der Anzahl der Tage bzw. Stunden, die der Mitarbeiter anwesend war, multipliziert. Dabei wird von einer pauschalierten Monatsarbeitszeit von z. B. 22 Arbeitstagen pro Monat ausgegangen. Hierbei kann es in „langen" Monaten, d. h. in Monaten, in denen die Sollarbeitszeit die pauschalierte Monatsarbeitszeit übersteigt, zu einer Überzahlung kommen.
Abzugsmethode	Bei der Abzugsmethode wird ebenfalls ein Stunden- oder Tagessatz gebildet. Dieser Stunden- oder Tagessatz wird mit der Anzahl der Stunden bzw. Tage multipliziert, die der Mitarbeiter abwesend war. Das Ergebnis wird dann vom jeweiligen Grundgehalt subtrahiert. Hierbei kann es in „langen" Monaten, bei viel unbezahlter Abwesenheit, zu einer Unterbezahlung kommen.
Mischform	In „kurzen" Monaten, d. h. in Monaten, in denen die pauschalierte Arbeitszeit die Sollarbeitszeit übersteigt, kann es bei der Benutzung der Bezugsmethode zu einer hohen Kürzung der Bezüge kommen. Bei Verwendung der Abzugsmethode könnte man selbst bei kompletter Abwesenheit einen Betrag größer Null als Ergebnis erhalten. Deshalb wird in der Praxis meistens eine Mischung aus beiden Methoden gewählt. Bei „wenig" Fehlzeiten wird dabei die Abzugsmethode und bei „viel" Fehlzeiten die Bezugsmethode gewählt.

7.4 Abrechnungsverlauf

PSP-Methode

Bei der PSP-Methode wird nicht von einer pauschalierten Arbeitszeit, sondern von der genauen Arbeitszeit des Mitarbeiters, laut persönlichem Schichtplan (PSP), ausgegangen. Mit dieser Methode hat der Mitarbeiter in „kurzen" Monaten einen höheren Stundenlohn als in „langen" Monaten.

Welche der vier Methoden wann benutzt werden darf, ist nicht dem Arbeitgeber überlassen, sondern steht in der Regel im Tarifvertrag, damit der Arbeitgeber nicht die für ihn günstigste Methode auswählt.

7.4 Abrechnungsverlauf

Der Abrechnungsverlauf beinhaltet die verschiedenen Schritte, die durchlaufen werden müssen, um das Abrechnungsergebnis zu erhalten.

Abrechnungskreis

Eine Voraussetzung für die Lohn- und Gehaltsabrechnung unter R/3 ist es vorher festzulegen, für wen und für welchen Zeitraum die Abrechnung erfolgen soll. Diese organisatorische Einheit bezeichnet man als Abrechnungskreis. Ein Abrechnungskreis ist also eine Personengruppe, die zum gleichen Zeitpunkt für denselben Zeitraum abgerechnet wird. Innerhalb eines Abrechnungskreises (siehe Abb. 7.6) wären z. B. alle Angestellten für den Monat Mai oder alle Mitarbeiter eines bestimmten Werkes für das erste Quartal zu erfassen.

Abb. 7.6
Abrechnungskreise

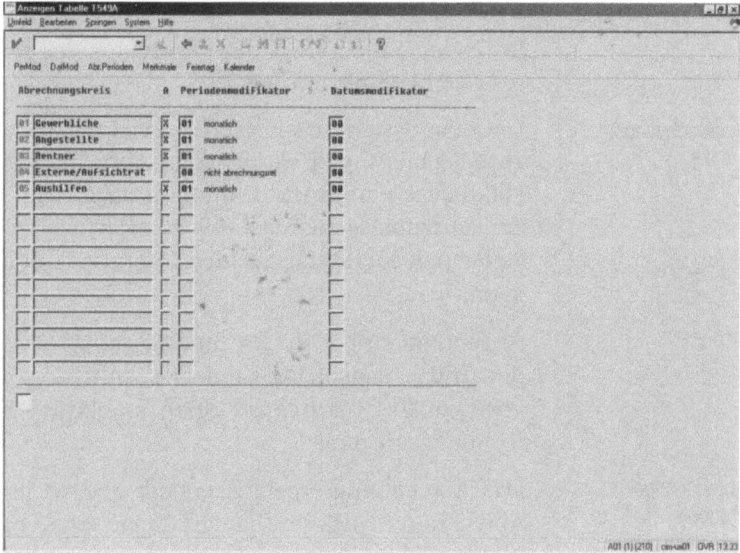

7 Lohn- und Gehaltsabrechnung

Abrechnung

Im HR-Abrechnungssystem sind zwei verschiedene Abrechnungsarten zu unterscheiden: die Test- und die Produktivabrechnung.

Bei der **Testabrechnung** muss der Zeitraum, für den abgerechnet werden soll, explizit angegeben werden. Das hat den Vorteil, dass zukünftige Abrechnungsergebnisse teilweise angezeigt werden können.

Bei der **Produktivabrechnung** wird der Abrechnungszeitraum vom System automatisch hochgezählt. D. h., wenn als letzte Produktivabrechnung der März abgerechnet wurde und dabei ein Abrechnungskreis gewählt wurde, der monatlich abgerechnet wird, wird bei der nächsten Produktivabrechnung automatisch der April abgerechnet.

Rückrechnung

Unter Rückrechnung versteht man die Korrektur des Abrechnungsergebnisses, wenn sich die Zeit- oder Stammdaten eines Mitarbeiters so geändert haben, dass sie in die Abrechnungsvergangenheit, also in die Zeit vor der letzten Abrechnung reichen. Das könnten z. B. folgende Sachverhalte sein:

- Dem Unternehmen wird erst nach der Abrechnung bekannt, dass die Zeitdaten eines bestimmten Mitarbeiters falsch waren und er einen Tag gefehlt hat, an dem er als anwesend ausgewiesen wurde oder
- ein Mitarbeiter gibt erst verspätet an, dass er geheiratet hat und somit in eine andere Steuerklasse einzustufen ist.

In beiden Fällen muss eine Korrektur des Abrechnungsergebnisses durchgeführt werden.

Rückrechnungsgrenze

Um dem System das Erkennen einer notwendigen Rückrechnung zu erleichtern, gibt es für jeden Abrechnungskreis und für jeden Mitarbeiter eine Rückrechnungsgrenze. Die Rückrechnungsgrenze legt datumsgenau fest, bis zu welchem Datum eine Zeit- oder Stammdatenänderung keinen Einfluss auf das Abrechnungsergebnis hat.

Angenommen die Rückrechnungsgrenze eines Mitarbeiters wäre der 01.03., dann hätten nur alle Änderungen, die den Zeitraum vor dem 01.03 betreffen, einen möglichen Einfluss auf das Abrechnungsergebnis.

Abrechnungsergebnis

Das Abrechnungsergebnis enthält alle wichtigen Daten, die die Abrechnung eines bestimmten Mitarbeiters betreffen. Im Abrechnungsergebnis werden seine Arbeitszeit, alle Lohnarten, die ihm angerechnet wurden, seine Bankverbindung und etliche andere Informationen festgehalten.

Das Abrechnungsergebnis wird an verschiedene HR-Komponenten und an andere R/3-Module intern weiterübermittelt (siehe Abb. 7.7):

Abb. 7.7
Verwendung des Abrechnungsergebnisses

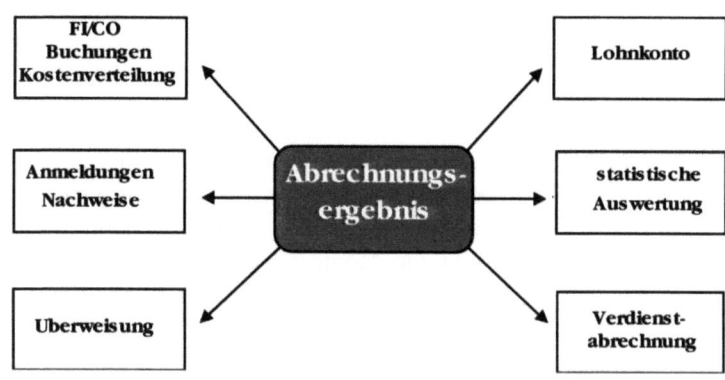

Lohnkonto

Jeder Mitarbeiter hat unter HR-Lohn- und Gehaltsabrechnung ein Lohnkonto, in dem seine Bezüge festgehalten werden. Mit Hilfe dieses Lohnkontos können die Abrechnungergebnisse vergangener Perioden aufgelistet werden.

Das Abrechnungsergebnis wird ebenfalls für die **statistische Auswertung** benötigt. Hier können mit Hilfe von R/3-Präsentationsgrafiken verschiedene statistische Auswertungen durchgeführt werden.

Verdienstabrechnung

Unter Verdienstabrechnung ist der Computerausdruck zu verstehen, den jeder Mitarbeiter zur Kontrolle seiner Bezüge erhält. Außerdem wird das Abrechnungsergebnis benötigt, um die Höhe des Auszahlungsbetrags für die Überweisung zu erhalten.

Nachweis und Anmeldungen

Jeder Mitarbeiter hat das Recht, Nachweise oder Anmeldungen zu verlangen, z. B. brauchen Ausländer diesen Nachweis für ihre Aufenthaltsgenehmigung. Diese Anmeldungen bzw. Nachweise können direkt im R/3-System erstellt werden.

Als letztes muss das Abrechnungsergebnis noch an die Module Finanzbuchhaltung (FI) und Controlling (CO) übergeben werden, damit diese Module die notwendigen Buchungen bzw. die Kosten- und Leistungsrechnung durchführen können.

7.5 Praktische Anwendung

"LuG_1.scm"

Nun wird die praktische Anwendung innerhalb des R/3-Systems demonstriert. Näher wird auf folgende Bereiche eingegangen:

- Simulieren, Freigeben und Starten einer Abrechnung;
- Entgeltnachweise und Überweisungen erstellen;
- Auswertungen und Beitragsnachweise für die Sozialversicherung erstellen;
- Arbeiten zum Jahreswechsel ausführen;
- Überleitung an die Module FI/CO.

Vor der Simulation einer Abrechnung ist nach dem Aufruf des **Startmenüs**: *Personal* ⇨ *Personalabrechnung* eine Eingabe der Ländergruppierung und des Abrechnungskreises notwendig. Es besteht die Möglichkeit, dass die Ländergruppierung bereits als Benutzerparameter voreingestellt ist, dann gelangt der Anwender direkt zur Eingabe des Abrechnungskreises.

Die Ländergruppierung und der **Abrechnungskreis** kann mittels Direkteingabe oder durch Auswahl im Pulldown-Menü eingegeben werden.

7.5.1 Fallbeispiel: Simulieren, Freigeben und Starten einer Abrechnung

Als erster Schritt ist eine simulierte Abrechnung notwendig, um mögliche Fehler zu erkennen und auszuschalten.

Simulierte Abrechnung

Über das Startmenü und die anschließende Menüfolge *Abrechnung* ⇨ *Simulation* gelangt der Benutzer in die Einstiegsmaske *Abrechnungsprogramm Deutschland* (siehe Abb. 7.8).

7.5 Praktische Anwendung

Abb. 7.8
Abrechnungsprogramm Deutschland

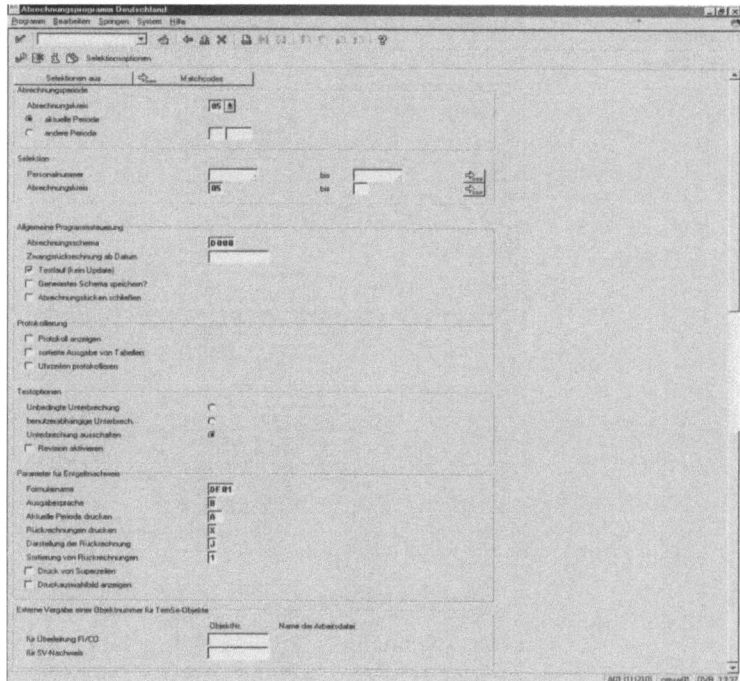

1. Bei der Abrechnungsperiode muss das Feld *andere Periode* gewählt werden und die gewünschte Periode eingegeben werden.

2. Die Personalnummer ist nur erforderlich, wenn die Abrechnung ausschließlich für einen bestimmten Mitarbeiter vorgenommen werden soll. Falls die gewünschte Personalnummer nicht bekannt ist, besteht die Möglichkeit durch Anklicken des Pull-Down-Buttons die Hilfe des Matchcodes in Anspruch zu nehmen und durch bekannte Daten, wie z. B. des Namens, die Personalnummer abzuleiten.

3. Im Abrechnungsschema ist z. B. eines der Standardschemen für Deutschland einzutragen.

4. Bei der Protokollierung hat der Benutzer zusätzlich die Möglichkeit sich das Protokoll anzeigen zu lassen.

5. Durch einen Klick auf *Ausführen* startet der Benutzer die Simulation.

7 Lohn- und Gehaltsabrechnung

Abb. 7.9
Simulation einer
Abrechnung

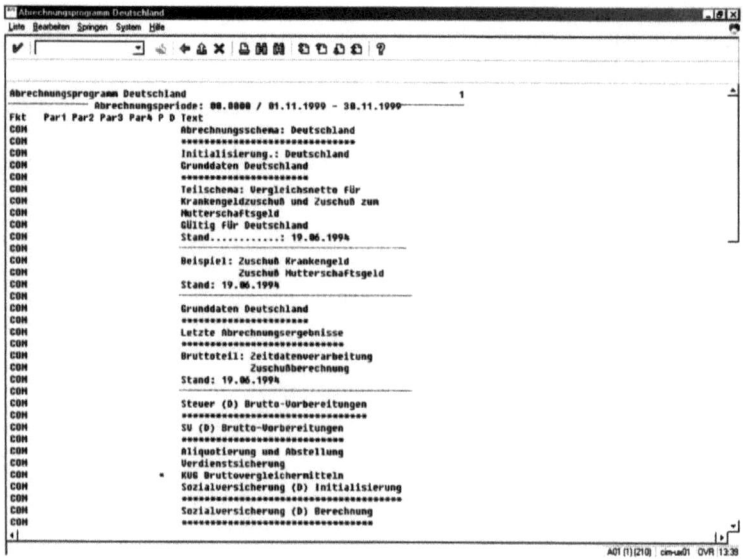

Über zweimaliges *zurück* gelangt man wieder in die Einstiegsmaske *Personalabrechnung Deutschland*, um dort die Abrechnung freizugeben.

Abrechnung freigeben

Wenn die simulierte Abrechnung korrekt ist, kann die Abrechnung freigegeben werden. Nach der Menüfolge *Abrechnung* ⇨ *Abrechnung freigeben* folgt ein Dialogfeld, in dem gefragt wird, ob man den bestimmten Abrechnungskreis für die gewünschte Periode freigeben möchte. Dieses bestätigt man durch Anklicken von **Ja** . Falls zur Freigabe nicht das korrekte Abrechnungsdatum erscheint, kann dies durch manuelle Eingabe geändert werden.

Abb. 7.10
Abrechnung
freigeben?

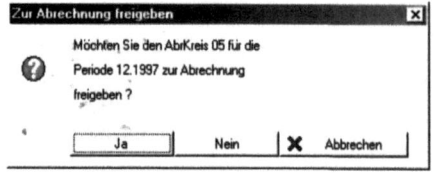

Abrechnung starten

Liegt das gewünschte Abrechnungsdatum nun vor, kann der Anwender die Abrechnung starten. Er gelangt über *Abrechnung* ⇨ *Abrechnung starten* erneut in die Maske *Abrechnungsprogramm Deutschland*. Die eingestellten Programmparameter erfordern nur eine Korrektur, falls z. B. vergessen wurde, einen Mitarbeiter abzurechnen.

7.5 Praktische Anwendung

Durch Ausführen startet man die Abrechnung. Für beendet gilt eine Abrechnung, wenn alle Mitarbeiter abgerechnet wurden.

Abb. 7.11
Abrechnung beenden?

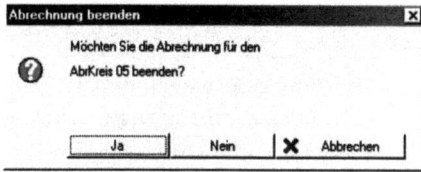

7.5.2 Fallbeispiel: Entgeltnachweise und Überweisungen erstellen

„LuG_2.scm"

Nach der vollständigen und korrekten Abrechnung können über *Abrechnung* ➪ *Entgeltnachweis* die Abrechnungsergebnisse aufbereitet werden. Die Daten zur Mitarbeiterselektion (z. B. der Abrechnungskreis) sind wie gewünscht einzutragen. Mit Ausführen wird der Entgeltnachweis der selektierten Mitarbeiter angezeigt und dieser kann anschließend ausgedruckt werden.

Abb. 7.12
Beispiel eines Entgeltnachweises

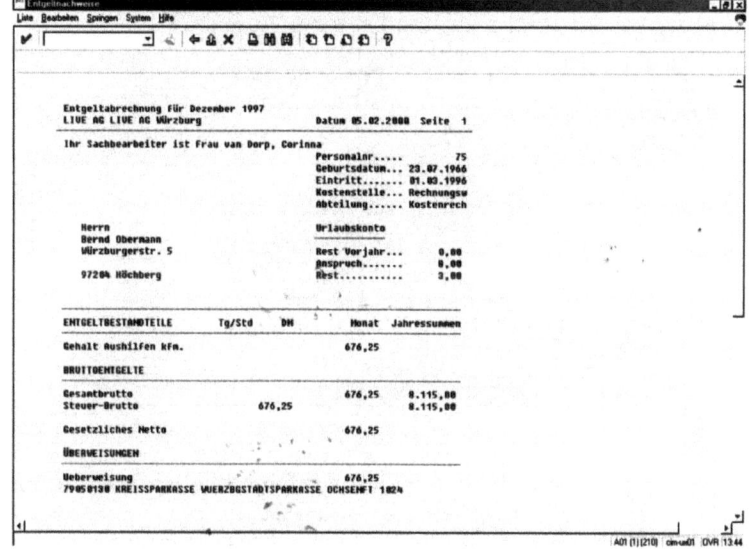

Über zweimal Zurück kommt man wieder in die Einstiegsmaske *Personalabrechnung Deutschland*, um von dort durch die Menüfolge *Abrechnung* ➪ *Überweisung* ➪ *Vorprogramm Datenträgeraustausch (DTA)* und durch Anklicken von Ausführen den Report zu starten.

119

7 Lohn- und Gehaltsabrechnung

Durch erneutes zweimaliges Anklicken von *zurück* ⬅ gelangt man zu *Abrechnung* ⇨ *Überweisung* ⇨ *erst. DTA Inland*. Hier gibt es zwei Alternativen. Zum einen können Überweisungen und zum anderen ein Datenträgeraustausch veranlasst werden.

Überweisungen

Bei den Überweisungen ist darauf zu achten, dass man zunächst das Feld *Zahlungsträger drucken* ankreuzt. Anschließend ist ein eingerichteter Drucker zu selektieren, bevor man entscheidet, ob zusätzlich eine Begleitliste ausgegeben werden soll.

Beim Datenträgeraustausch ist genau eine Hausbank anzugeben. Nun muss das Feld *Datenträgeraustausch* angekreuzt werden. Das Feld *Zahlungsträger drucken* darf nicht aktiv sein. Um einen Ausdruck des Diskettenbegleitzettels zu erhalten, ist ein eingerichteter Drucker zu selektieren.

Abb. 7.13
Fenster für Diskettenbegleitzettel

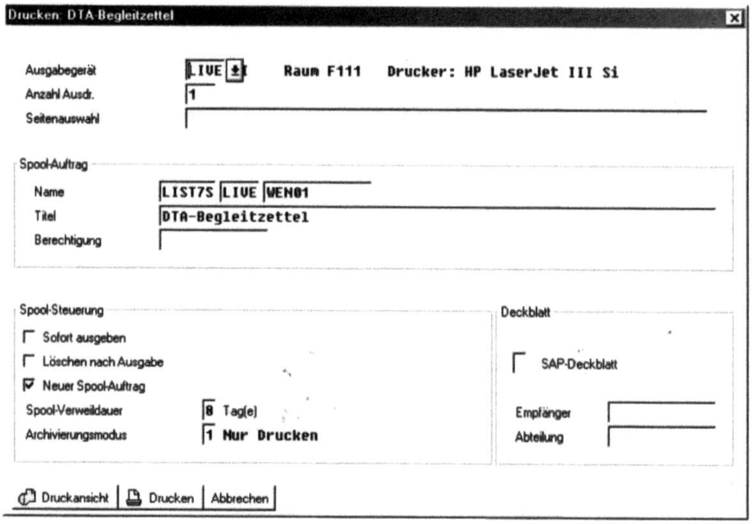

In beiden Fällen wird anschließend der Report durch Klicken auf *Ausführen* gestartet.

In der nun erscheinenden Maske wählt man die Zahlungsdaten aus. Mit Download gelangt man zum Pop-Up *Dateiname*. Hier ist ein lokales Laufwerk, ein Verzeichnis sowie der Dateiname anzugeben. Durch Bestätigung wird der Kopiervorgang gestartet. Speichert man auf ein Diskettenlaufwerk, muss man die Hinweismeldung `Pro Abrechn.Periode` betätigen.

7.5.3 Fallbeispiel: Auswertungen und Beitragsnachweise für die Sozialversicherung

„LuG_3.scm"

Nach der Ausführung der Lohn- und Gehaltsabrechnung sind einige Folgeaktivitäten pro Abrechnungsperiode auszuführen. Diese erreicht man über die Menüfolge *Folgeaktivitäten* ⇨ *pro Abrechn. Periode* oder direkt über den Button.

Auswertung

Nun befindet man sich in der Maske *Aktivitäten pro Abrechnungsperiode*. Über *Auswertung* ⇨ *Vorbereit. Auswert.* gelangt der Anwender in die bereits bekannte Maske *Abrechnungsprogramm Deutschland*. Die Daten zur Mitarbeiterselektion sind erneut einzutragen. Zusätzlich muss ein Abrechnungsschema (z. B. D500 für Deutschland) angegeben werden.

Mit Ausführen wird die Verarbeitung gestartet. Das anschließende Protokoll beendet man mit zweimaligem Anklicken von Zurück.

Beitragsnachweis

Mit der Menüfolge *Auswertung* ⇨ *Sozialversicherung* ⇨ *Beitragsnachweis* gelangt man in die Maske *SV-Beitragsabrechnung für Pflichtbeiträge*. Hier ist beim Feld *Auswertungsdaten enthalten in* auf zu klicken, um die entstandenen Daten aus der vorbereiteten Auswertung auszuwählen. Um eine sequentielle Datei zur Überleitung an die Finanzbuchhaltung und zum Controlling bzw. den Datenträgeraustausch mit der Krankenkasse zu erstellen, wird das Feld *Ausgabedatei erstellen* angeklickt.

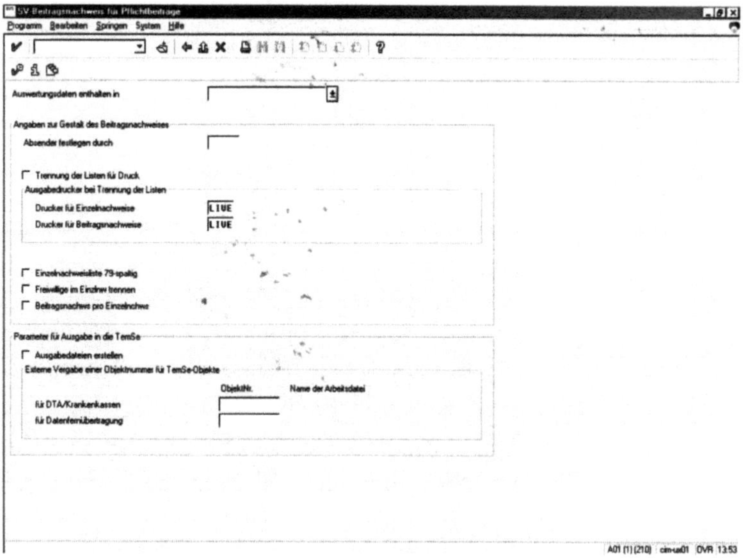

Abb. 7.14
SV-Beitrags-
abrechnung

7 Lohn- und Gehaltsabrechnung

Durch *Ausführen* wird der Report gestartet und durch zweimal *zurück* beendet.

7.5.4 Fallbeispiel: Arbeiten zum Jahreswechsel

Zum Jahreswechsel werden zusätzlich diverse Aufgaben an die Lohn- und Gehaltsabrechnung gestellt. Diese beinhalten z. B. das Erstellen von Lohnnachweisen für die Berufsgenossenschaften oder die Lohnsteuerbescheinigung auf der Steuerkarte.

Lohnsteuerbescheinigung

Damit die Lohnsteuerbescheinigung erstellt werden kann, muss über den Button **Pro Abrechn.Periode** und die Menüfolge *Jährliche ⇨ Auswertung ⇨ Steuer ⇨ Lst-Bescheinigung* in die Maske *Lohnsteuerbescheinigung (D)* verzweigt werden (siehe Abb. 7.15):

Abb. 7.15
Lohnsteuerbescheinigung (D)

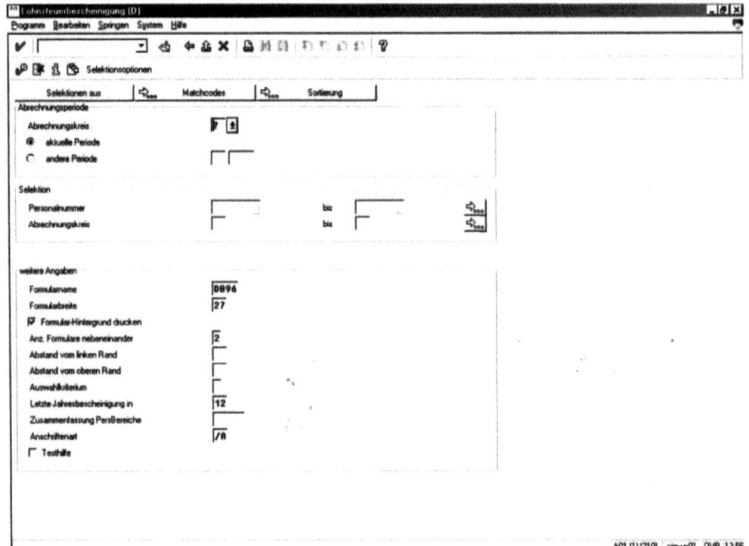

Hier sind nun ein abrechnungsrelevanter Abrechnungskreis sowie die gewünschte Periode einzutragen. Zusätzlich stehen geeignete Standardformulare zur Verfügung. Beim Auswahlkriterium ist darauf zu achten, dass zum Jahreswechsel in der Regel ein „A" für alle Mitarbeiter einzugeben ist.

Durch Anklicken von Ausführen wird der Bescheinigungslauf gestartet. Anschließend kann die Lohnsteuerbescheinigung durch Drucken ausgegeben werden, bevor sie mit zweimaligem Klicken auf Zurück beendet wird.

7.5.5 Fallbeispiel: Überleitung an die Module FI und CO

Begonnen wird in der bereits bekannten Einstiegsmaske *Personalabrechnung Deutschland*. Über [Pro Abrechn.Periode] ⇨ *Auswertung* ⇨ *Vorbereit.Auswert.* gelangt man zum *Abrechnungsprogramm Deutschland*. Hier sind erneut die gewünschte Periode sowie der Abrechnungskreis einzutragen, falls sie vom System nicht automatisch voreingestellt wurden. Außerdem wird nach einem Abrechnungsschema, wobei *D500* für die Auswertungsvorbereitung in Deutschland steht, verlangt.

Mit Ausführen wird die Verarbeitung angestoßen und anschließend mit zweimal *zurück* beendet.

Überleitung FI / CO

Nun gelangt man durch die Folge *Auswertung* ⇨ *Überleitung FI/CO* in die Vorlaufmaske *Interface Personalabrechnung/ Rechnungswesen*. Beim Feld *Name der Arbeitsdatei* kann durch Klicken auf ein zuvor erzeugtes Objekt ausgewählt werden. Unter *Präfix Referenz* kann man dem Buchungsbeleg ein fünfstelliges Kennzeichen, z. B. um den Ersteller zu identifizieren, mitgeben. Es besteht die Möglichkeit ein gewünschtes Buchungsdatum für die Finanzbuchhaltung einzugeben.

Abb. 7.16
Maske zur Auswahl des Batch-Input

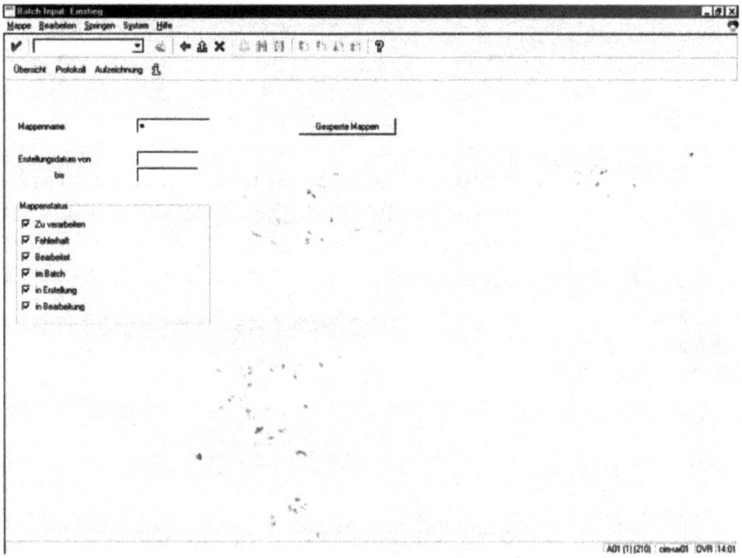

Zusätzlich zum Batch-Input erzeugt der Report einen Papierbeleg, mit dem man die Ergebnisse abstimmen kann. Anschließend ist die Batch-Input-Mappe wie folgt einzuspielen:

7 Lohn- und Gehaltsabrechnung

Einspielen der Batch-Input-Mappe

Über die Menüfolge *System* ➪ *Dienste* ➪ *Batch-Input* ➪ *bearbeiten* gelangt man zum Abspielen der Batch-Mappe. Durch Betätigen des Buttons `Übersicht` und unter „*Noch zu verarbeitende Mappen*" steht die erstellte Mappe. Diese wird nun angeklickt und „*Nur Fehler anzeigen*" gewählt. Anschließend betätigt man den Button `Abspielen` (siehe Abb. 7.17).

Abb. 7.17
Batch-Input Mappenübersicht

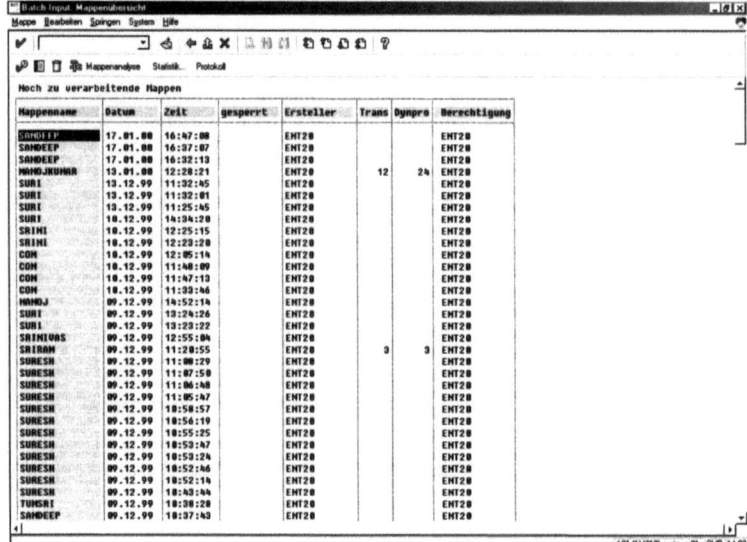

Die Verbuchungen werden nun im Hintergrund abgearbeitet. Eventuell auftretende Fehler werden angezeigt und können dann korrigiert werden.

Abb. 7.18
Batch-Input Erfolgreich beendet

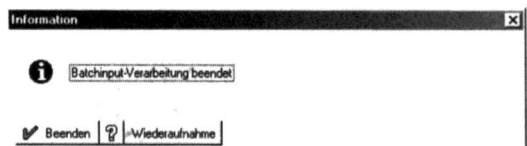

Wenn der Batch-Input erfolgreich bearbeitet wurde, erscheint das oben zu sehende Fenster (siehe Abb. 7.18). Der Batch-Input ist damit beendet.

Reisemanagement

Das R/3-Reisemanagement ermöglicht dem Mitarbeiter an seinem Arbeitsplatz die Online-Planung, -Buchung, und -Abrechnung, Employee Self-Service-Funktionen via Intranet und Internet.

Darüber hinaus erhält das R/3-Reisemanagement weitere leistungsfähige Anwendungskomponente, wie z. B.:

- das Buchen von Reisen über das Global Distribution System;
- das Genehmigen von Reisen über den SAP Business Workflow;
- das Abrechnen der Reisekosten;
- das Ermitteln und Bewerten von Erstattungsbeträgen.

Die Daten aus dem R/3-Reisemanagement können für weitere Geschäftsvorgänge eingesetzt werden, um:

- im R/3-Finanzwesen die Reisekosten zu buchen und
- im R/3-Controlling verursachungsgerecht zu verrechnen und
- im R/3-Personalabrechnung die Reisekosen zu versteuern.

Abb. 8.1 Zusammenarbeit mit anderen R/3-Modulen

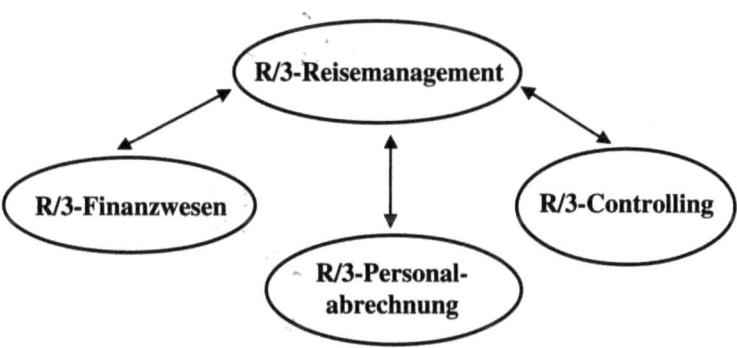

Weltweit einsetzbar

Das System hilft nicht nur bei der Abwicklung von Reisen in alle Welt, es ist auch in vielen Ländern rund um den Globus einsetzbar. Dafür steht zum einen eine internationale Standardversion zur Verfügung, die länderspezifisch eingestellt werden kann; zum

8   Reisemanagement

anderen gibt es spezielle Länderversionen, die nationale gesetzliche und steuerrechtliche Vorschriften bereits enthalten.

Einfache Planung

Mit dem R/3-Reisemanagement gestaltet sich bereits die Planung zu einem erfreulichem Auftakt. Dafür sorgen zusätzliche Reiseplanungsfunktionen, die den gewohnten Komfort um zahlreiche anbieterneutrale Informations- und Buchungsservices erweitern. Sie sind insbesondere auf den Mitarbeiter als Benutzer ausgelegt und stärken dessen Eigenverantwortung bei der Abwicklung seiner Geschäftsreisen.

Es können mit dem System relevante Buchungsdaten für Flug, Hotel, Mietwagen und Zug global wie auch lokal abgerufen, Preise verglichen und Sitzplatzverfügbarkeit gecheckt werden. Der Buchungsprozess wird automatisiert und in weiteren Abläufe integriert: in die Reisekostenabrechnung und die Personalwirtschaft ebenso wie in Finanzwesen und Controlling. Für das neue Release ist die flexible Anpassung der Anwendungen an firmenspezifischen Richtlinien besonders bezeichnend.

Abb. 8.2 Planungsmanager

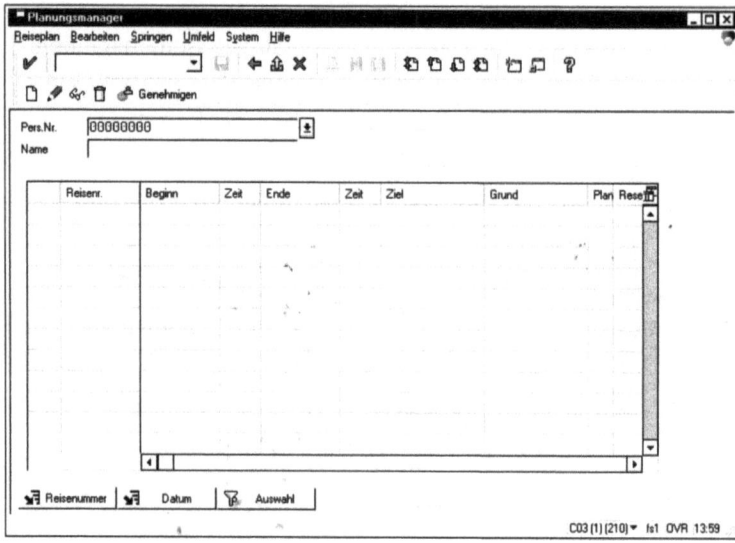

Employee Self-Service (ESS)

Der Employee Self-Service bietet vielfältige Möglichkeiten für den einfachen Abruf und die Pflege von R/3-Daten über einen Internet-Browser. Besonderen Nutzen eröffnen Self-Service-Funktionen in Verbindung mit dem R/3-Reisemanagement: Mitarbeiter erfassen ihre Reisedaten selbst und übertragen sie direkt oder indirekt via Internet oder Intranet zur Weiterverarbeitung an das R/3-System.

Die Self-Service-Anwendungen eröffnen rund um die Uhr Zugriff auf aktuelle Daten ohne aufwendige Telefonate, Rücksprachen oder Formularwege. An die Stelle papiergebundener Vorgänge und zeitaufwendiger manueller Prozesse treten elektronische Prozesse, die die Mitarbeiter nach unternehmensindividuellen Berechtigungskriterien selbst ausführen.

Offline-Unterstützung

Alles was ein Mitarbeiter für diese Arbeitsvereinfachung braucht, ist ein PC am Clientplatz mit Web-Browser und MS Excel. Entsprechend kann er seine Reisedaten mit einem entsprechend ausgestatteten Notebook erfassen – auch ohne direkte Verbindung zum R/3-System. Die Offline-Unterstützung der Reisedatenerfassung wird auf der Basis einer Excel-Arbeitsmappe erstellt.

Die Mitarbeiter können sich die Excel-Arbeitsmappe über das Internet auf ihren PC bzw. auf Notebook laden und sind von diesem Zeitpunkt an bei allen Erfassungsprozessen unabhängig von direkter Kommunikation.

Die Excel-Arbeitsmappe können die Mitarbeiter auch auf eine Diskette kopieren und in aller Ruhe zuhause vervollständigen. Natürlich können sich die Mitarbeiter die Excel-Arbeitsmappe auch auf ein Notebook laden und im Flugzeug oder im Zug nutzen. Die Offline-Unterstützung gewährleistet jederzeit und überall die Datenerfassung.

Vor allem Dienstreisende, die oft unterwegs sind ohne direkten Netzzugang, werden von der Offline-Unterstützung profitieren.

Die Intranetkomponente für Employee Self-Service ist mit dem Internet Explorer kompatibel. Zur Erfassung der Reisedaten wird neben einem Web-Browser eine Excel-Version ab Version 5.0 auf dem Client benötigt; mehr ist nicht notwendig.

Die **Vorteile**, die sich aus der Internet-/Intranet-Nutzung ergeben sind **einfache Benutzerführung** und **weltweite Zugangsmöglichkeit**.

8.1 Geschäftsvorgänge einer Reise

In der Abbildung 8.3 werden die Geschäftsvorgänge einer Reise graphisch dargestellt:

8 Reisemanagement

Abb. 8.3 Geschäftsvorgänge einer Reise

„Reisebedarf" hat der Reisende, wenn er z. B. eine Messe im Inland oder Ausland besucht. Die Reisezeit, das Reiseziel, Flug, Hotel usw. müssen geplant und gebucht werden. Dies ist über ein an das R/3-System angeschlossenes *Global Distribution System* möglich.

Das System übernimmt die Daten des ausgewählten Flugs, Hotels etc. automatisch und legt mit diesen Daten Reisebelege an. Das Flugticket und die Bestätigung der Hotelbuchung werden über ein vorher bestimmtes Reisebüro abgewickelt.

Die während der Reise anfallenden Rechnungen bezahlt der Reisende teilweise mit privater Kreditkarte und teilweise bar. Nach der Rückkehr kann er seine restlichen Reisefakten direkt im System ergänzen. Dabei erfasst er jedoch nur die Einzelbelege, die er nicht mit der Kreditkarte bezahlt hat. Die Einzelbelege, die er mit einer Kreditkarte bezahlt hat, erfasst er zu einem späteren Zeitpunkt im Rahmen des Kreditkartenclearings. Nachdem alle Reisefakten vollständig sind, gibt er die Reisefakten zur Prüfung an die Spesenabteilung frei und übermittelt gleichzeitig seine Originalbelege.

8.1.1 Zentrale Prüfung und Genehmigung

Der SAP Business Workflow teilt dem Spesensachbearbeiter mit, dass eine neue Reise zur Prüfung eingegangen ist. Der Sachbearbeiter ruft die Reise im System auf und überprüft zunächst die Reisefakten anhand der Originalbelege. Das Unternehmen setzt das *Optische Archiv* ein. Der Sachbearbeiter kann deshalb die Originale in das R/3-System übernehmen und sie der Reise zuordnen.

Unter der Prämisse, dass keine Beanstandungen von fachlicher Seite aus an der Reise bestehen, reicht er die Belege zur Genehmigung der angefallenen Kosten an den Vorgesetzten des Reisenden weiter. Werden keinerlei Einwände erhoben, gilt die Reise als genehmigt mit voller Kostenübernahme durch das Unternehmen.

8.1.2 Automatische Abrechnung und Auszahlung

Nach der Genehmigung der Reisekostenabrechnung übernimmt das R/3-System sämtliche sich anschließende Vorgänge. Es leitet die Abrechnungsergebnisse zur Buchung und Auszahlung an die *Finanzbuchhaltung* weiter, veranlasst eine eventuelle Versteuerung in der *Personalrechnung* und versorgt das *Controlling* mit den Daten, die für eine Verrechnung der Reisekosten benötigt werden.

8.1.3 Korrektur einer gebuchten Reise

Zu einem späteren Zeitpunkt entdeckt der Reisende, dass er vergessen hat, eine Rechnung seiner Geschäftsreise zu erfassen. Er erfasst diese Rechnung nachträglich und gibt sie zur Genehmigung frei. Daraufhin prüfen die Spesenabteilung und der Vorgesetzte die Abrechnung erneut, indem sie sich direkt die Korrekturen anschauen können. Nach der Genehmigung und Abrechnung überträgt das System die notwendigen Korrekturbuchungen an das *Rechnungswesen* und stößt in der *Personalrechnung* die eventuell notwendige Rückberechnung an.

8.1.4 Flexible Geschäftsprozesse

In Organisations- und Entscheidungsprozessen bietet das R/3-Reisemanagement größte Flexibilität. Das R/3-Reisemangement bietet generell eine rein dezentrale Erfassung durch den Mitarbeiter und eine rein zentrale Erfassung durch eine zuständige Spesenabteilung, auch jede beliebige Mischform aus diesen beiden Modellen (siehe Abb. 8.4) ist möglich.

8   Reisemanagement

Die Szenarien werden nachfolgend kurz dargestellt:

Abb. 8.4
Organisationsmodelle

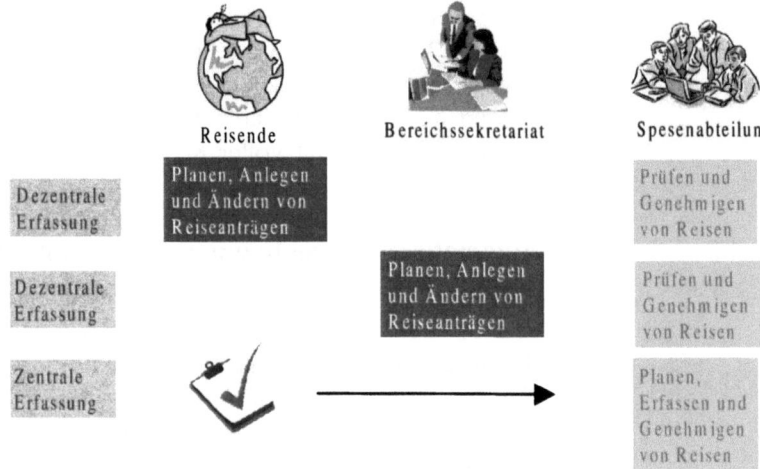

Zentrale Erfassung	Wenn die Geschäftsreise erfolgt ist, reicht der Mitarbeiter seine Reisefakten in der Spesenabteilung ein. Die Spesenabteilung erfasst und prüft die Reisefakten. Nach erfolgter Genehmigung und Reiseabrechnung erhält der Mitarbeiter einen Reisenachweis über die zu erstattenden Reisekosten.
Dezentrale Erfassung durch autorisierte Bereichssekretariate	An die Stelle der Spesenabteilung können auch autorisierte Bereichssekretariate treten. Die Bereichssekretariate erfassen die Reiseanträge und Reisen dezentral, jedoch für alle Mitarbeiter des Bereichs zentral. Nach erfolgter Genehmigung und Reiseabrechnung erhalten die Mitarbeiter ihre Reisenachweise durch die Bereichssekretariate.
Dezentrale Erfassung durch die Mitarbeiter	Die Mitarbeiter erfassen die Reiseanträge und Reisen. Die Spesenabteilung führt dann die Genehmigung, Prüfung und Reisekostenabrechnung durch. Im Rahmen eines dezentralen Konzepts haben die Mitarbeiter mehrere Möglichkeiten auf das R/3-Reisemanagement zuzugreifen.

Die Reisedaten können:

- direkt über den Dialog des Reisemanagements erfasst werden;
- über den Dialog des R/3-Arbeitszeitblatts erfasst werden;
- an einem Notebook erfasst und anschließend an ein R/3-System übermittelt werden;
- weltweit jederzeit über einen Intranet/Internet-Anschluss erfasst werden.

8.1 Geschäftsvorgänge einer Reise

Abb. 8.5
Dezentrale Erfassung von Reisedaten

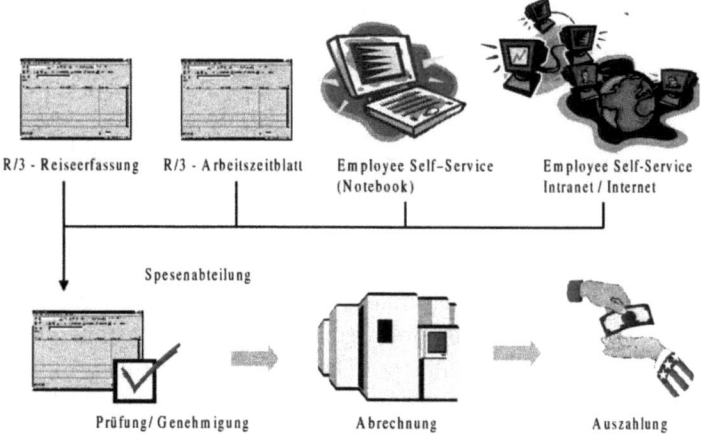

8.1.5 Funktionen der Reiseerfassung

Reisedaten können unterschiedlich erfasst werden:

- Mit dem R/3-Reisemanagement entscheidet man selbst, welche Art am günstigsten ist.
- Für häufige Inlandreisen bietet der „Reisekalender" Erfassungsszenarien an.
- Für komplexe Auslandsreisen mit viel Einzelbelegen kommt der „Reisemanager" zum Einsatz.
- Der „Wochenbericht" bietet sich z. B. an, wenn der Mitarbeiter keine Pauschalen für Verpflegung oder Unterkunft erfasst.

Abb. 8.6
Der Reisemanager

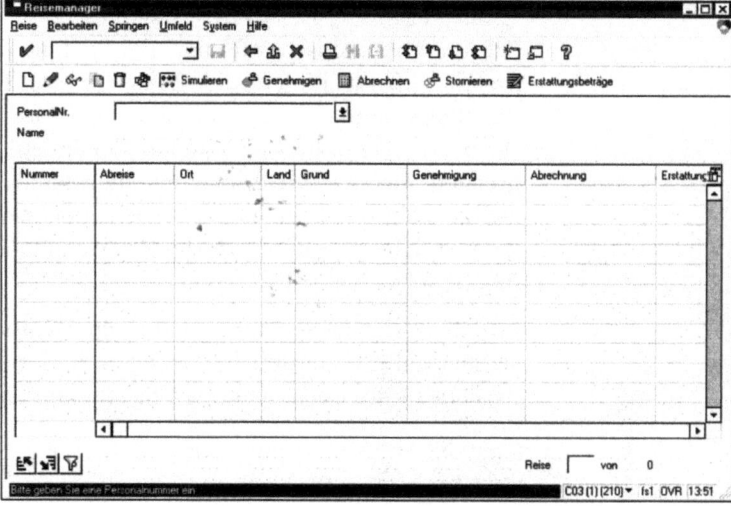

131

Protokollierung	Gleichzeitig protokolliert das R/3-Reisemanagement jeden Zugriff auf eine Reise, der zu einer Änderung führt. Man erhält so eine lückenlose Historie der Bearbeitungsschritte.
	Das R/3-Reisemanagement ermöglicht die **Archivierung** der Reisedaten zu gebuchten und ausgezahlten Reisespesen zu einem beliebigen Termin. Diese Reisedaten sind jederzeit verfügbar und stehen somit jederzeit für eine Revision zur Verfügung.
Online-Hilfe/Online-Prüfung	Das R/3-Reisemanagement unterstützt den Mitarbeiter jederzeit durch umfassende Hilfestellungen. Zu jedem Arbeitsschritt und Eingabefeld kann der Mitarbeiter eine ausführliche Dokumentation aufrufen. Das R/3-System prüft während der Reisedatenerfassung, ob die Eingabewerte zulässig sind.
Genehmigung mit SAP Business Workflow	Um die Genehmigungsprozesse sicher und effizient zu gestalten, kann man den SAP Business Workflow nutzen. Das R/3-Reisemanagement unterstützt durch beispielhaft definierte Mustergenehmigungsverfahren, z. B.

- einen einstufigen Genehmigungsprozess für Reiseanträge,
- einen zweistufigen Prüfungs- und Genehmigungsprozess für die Erstattung, die man jederzeit an unternehmensspezifischen Anforderungen anpassen kann.

Da das R/3-Reisemanagement an die **optische Archivierung** angebunden ist, können die Originaldokumente (z. B. Hotelbelege, Reiseanträge, Reisedokumente) abgelegt und den entsprechenden Reisen zugeordnet werden. Die aufwendige Suche in mehreren Akten oder an mehreren Ablageorten entfällt somit.

8.1.6 Funktionen der Reiseplanung

Die unternehmensspezifischen Reiserichtlinien, die man im R/3-System erfasst, bilden die Basis für die Reiseplanung. Diese Richtlinien enthalten u. a. die Regeln zur Buchung von First oder Business Class, die bevorzugten Fluglinien oder die Kilometergrenzen für den Wechsel von einer Bahn- auf eine Flugreise. Hierzu gehören aber auch die personenbezogenen Reiseprivilegien und Reisepräferenzen (z. B. Nichtraucherplatz, Vegetariermenü).

Innerhalb der Reiseplanung kann ein Mitarbeiter für eine bevorstehende Reise Reisepläne anlegen und bearbeiten. Sichert er den ersten Reiseplan, generiert das System daraus eine Reise.

Für jede Reise kann der Mitarbeiter mehrere Reiseplanvarianten simulieren. Die Reiseplanvariante, die für die Reise gelten soll, muss der Mitarbeiter abschließend aktivieren.

Abb. 8.7
Der Reisekalender

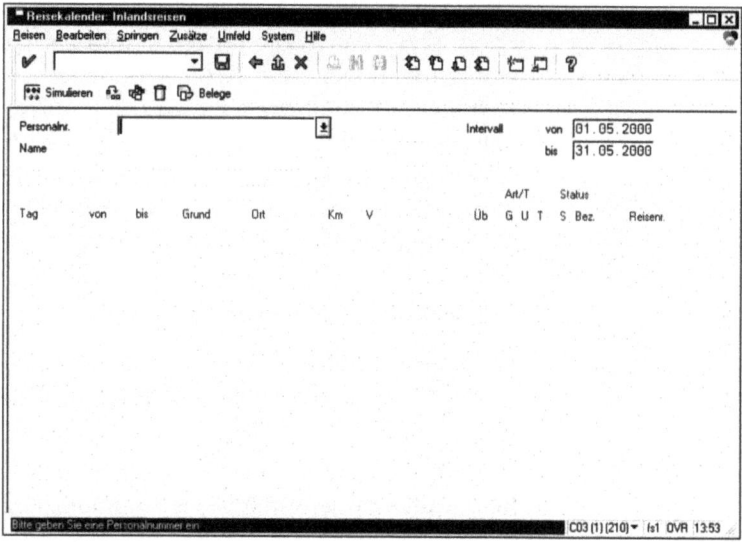

Vorteile eines Reiseplanungssystems

Ein Reiseplanungssystem hat mehrere Vorteile:

- Unabhängigkeit von Reisebüro-Öffnungszeiten;
- automatische Überprüfung der Reiserichtlinien;
- Verhandlungsvorteile durch vereinfachte Analyse von in Anspruch genommenen Reiseleistungen;
- effiziente interne Kommunikation etc.

8.1.7 Global Distribution System

Über die Anbindung des R/3-Systems an ein *Global Distribution System* (z. Z. **AMADEUS**) kann der Mitarbeiter im Rahmen der Reiseplanung aus einer Reiseplanvariante eigenständig die Verfügbarkeit und den Preis einer Reisedienstleistung (z. B. Flug) bei Reisedienstleistern abfragen. Das R/3-System zeigt alle verfügbaren Flugverbindungen an, die der AMADEUS-Zentralrechner anhand der Reiserichtlinien, Reiseprivilegien und Reisepräferenzen ausgewählt hat. Der Mitarbeiter kann die gewünschte Flugverbindung bequem auswählen und – sofern er über die nötigen Berechtigungen verfügt – sofort und direkt buchen. Dabei wirkt das System preisoptimierend und anbieterneutral. Das R/3-System übernimmt die Buchungsdaten und legt einen Flugbeleg an. Sollten sich Änderungen an diesem Beleg ergeben, kann der Mitarbeiter den angelegten Flugbeleg manuell korrigieren.

Mit dem SAP-Reisemanagement kann jeder dazu berechtigte Mitarbeiter von seinem Arbeitsplatz aus nicht nur die Servicefunktionen von AMADEUS nutzen, sondern generell auf alle Buchungsfunktionen des Systems für Flug, Hotel und Mietwagen zugreifen. Den direkten Einstieg zur Auswahl der gewünschten Reisedienstleistungskategorie vereinfacht der weiterentwickelte „Planungsmanager". Um die Übersichtlichkeit zu verbessern, wurden neue Internet-orientierte Ansichten für die Anzeige von Flugverfügbarkeiten und Reiseplänen gestaltet.

8.2 Reisekostenabrechnung

Das Modul HR-Reise des Systems R/3 ermöglicht dem Anwender direkt am PC die komplette Erfassung, Bearbeitung und Abrechnung der Firmenreisen.

Um eine korrekte Abwicklung einer Reise mit den anfallenden Reisekosten zu gewährleisten, kommuniziert das Reisekostenmodul mit anderen Komponenten des R/3-Systems:

- **R/3-Finanzwesen**
- **R/3-Controlling**
- **R/3-Personalabrechnung**

Dies ermöglicht zum einen die korrekte Buchung der angefallenen Reisekosten, zum anderen die Berücksichtigung von eventuell bereits an den Mitarbeiter ausbezahlten Vorschüssen und der nachträglich auszuzahlenden Spesen sowie das exakte Umlegen der Reisekosten auf die jeweils betroffenen Kostenstellen innerhalb des Unternehmens. Eine Übermittlung der Daten an die Banken zur Gehaltsabrechnung wird ebenfalls unterstützt.

Die Einsatzmöglichkeiten des Reisekostenprogramms beschränken sich nicht auf den Einsatz im R/3-System, sondern ermöglichen die Zusammenarbeit mit diversen anderen Standardsystemen. Es lässt sich somit in bereits vorhandene, andersartige Softwaresysteme einbinden.

Für den isolierten Einsatz des Reisekostenmoduls steht ein eigener Datenträgeraustausch zur Verfügung:

Abb. 8.8
Einsatzmöglichkeiten von HR-Reise

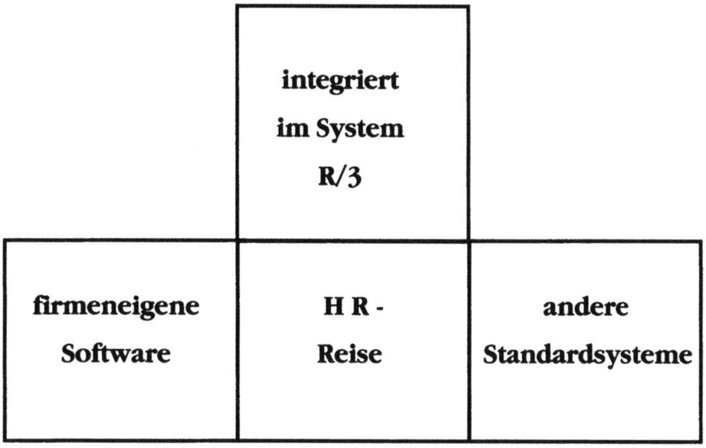

	integriert im System R/3	
firmeneigene Software	**H R - Reise**	**andere Standardsysteme**

8.2.1 Voraussetzungen der Reisedatenerfassung

Um für einen Mitarbeiter Reisedaten zu erfassen, muss ein Mitarbeiterstammsatz vorhanden sein. Dieser wird in der Regel von der Personalabteilung angelegt und gepflegt. Falls dies nicht der Fall ist, besteht die Möglichkeit über das Modul **HR-Reisemanagement** (siehe Kapitel 8.1) Stammsätze anzulegen. Dabei sollte beachtet werden:

- Für den betreffenden Mitarbeiter müssen *Reiseprivilegien* (Informationstyp 0017) hinterlegt sein. Diese Privilegien geben u. a. an, welche Belege für einen Mitarbeiter erfasst werden können.

- Bevor eine Reise angelegt werden kann, muss dem Mitarbeiter eine Kostenstelle zugeordnet sein. Dies ist notwendig, um eine korrekte Kostenstellenbelastung durchzuführen. Ist keine Kostenstelle zugeordnet kann die Reise nicht gespeichert werden.

- Falls Reisekosten über Datenträgeraustausch gutgeschrieben werden, müssen im Informationstyp (0009) *Bankverbindung* die Kontendaten des Mitarbeiters eingetragen werden.

8.2.2 Pauschalabrechnung und Einzelnachweise

Die Grundversion des Moduls HR-Reise unterscheidet zwischen Pauschalabrechnung und Einzelnachweisen für eine Reise.

Pauschalabrechnung Innerhalb der Pauschalabrechnung werden folgende Möglichkeiten unterschieden:

- Dienstgang / Dienstreise
- eintägige oder mehrtägige Reisen
- ermäßigte Pauschal- und Höchstsätze bei einer Reisedauer unter zwölf Stunden
- Abzüge wegen unentgeltlicher Bewirtung
- Zusammenfassen von Ländern zu Ländergruppen
- Bewertung des Reisetages nach dem zuletzt vor 24 Uhr erreichten Land
- Bewertung des Rückreisetages nach dem Zeitpunkt des Grenzübertrittes

Einzelnachweise Die Einzelnachweise einer Reise beinhalten dagegen:

- Unterkunftskosten
- Verpflegungsaufwendungen
- Fahrtkosten
- Bewirtungen
- Nebenkosten

Soll eine Abrechnung nicht nach deutschen, sondern nach österreichischen Gesetzen durchgeführt werden, kann die **Reisezeit** entweder nach

- Kalendertagen oder
- 24-Stunden-Intervallen

erfolgen und diese wiederum nach Zwölftel- oder Uhrzeiten-Regelung abgerechnet werden.

Pauschalabrechnung und Einzelnachweise Die Kombination von Pauschalabrechnung und Einzelnachweisen ist ebenfalls möglich und vor allem dann sinnvoll, wenn für fehlende Belege, z. B. Unterkunftsbelege, ein ermäßigter Pauschalsatz berücksichtigt werden soll.

8.2.3 Anlage einer Reise

Einloggen Nach dem Einloggen in das R/3-System befindet man sich in der Hauptmaske, aus der alle R/3-Module angewählt werden können. Um zum Reisemanagement zu gelangen, wählt man aus der Menüleiste den Menüpunkt *Personal,* dann *Reisemanagement*:

Abb. 8.9
Hauptbildschirm
von SAP R/3

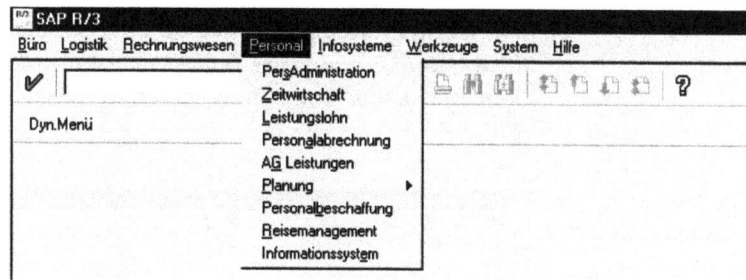

Viele Felder in den Eingabemasken enthalten eine Auswahlliste, die es erleichtern soll, die erforderlichen Daten einzugeben. Die Auswahlliste ist über den [▼] Button erreichbar. Dieser Schaltknopf ist allerdings erst sichtbar, wenn das entsprechende Feld angeklickt wurde.

Im Reisemanagement sollte sich folgende Bildschirmmaske öffnen (Abb. 8.10).

Abb. 8.10
Bildschirmmaske
Reisemanagement

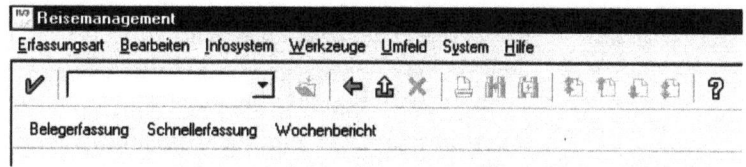

Wenn der Menüpunkt *Erfassungsart* angeklickt wird, werden die Reise-Erfassungsmöglichkeiten aufgelistet; dabei werden folgende Erfassungsarten unterschieden:

Erfassungsarten

- **Belegerfassung:** Die Belegerfassung ist grundsätzlich sinnvoll, wenn für eine Reise Einzelnachweise vorliegen. Es können sowohl Inlands- wie Auslandsreisen eingegeben werden.

- **Schnellerfassung:** Wenn mehrere Inlandsreisen für einen Mitarbeiter gleichzeitig erfasst werden sollen, bietet sich diese Art der Erfassung an.

- **Wochenbericht**: Hier können Inlandsreisen in wöchentlichen Abschnitten erfasst werden.

- **Vorschusserfassung:** Hier können Reisen aufgenommen werden, für die ein Vorschuss geleistet wurde. Bei dieser Erfassungsart wird der Reisestatus auf *genehmigt* und *abgerechnet* gesetzt.

- **Einzelerfassung:** Bei dieser Erfassungsart können sämtliche Daten (z. B. Reisezeit, Hauptziel, Kontierung usw.) bearbeitet werden.

8   Reisemanagement

Bei **Anlage einer Inlandsreise über Belegerfassung** geht man nach dem Klick auf den Button *Belegerfassung* wie folgt vor; auf dem Bildschirm sollte nun folgende Maske sichtbar sein (Abb. 8.11):

Abb. 8.11
Reisedaten anlegen

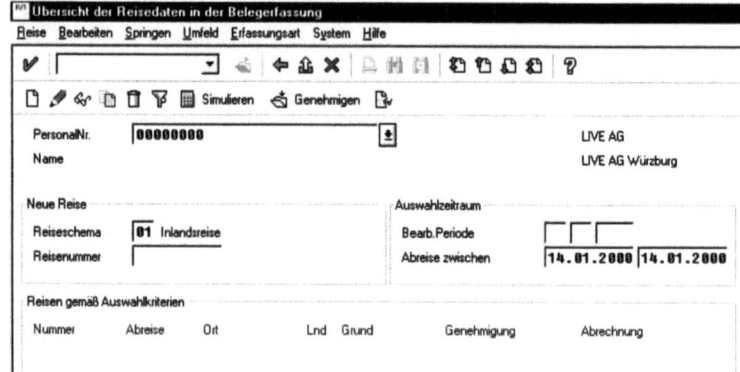

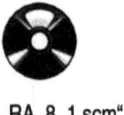

„RA_8_1.scm"

Personalnummer	Im Feld *Personalnummer* wird zunächst die Personalnummer des Mitarbeiters eingegeben. Sollte diese nicht bekannt sein bzw. auf dem Reiseantrag des Mitarbeiters vergessen worden sein, kann über die ▼-Taste ein Auswahlmenü aufgerufen werden.
Reiseschema	Im Feld *Reiseschema* kann nun angeben werden, ob es sich um eine *Inlandsreise* oder eine *Auslandsreise* handelt. Es folgt eine Tabelle, nachdem der Button ▼ gedrückt wurde. Es kann auch manuell „01" für eine Inlandsreise oder „02" für eine Auslandsreise eingegeben werden (für dieses Beispiel bitte „01" eingeben).
Reisenummer	Eine Reisenummer kann (und muss) nur bei externen Reisen eingetragen werden, wohingegen diese Nummer bei internen Reisen vom System automatisch vergeben wird und nicht frei auswählbar ist.
Bearbeitungsperiode	Die Bearbeitungsperiode legt fest, in welchem Zeitintervall die Reise später zu verbuchen ist. Dies ist üblicherweise der aktuelle Monat. Falls also hier keine Eingabe erfolgt, wird automatisch der aktuelle Monat als Abrechnungsperiode angenommen.
Abreisedatum	Das Abreisedatum soll nun im folgenden Feld eingegeben werden. Liegt dieses auf einem speziellen Datum, so trägt der Anwender nur dieses ein. Hat der Reisende dagegen die Möglichkeit an zwei oder mehreren unterschiedlichen Tagen abzureisen,

wird die Zeitspanne eingegeben, z. B. zwischen dem 20. Januar 2000 und dem 21. Januar 2000.

Wenn nun eine Personalnummer eingegeben und diese mit der (Enter)-Taste bestätigt wird, werden die bereits eingegebenen Reisen des Mitarbeiters angezeigt (Abb. 8.12). Allerdings nur in dem Zeitraum, der bei „Abreise zwischen" eingetragen ist.

Abb. 8.12
Reise anlegen

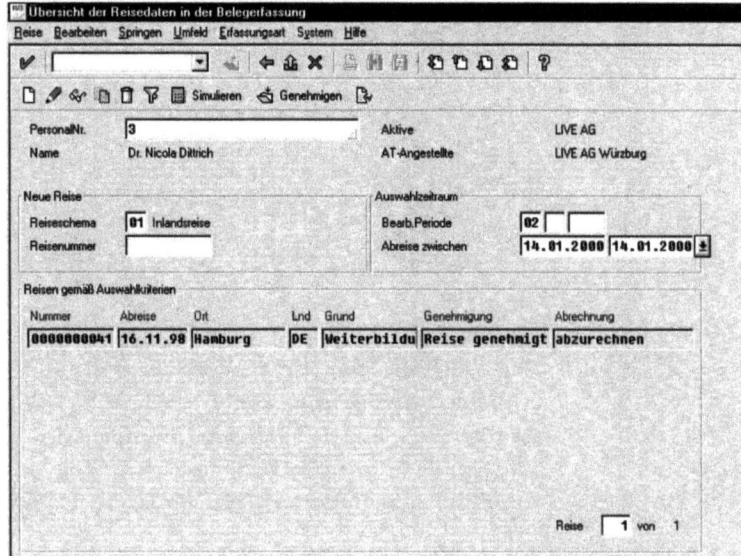

Um eine neue Reise anzulegen, müssen die erforderlichen Felder *Reiseschema, Bearb.Periode, Abreise zwischen* ausgefüllt werden.

Die Reise wird angelegt, wenn die Taste (F5) gedrückt oder der Button ganz links, siehe Abb. 8.13, betätigt wird.

Abb. 8.13
Reise anlegen

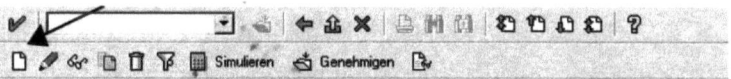

Die Folgemaske (Abb. 8.14) ermöglicht die Eingabe der exakten Reisedaten:

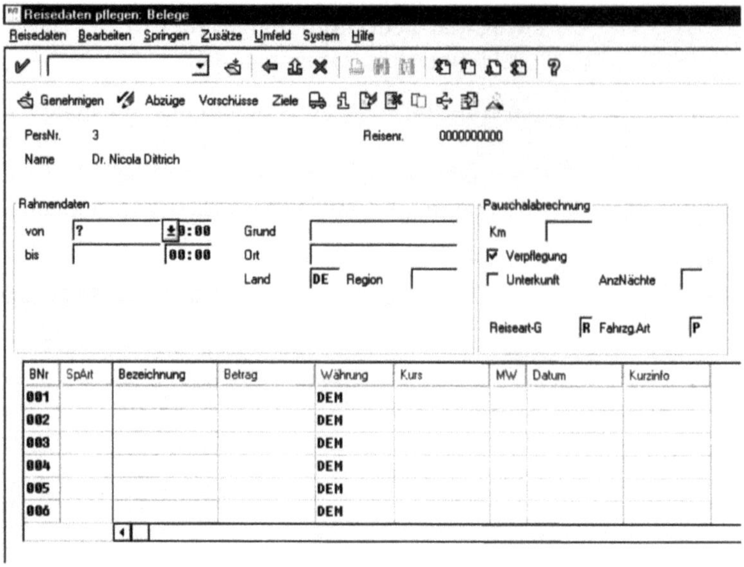

8 Reisemanagement

Abb. 8.14
Reisedaten
eingeben

Rahmendaten

Die Rahmendaten beinhalten die genaue *Reisezeit* (Datum und Uhrzeit), *Reisegrund*, *Ort*, *Land* und die *Region*. Bei *Reisegrund* wird in der Regel die Kundennummer des Kunden eingetragen. Für das Feld *Land* haben steht eine Auswahlliste zur Verfügung, die über den Button ⬇ erreichbar ist. Dasselbe gilt für die *Region*.

Pauschal-abrechnung

In der *Pauschalabrechnung* kann angegeben werden, ob die Verpflegung und Unterkunft pauschal abgerechnet werden sollen. In das Feld *Km* kann die Gesamtzahl der *Km* eingetragen werden, die der Reisende zurückgelegt hat. Bei der *Reiseart* kann angegeben werden, um welchen Reisetyp es sich handelt (z. B. Dienstgang, Dienstreise). Die Kennung *Fahrzeugart* gibt Auskunft darüber, ob ein PKW, Bus, Fahrrad, Flugzeug usw. benutzt wurde. Die Felder *Reiseart* und *Fahrzeugart* besitzen eine Auswahlliste, die über den ⬇ -Button erreichbar ist.

Belegerfassung

In der Tabelle können die Belege erfasst werden, die während einer Reise angefallen sind. Falls die Reise noch nicht durchgeführt wurde, kann dies zu einem späteren Zeitpunkt geschehen.

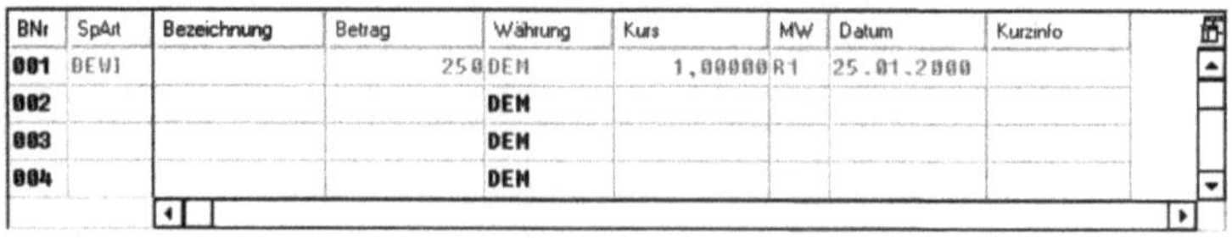

Abb. 8.15
Tabelle zur Erfassung der Belege

8.2 Reisekostenabrechnung

„RA_8_2.scm"

Die Spalte *BNr* (=Beleg Nr.) wird automatisch vom System ausgefüllt. In der nächsten Spalte *SpArt* (=Spesen Art) wird die Art der Ausgabe angegeben, auch hier ist wieder eine Auswahlliste durch Drücken von [↓] erhältlich. In dem Feld *Bezeichnung* ist keine Eingabe notwendig. Die Spalten *Betrag*, *Währung* und *Kurs* sind selbstsprechend. Im dem Feld *MW* kann über die Auswahlliste (Abb. 8.16) ein Steuersatz ausgewählt werden.

Abb. 8.16
Steuersätze

Schema	St	Bedeutung
TAXD	A0	Ausgangssteuer 0%
TAXD	A1	Ausgangssteuer 15%
TAXD	A2	Ausgangssteuer 7%
TAXD	A3	Umsatz EG steuerfrei
TAXD	A5	Ausgangssteuer 14%
TAXD	A9	Ausgangssteuer nicht steuerbarer Umsatz
TAXD	E1	Erwerbsteuer
TAXD	R1	Reisekosten 9,8 vom Hundert
TAXD	R2	Reisekosten 8,2 vom Hundert
TAXD	R3	Reisekosten 12,3 vom Hundert
TAXD	R4	Reisekosten 5,7 vom Hundert
TAXD	V0	Vorsteuer 0%
TAXD	V1	Vorsteuer 15%
TAXD	V2	Vorsteuer 7%
TAXD	V5	Vorsteuer 14%
TAXD	V9	Vorsteuer nicht steuerbarer Unmsatz

Im Feld *Datum* wird das Belegdatum eingetragen. Die Spalte *Zusatzinfo* ermöglicht es direkt eine kurze Information zu jedem Beleg zu erfassen. Falls hier keine Eingabe erfolgt, sollte ein Doppelklick auf das Feld gemacht werden. Jetzt müsste das Feld aktiviert sein.

Reisestatus

Bevor die Reise gesichert werden kann, muss ein Reisestatus vergeben werden. Durch Drücken des Button ✓ gelangt man in die Maske *Reisestatus*.

8 Reisemanagement

Abb. 8.17
Reisestatus

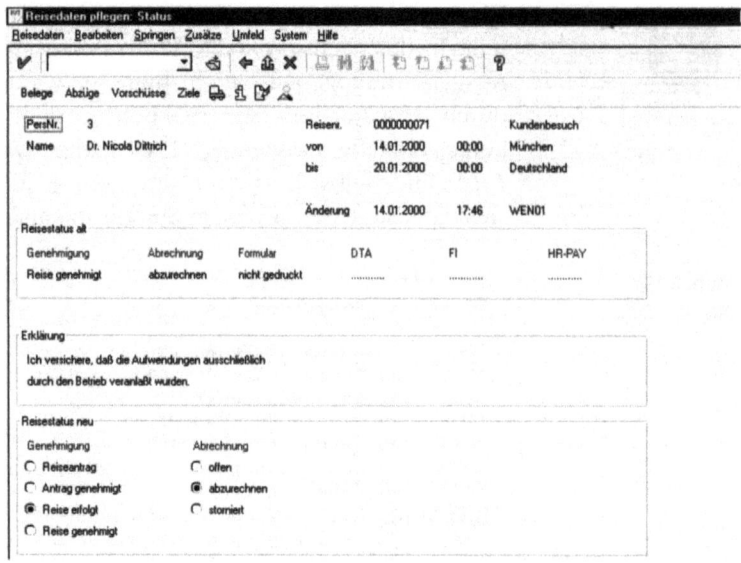

Bei *Genehmigung* kann angegeben werden, ob eine Reise schon erfolgt ist oder ob nur ein Reiseantrag vorliegt.

Die Optionen bei *Abrechnung* geben an:

Optionen bei „Abrechnung"

- **Offen**: Die Reise wird beim nächsten Rechnungslauf nicht abgerechnet.
- **Abzurechnen**: Die Reise wird beim nächsten Rechnungslauf abgerechnet.
- **Storniert**: Die Reise wird beim nächsten Rechnungslauf storniert.

8.2.4 Erfassung der Vorschüsse

Als nächstes soll die Erfassung der Vorschüsse genauer dargestellt werden, die an einen reisenden Mitarbeiter eventuell gezahlt werden sollen. Dazu wählt man zunächst den Menüpunkt *Vorschüsse* aus (Abb. 8.18) und erhält daraufhin die folgende Eingabemaske (Abb. 8.19):

Abb. 8.18
Iconleiste

Abb. 8.19
Vorschüsse

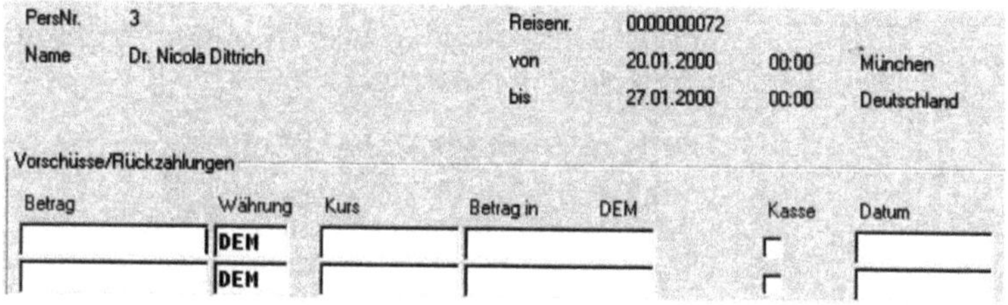

PersNr. 3
Name Dr. Nicola Dittrich
Reisenr. 0000000072
von 20.01.2000 00:00 München
bis 27.01.2000 00:00 Deutschland
Vorschüsse/Rückzahlungen
Betrag
Währung
Kurs
Betrag in DEM
Kasse
Datum
DEM
DEM

Eingabe der Vorschüsse

Im Feld *Betrag* wird der jeweilige Betrag des Vorschusses in der entsprechenden Landeswährung eingegeben. Im nächsten Feld *Währung* wird das Kürzel der Landeswährung, z. B. DEM für Deutsche Mark, NOK für Norweg. Kronen, USD für U.S.-Dollar, eingetragen. Gibt man keine Währung ein, wird die Währung der Zeile davor übernommen.

„RA_8_3.scm"

Den *Betrag in DEM* berechnet das Reisekostenmodul eigenständig, das *Kasse*-Feld kennzeichnet die Vorschüsse, die über die Vorschusserfassung an der Kasse ausgezahlt wurden. Das Feld *Kasse* ist bei der Einzelerfassung und Schnellerfassung nicht verfügbar.

Das Feld *Datum* gibt schließlich an, wann der Vorschuss angelegt werden soll.

8.2.5 Abzüge und Kostenaufteilung der Reise

Für jeden einzelnen Reisetag können spezifische Abzüge für die Mahlzeiten erstellt werden. Man verwendet diese Möglichkeit dann, wenn der Mitarbeiter am Reiseort kostenlos verpflegt wird.

Hierzu wählt man die Taste Abzüge oder drückt die Taste F6 und kann nun in folgender Bildschirmmaske eintragen:

Abb. 8.20
Abzüge

Genehmigen
Belege
Vorschüsse
Ziele
PersNr. 3
Name Dr. Nicola Dittrich
Reisenr. 0000000072
von 20.01.2000 00:00 München
bis 27.01.2000 00:00 Deutschland
Abzüge
Datum
Frühstück
Mittagessen
Abendessen
20.01.2000
21.01.2000
22.01.2000
23.01.2000
24.01.2000
25.01.2000
26.01.2000
27.01.2000

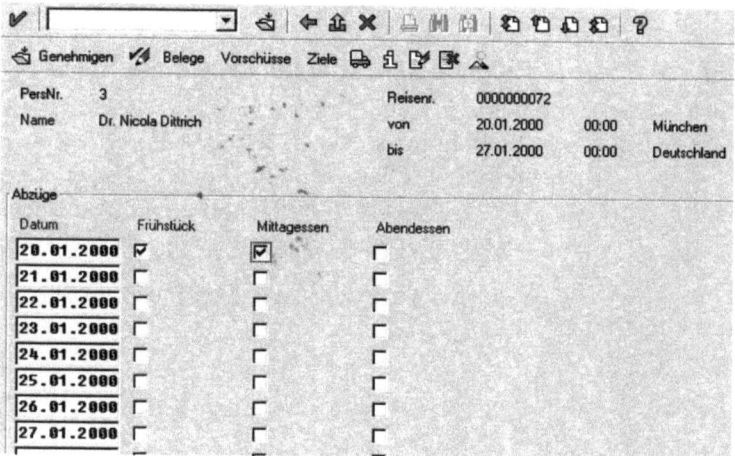

8 Reisemanagement

Mit der linken Maustaste können die jeweils abzuziehenden Mahlzeiten markiert werden.

Die **Kosten einer Reise** können im System unterschiedlich aufgeteilt werden:

Abb. 8.21
Kostenaufteilung der Reise

Die Kostenaufteilung pro Gesamtreise spricht eigentlich schon für sich selbst, d. h. die Kosten werden auf die gesamte Reise umgelegt.

Kostenaufteilung pro Beleg

Bei der Kostenaufteilung pro Beleg kann

- jeder Beleg mit eigener Aufteilung versehen werden;
- die Zuweisung der Belege zu einzelnen Kostenstellen erfolgen;
- die Reisekostenstammkontierung gewählt werden.

Kostenaufteilung pro Zwischenziel

Bei der Kostenaufteilung pro Zwischenziel kann entweder eine Verbuchung auf eine Auftragsnummer (Kunde!) oder ebenfalls auf Kostenstellen bzw. eine Reisekostenstammkontierung ausgewählt werden.

8.2.6 Eingabe der Zwischenziele einer Reise

Wird eine Reise mit mehreren Zwischenzielen angelegt, wie z. B. Rundreisen oder Sternreisen, oder erfolgt während der Reise mit nur einem Ziel noch ein „kurzer Abstecher" zu einem Zwischenziel (z. B. Firmenbesichtigung, Seminar an einem anderen Ort), so können diese Zwischenziele ebenfalls erfasst werden. Dazu wählt man zunächst mit der Maus den Shortcut **Ziele** an (siehe Abb. 8.22).

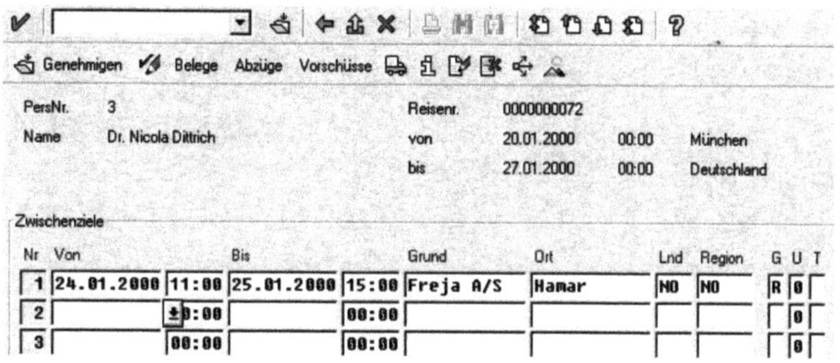

8.2 Reisekostenabrechnung

Abb. 8.22
Zwischenziele

Die Zwischenziele werden wiederum vom System aus automatisch durchnummeriert. Nun können die einzelnen Zwischenziele eingegeben werden.

Zeitraum und Grund
Zunächst muss der Zeitraum der Zwischenreise (Daten und Uhrzeiten) eingetragen werden. Im folgenden Feld *Grund* ist im obigen Beispiel „Freja A/S" ein Firmenname eingetragen worden. Hier kann jeder beliebige Kundenname oder sonstiger Firmenname eingegeben werden, zu dem der Mitarbeiter reist.

Ort und Land
Ort und Land (länderspezifisches Kürzel) sind genauso wie bisher zu behandeln.

Die Spalte „*G*" steht für die Reiseart „gesetzlich". Dabei wird die Reise nach gesetzlichen Gesichtspunkten festgelegt. Zur Auswahl stehen „Dienstgang" und „Dienstreise".

Im Feld „*U*" kann die Reiseart nach Unternehmensspezifischen Gesichtspunkten eingestellt werden, z. B. „Fahrt zwischen Werken".

In der Spalte „*T*" wird die Reisetätigkeitsart festgelegt. Sie beschreibt welche Aufgaben ein Mitarbeiter während seiner Reise hatte, z. B. Seminarbesuch, Kundenbesuch, Präsentation.

8.2.7 Festlegen der Reiseprivilegien

Ebenfalls sehr wichtig ist das Festlegen der Reiseprivilegien für die einzelnen Mitarbeiter des Unternehmens. Es können Pkw-Regelungen, Berechtigungen zum Benutzen von bestimmten Pkw-Klassen sowie die Spesenberechtigungen festgehalten und/oder verändert werden.

8 Reisemanagement

Abb. 8.23
Reiseprivilegien

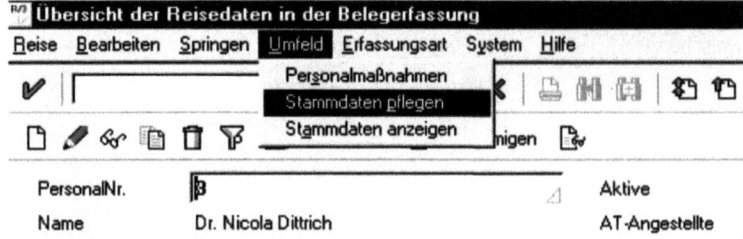

Umfeld

Man wählt (siehe Abb. 8.23) zunächst den Punkt *Umfeld* aus der Menüleiste aus, dann *Stammdaten pflegen*. Nun kann die Personalnummer des Mitarbeiters eingegeben werden, für den die Reiseprivilegien geändert werden sollen. Mit der linken Maustaste klickt man den Punkt *Reiseprivilegien* an und drückt entweder die Taste [F5] oder den [✎] Button.

Mit der folgenden Eingabemaske können sowohl die Reiseprivilegien als auch die Kostenstelle des Mitarbeiters verändert werden:

Abb. 8.24
Ändern der
Reiseprivilegien

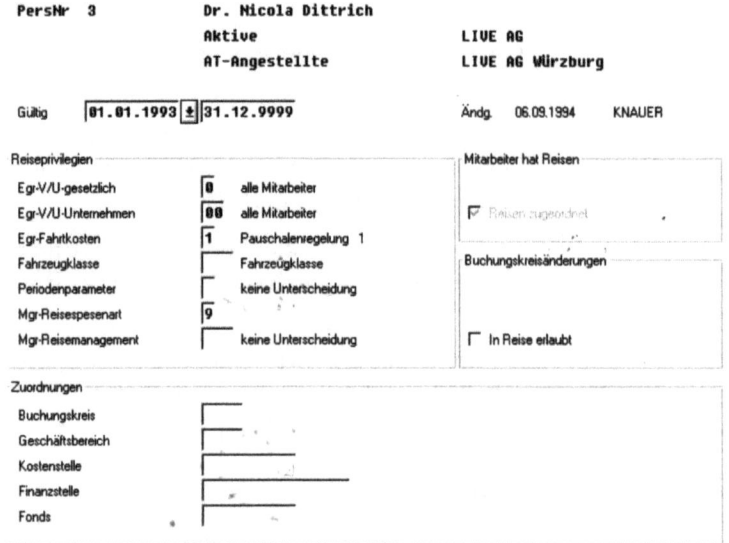

Zum Abschluss sollen die wesentlichsten **Vor- und Nachteile** des Reisekostenmoduls im HR-System kurz aufgeführt werden:

- komplexe Reisegestaltung ist möglich;
- Reisen werden im System voll erfasst und verbucht;
- Spesenkürzel sind zum Teil schwer durchschaubar.

9 HR-Internetanbindung

Die Technik des **Internet Transaction Servers** und damit die Vorteile der Anbindung des R/3-Systems an das Internet kommen erst durch den Einsatz entsprechender R/3 basierter Internet-Anwendungen zur Geltung. Die SAP liefert daher ab der Version 3.1G des R/3-Systems sogenannte **Internet Application Components (IAC)** mit aus. Da die Verwendung des Internets immer mehr an Bedeutung gewinnt, ist zu erkennen, dass hier eine weitere Möglichkeit für die Kundennutzung entsteht. Über eine große Anzahl von Geschäftsprozessen kann somit der Überblick gegeben werden, und in einer breiten Anwendungsschicht unterschiedliche Informationen abgerufen werden. Dadurch ist die Kommunikation zu Geschäftspartnern, Kunden, Lieferanten, potentiellen Bewerbern jederzeit gesichert. Es sei hier erwähnt, dass alle An- und Abfragen im Personalwesen unter den Aspekt der **Datensicherheit** fallen und sichergestellt ist, dass nur Daten abgefragt werden können, die nicht unter den Datenschutz fallen.

HR im Internet ab Version 4.0

Mit Auslieferung der Version 4.0 erhielt das R/3-System 35 Internet-Anwendungen. Sie umfassen Anwendungen aus Bereichen der Logistik, Personalverwaltung und Finanzbuchhaltung. Für die **Personalverwaltung** kamen u. a. die Internet-Anwendungen hinzu:

- **Gebuchte Veranstaltungen** (Auflistung der eigenen gebuchten Veranstaltungen),
- **Teilnahme stornieren** (Stornierung einer bereits gebuchten Anwendung),
- **Stellenangebote** (Ausschreibungen vakanter Stellen sowie Eingabe einer Bewerbung) usw.

Basisanwendungen

Die ausgelieferten Internet-Anwendungen decken bereits die Funktionalitäten ab, die vom Kunden für das Internet am meisten gefordert werden. Sie sollen allerdings als Basis verstanden werden, die vom Kunden nach der Auslieferung verändert oder durch zusätzliche, selbst entwickelte Anwendungen erweitert werden können.

9 HR-Internetanbindung

Internet-Anwendungen HR

Die Internetmöglichkeiten im Bereich der **Personalwirtschaft** sollen anhand von Szenarien erklärt werden. Hier ein Überblick über die Möglichkeiten.

- **Mitarbeiterverzeichnis** (Who is Who)
- **Bewerbungsstatus** (Application Status)
- **Zeitnachweis** (Time Reporting)
- **Veranstaltungskalender** (Calender of Events)
- **Veranstaltung buchen** (Booking Attendance)

9.1 Mitarbeiterverzeichnis

Je größer ein Unternehmen ist und je schneller es wächst, um so schwieriger ist das Auffinden von Informationen über Mitarbeiter, wie z. B. die Telefon- oder Faxnummer. Sicherlich kann man hierfür Telefonlisten verwenden. Jedoch sind diese bei einem schnellen Wachstum oder einer Umorganisation stets veraltet.

Sinnvoller ist die Verwendung der Internet-Komponente **Mitarbeiterverzeichnis**. Diese Anwendung ermittelt die Informationen direkt aus den Personaldaten des R/3-Systems. Hierdurch ist keine doppelte Datenhaltung nötig. Zudem kann eine Verwaltung von Personen in der Unternehmenszentrale erfolgen. Dies ermöglicht einen einheitlichen Zugriff für alle Tochterfirmen unabhängig vom Mailsystem. Ein weiterer Vorteil dieser Anwendung ergibt sich aus dem Medium Internet. Es können zu den Angaben einer Person im Browser weitere Daten wie Fotos, Unterschriften oder Sitzpläne dargestellt werden.

Hinweis

Die Anzeige- und Suchmöglichkeit ist auf bestimmte Personaldaten beschränkt, die nicht unter den Datenschutz fallen.

Fallstudie

Ein Abteilungsleiter der Personalabteilung der LIVE AG benötigt die Telefonnummer der Mitarbeiterin Judith Ebert. Dazu ruft er die persönlichen Daten, wie Telefonnummer, Faxnummer etc., auf.

Startmenü: *Homepage* ➪ *Personalwirtschaft* ➪ *Who is Who*

Client	⬇	Der Internet-Mandant ist einzutragen.
Login	⬇	Der Username ist einzutragen.
Password	⬇	Das Passwort ist einzutragen.

9.2 Bewerbungsstatus

Danach wird der Button `Login` betätigt. Es erscheint das Fenster *Who is Who*.

Mitarbeiterdaten anzeigen lassen

In der folgenden Eingabemaske muss der Name des Mitarbeiters, dessen Daten erwünscht sind, eingegeben werden. Nach Betätigung von `▶ suchen` erhält man auf der linken Seite eine Auflistung aller in Frage kommenden Mitarbeiter.

Hier kann bereits die Telefon- und Faxnummer sowie Gebäude- und Raumnummer der Mitarbeiterin Ebert entnommen werden. Klickt man nun auf Judith Ebert, können die detaillierten Daten angezeigt werden.

Auf der rechten Seite des Fensters erscheint ein Bild und die Daten der Mitarbeiterin Judith Ebert (vgl. Abb. 9.1).

Abb. 9.1 Mitarbeiterdaten anzeigen

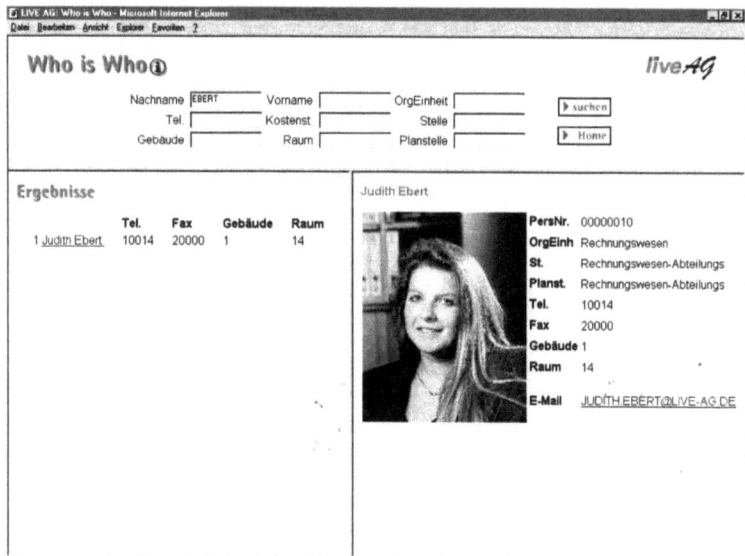

Mit einem Klick auf `▶ Home` gelangt man wieder zurück zur LIVE AG Homepage.

9.2 Bewerbungsstatus

Es kommt nicht selten vor, dass auf eine Ausschreibung für eine freie Stelle eine Flut von Bewerbungen eintrifft. Die Personalabteilung wird dabei neben dem Versenden von Bestätigungen, Absagen, Einladungen etc. durch ständige telefonische Statusabfragen stark belastet.

9 HR-Internetanbindung

Über die Internet-Anwendung **Bewerbungsstatus** hat der Bewerber nun zu jeder Zeit die Möglichkeit den aktuellen Status seiner Bewerbung zu erfragen. Ist eine Bewerbung auf dem herkömmlichen Weg eingetroffen, kann das Unternehmen dem Bewerber ebenfalls die Abfrage des Bearbeitungsstatus über das Web ermöglichen. Bewerbernummer und Passwort müssen dann über ein Bestätigungsscheiben mitgeteilt werden.

Fallstudie

Ein Bewerber der LIVE AG möchte den aktuellen Status seiner Bewerbung in Erfahrung bringen. Dazu will er seinen Bewerberstatus über das Internet abfragen.

Startmenü: *Homepage ⇨ Personalwirtschaft ⇨ Bewerberstatus*

Hier muss jetzt die Bewerbernummer und das zugehörige Passwort eingegeben werden.

Nach Klick auf ▶ anzeigen erhält man folgende Ausgabe:

Abb. 9.2
Bewerberstatus

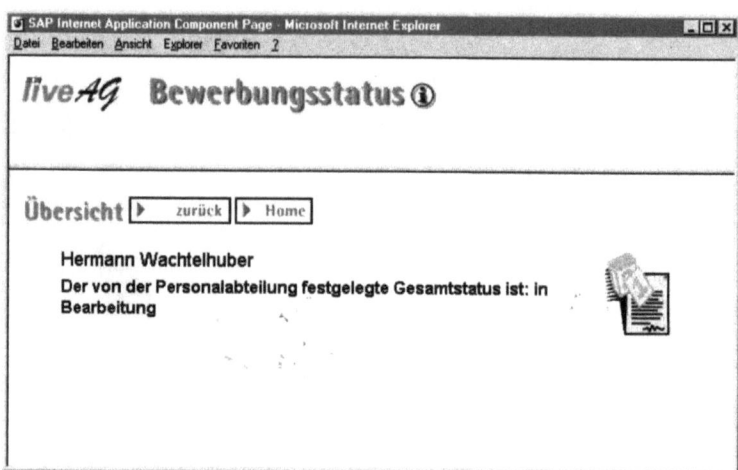

Mit einem Klick auf ▶ Home gelangt man wieder zurück zur LIVE AG Homepage.

9.3 Zeitnachweis

Für die Mitarbeiter eines Unternehmens ist es oft von Bedeutung über die genaue bisher geleistete Arbeitszeit informiert zu sein. Die Internet-Anwendung **Zeitnachweis** ermöglicht Mitarbeitern (und deren Vorgesetzten) ihren persönlichen Zeitnachweis über das Internet/Intranet abzurufen.

Die Koppelung der Internetanbindung mit der **Personalzeitauswertung** des R/3-Systems ermöglicht dies.

Fallstudie

Ein Infomanager der LIVE AG möchte sein Zeitnachweisformular des letzten Monats über das Intranet abfragen.

Startmenü: *Homepage* ⇨ *Personalwirtschaft* ⇨ *Zeitnachweisformular*

Nach Klick auf Neu erstellen erhält man folgende Ausgabe:

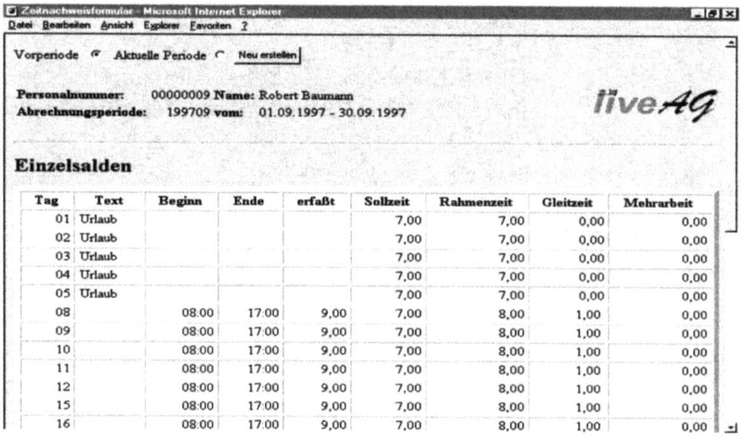

Zeitnachweisformular - Microsoft Internet Explorer

Datei Bearbeiten Ansicht Explorer Favoriten ?

Vorperiode Aktuelle Periode Neu erstellen

Personalnummer: 00000009 **Name:** Robert Baumann
Abrechnungsperiode: 199709 **vom:** 01.09.1997 - 30.09.1997

liveAG

Einzelsalden

Tag	Text	Beginn	Ende	erfaßt	Sollzeit	Rahmenzeit	Gleitzeit	Mehrarbeit
01	Urlaub				7,00	7,00	0,00	0,00
02	Urlaub				7,00	7,00	0,00	0,00
03	Urlaub				7,00	7,00	0,00	0,00
04	Urlaub				7,00	7,00	0,00	0,00
05	Urlaub				7,00	7,00	0,00	0,00
08		08:00	17:00	9,00	7,00	8,00	1,00	0,00
09		08:00	17:00	9,00	7,00	8,00	1,00	0,00
10		08:00	17:00	9,00	7,00	8,00	1,00	0,00
11		08:00	17:00	9,00	7,00	8,00	1,00	0,00
12		08:00	17:00	9,00	7,00	8,00	1,00	0,00
15		08:00	17:00	9,00	7,00	8,00	1,00	0,00
16		08:00	17:00	9,00	7,00	8,00	1,00	0,00

Abb. 9.3 Zeitnachweisformular

Der Mitarbeiter kann in einer übersichtlichen Tabelle seine Zeitdaten berachten.

9.4 Veranstaltungskalender

Ein innovatives Unternehmen stellt für seine Mitarbeiter, seine Kunden oder sonstige interessierte Personen Veranstaltungen zur Verfügung, z. B. einen „Tag der offenen Tür", um zusätzlich Werbung zu machen oder Schulungsangebote für Mitarbeiter.

Die Veröffentlichung solcher Informationen kann unter Einsatz der Internet-Anwendung **Veranstaltungskalender** erfolgen, die somit der ganzen Intranet- und Internet-Gemeinde zur Verfügung stehen. Hierzu dient ein nach Themengebieten untergliederter Veranstaltungskalender, der Informationen zu Terminen, Inhalten, Referenzen, freien Plätzen und Teilnahmegebühren bereitstellt und jederzeit verfügbar sowie aktuell ist. Diese Art der Präsentation von Informationen spart Druck- und Werbekosten.

9 HR-Internetanbindung

Fallstudie

Ein Fahrradhändler möchte sich im Internet über die Weiterbildungsmöglichkeiten, die von der LIVE AG angeboten werden, informieren.

Startmenü: *Homepage ⇨ Personalwirtschaft ⇨ Veranstaltungskalender*

Veranstaltungsdaten anzeigen lassen

In der folgenden Eingabemaske kann der Zeitraum eingegeben werden, für den der Veranstaltungskalender der LIVE AG angezeigt werden soll.

Nach Betätigung von [▶ suchen] erhält man auf der linken Seite eine Auflistung der Themen für die entsprechenden Personenkreise.

Durch Klick auf [Händler] erhält man eine Übersicht, der für Händler der LIVE AG angebotenen Veranstaltungen.

Abb. 9.4
Veranstaltungskalender/Veranstaltungen/Buchungssituation

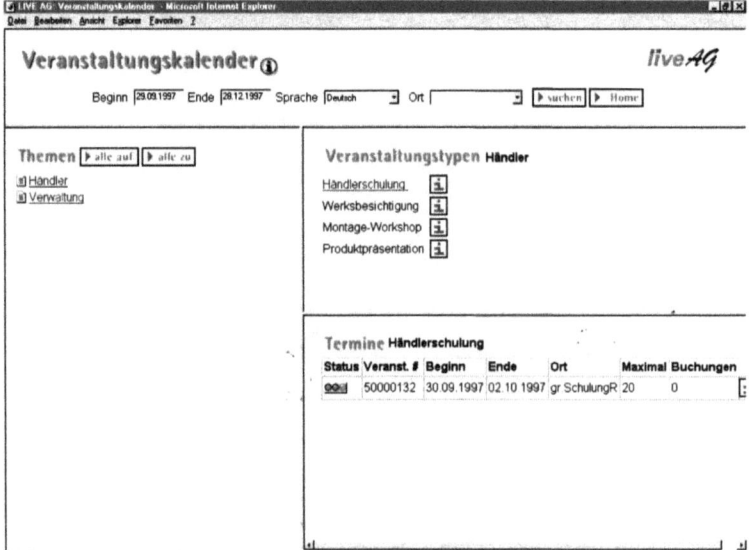

Klickt man hier auf Händlerschulung wird der Termin der Händlerschulung sowie die aktuelle Buchungssituation angezeigt (vgl. Abb. 9.4).

Durch Klick auf [i] werden die Details der Veranstaltung angezeigt (vgl. Abb. 9.5):

9.5 *Veranstaltung buchen*

Abb. 9.5
Veranstaltungskalender/Veranstaltung/
Details

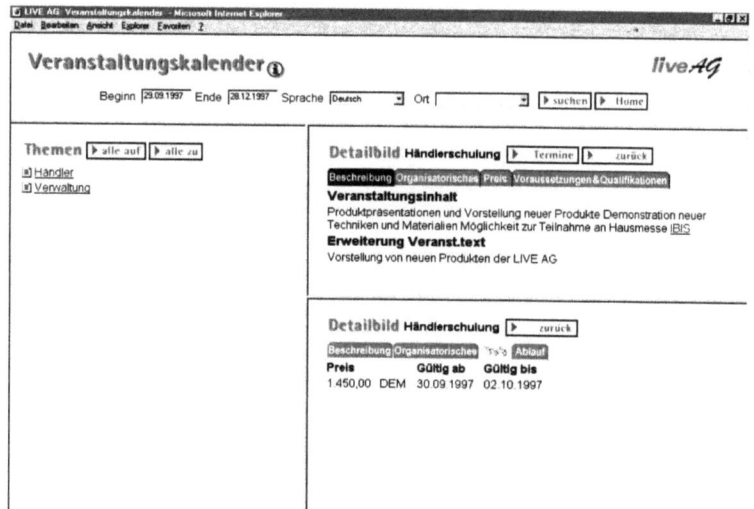

Unter der Rubrik *Veranstaltungstyp* (oberes Detailbild) können Details der Veranstaltung, wie Beschreibung, Organisatorisches, Preis und Voraussetzungen & Qualifikationen, abgerufen werden. Im unteren Detailbild stehen außerdem Informationen zur konkreten Veranstaltung, wie Beschreibung, Organisatorisches, Preis und Ablauf, zur Verfügung.

Mit einem Klick auf [▶ Home] gelangt man wieder zurück zur LIVE AG Homepage.

9.5 Veranstaltung buchen

Wurde über die IAC **Veranstaltungskalender** das Interesse an einer Veranstaltung geweckt, steht dem Anwender über die IAC *Veranstaltung buchen* eine Internet-Anwendung zur Verfügung, über die eine direkte Buchung erfolgen kann.

Ein Mitarbeiter der LIVE AG möchte die internen Weiterbildungsmöglichkeiten nutzen und eine Buchung der R/3-Mail-Schulung über das Intranet vornehmen.

Fallbeispiel

Startmenü: *Homepage* ⇨ *Personalwirtschaft* ⇨ *Veranstaltung buchen (Intranet)*

Im *Veranstaltung buchen*-Menü kann ein Zeitraum angegeben werden, in dem Veranstaltungen liegen sollen.

9 HR-Internetanbindung

Veranstaltungsdaten anzeigen lassen

Durch anschließendes Klicken auf ▶ suchen erhält man eine Auflistung der verschiedenen Schulungsthemen.

Falls eine Buchung durchgeführt werden soll, kann dies durch Klick auf 🗔 erfolgen.

Darauf erscheint im gleichen Fensterbereich eine Meldung, dass die Buchung jetzt auf die nachfolgende Veranstaltung durchgeführt wird (vgl. Abb. 9.6).

Abb. 9.6 Veranstaltung buchen – Buchung

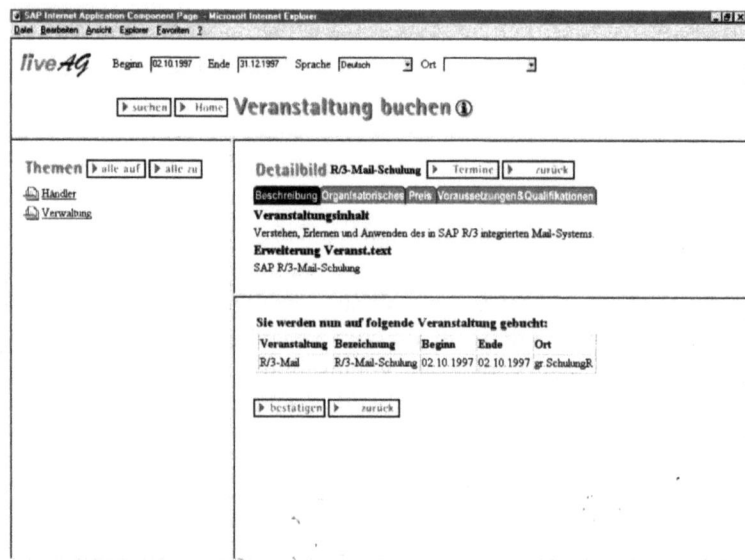

Diese Buchung muss noch durch ▶ bestätigen bestätigt werden.

Mit einem Klick auf ▶ Home gelangt man wieder zurück zur LIVE AG Homepage.

Integration Internet

Die Integration des Internet in verschiedene Module des R/3-Systems ist ein wichtiger Faktor, um sich gegenüber der Konkurrenz zu behaupten. Eine neue Generation von Benutzern macht diese Neuerungen unausweichlich. SAP stellt in der Personalwirtschaft und in anderen Bereichen diese fortschrittlichen Anwendungsmöglichkeiten zur Verfügung.

Business-Document-Management mit SAP Business Workflow, IXOS Archive und dem World Wide Web am Beispiel der Personalbeschaffung per Internet

Michael A. Pade

Einleitung

„Wir machen gerade einen entscheidenden Schritt. Die Richtung heißt Internet, und damit ist für einen Bewerber ab jetzt der nächste Arbeitgeber nur einen Mausklick weit entfernt."[1]

Mit diesen Worten eröffnete Prof. Dr. Claus Heinrich, Vorstandsmitglied der SAP AG seit 1996, seine Rede beim SAP Personalwirtschafts-Kongress im Dezember letzten Jahres in Karlsruhe. Das Internet gewinnt zusehends an Bedeutung, auch im Bereich der Personalwirtschaft. Mitarbeiter sind nun einmal das wertvollste Gut eines Unternehmens, und dies gilt heute insbesondere in der hart umkämpften IT-Industrie. Die richtigen Mitarbeiter möglichst schnell zu finden, sie gezielt zu fördern und auszubilden, sie ihren Fähigkeiten entsprechend einzusetzen – dies sind die wichtigsten Anforderungen an ein modernes Personalwesen.

Man hat erkannt, dass das Internet auch in diesem Feld neue Potenziale für bereits bestehende Anwendungsfunktionalität bringt. So kann durch Workflow-Management-Systeme, ausgeweitet auf das Internet, jeder von einem Prozess betroffene Teilnehmer in den Arbeitsablauf integriert werden. Durch die zusätzliche optische Archivierung von Geschäftsdokumenten, also das Business-Dokument-Management, wird der Nutzen für das Unternehmen auf der einen, und für den Bewerber auf der anderen Seite nochmals um eine Größenordnung erhöht.

Wenn man aber die Zahlen der erst kürzlich erstellten Studie der Axis Personalberatung GmbH betrachtet, so wird dies zum großen Teil nicht in die Praxis umgesetzt. In dieser Studie wurden die „Top 500" der bundesdeutschen Unternehmen hinsichtlich ihrer Prozessabläufe bei Online Bewerbungen getestet.

---

1 Prof. Dr. Claus Heinrich, SAP Personalwirtschaftskongress, Karlsruhe, Dez. 1999, aus *sapinfo.net*, Magazin der SAP-Gruppe, 12/99.

Einleitung

Das Ergebnis war fatal. In einem Drittel der Fälle tat sich gar nichts, 21% reagierten mit einer Email nach einem Tag, 32% nach einer Woche, 11% per Post ebenfalls nach zirka einer Woche und bei dem Rest war es gar nicht möglich sich Online oder per Email zu bewerben. Der Geschäftsführer zieht daraus das folgende Fazit: „Das Internet wird für Bewerbungen immer noch häufig und schnell zum Bermuda-Dreieck."[1]

Dabei ist der Internet Auftritt in dieser Firmenklasse mittlerweile Standard und 88% der Unternehmen sind mit eigenen Seiten im weltweiten Netz. Im letzten Jahr waren es noch 56,9%. Die Gesichter der Personalverantwortlichen strahlen um die Wette, wenn es um ihre Internet-Aktivitäten geht.[2]

Diese Problematik hat die IXOS Software AG früh erkannt und in einem ersten Schritt den dokumentenfokussierten Gedanken der Bewerberverwaltung in die Praxis umgesetzt. In dieser Arbeit wird nun dieser Gedanke fortgeführt, und mit Hilfe der neuesten zur Verfügung stehenden Technologien und des World Wide Web weiter optimiert.

Zielsetzung

Der eigentliche Wettbewerb findet letztendlich in den nachgelagerten Systemen statt. Wenn die Online-Bewerbungsmöglichkeiten erst einmal alle denselben Komfort bieten, werden sich im ständigen Kampf um die geeignetesten Bewerber am ehesten diejenigen Unternehmen durchsetzen, die Bewerbungen effizient bearbeiten und den Prozess bis zur Einstellung des Mitarbeiters schnell abwickeln.

Durch die Online-Bewerbung und die frühe optische Archivierung der anfallenden Dokumente wird der Prozess schneller abgewickelt, da u. a. die langen Postwege entfallen. Mit der Einbindung eines Workflow-Management-Systems wird der Prozess innerhalb des Unternehmens durch automatische Zuweisung von definierten Aufgaben an die jeweiligen Mitarbeiter viel effizienter verarbeitet.

Dieses Zusammenspiel der verschiedenen Software-Komponenten wird anhand eines Prototyps für die Personalbeschaffung der IXOS Software AG vorgestellt.

---

1 Informationen aus einer Studie der AXIS Personal- und Organisationsberatung GmbH, Geschäftsführer Dieter Möllhoff, im Internet unter: www.axis-personalberatung.de

2 vgl. Firmen reagieren selten auf Email-Bewerbungen, Computerwoche Nr.15/2000, Seite 90

IXOS Software AG

Der Beitrag widmet sich der Personalbeschaffung bei der IXOS Software AG. Hier werden zum einen die verwendeten Technologien des Dokument Managements, der Archivierung und des Workflows betrachtet, zum anderen detailliert der eigentliche Personalwirtschaftsprozess, wie er sich heute und in Zukunft darstellt, inklusive der Implementierung des dazu realisierten Prototypen.

1 Der Personalbeschaffungsprozess

Im einleitenden Kapitel wird auf den konkreten Prozess der Personalbeschaffung am Beispiel der IXOS Software AG eingegangen, wie er sich in der Vergangenheit darstellte und wie er in der Zukunft aussehen wird.

1.1 Ist-Analyse der Bewerberverwaltung

Zum 1. September 1999 wurde die erste Stufe der Optimierung der Personalbeschaffung im Hause IXOS produktiv gesetzt. Diese Stufe enthält die Einführung der SAP R/3-Komponente Personalbeschaffung mit Unterstützung durch den SAP Business Workflow, MS-Exchange und IXOS Archive. Der Ablauf wird im folgenden detailliert beschrieben.

1.1.1 Personalbedarf

Zu Beginn eines jeden Geschäftsjahres wird der Personalbedarf der jeweiligen Abteilungen zwischen den Fachabteilungen und der Geschäftsleitung festgelegt. Für zusätzlichen Stellenbedarf, der im Laufe des Jahres anfällt, werden Personalanforderungen notwendig, die vom Abteilungsleiter, dem Fach- und Personalvorstand genehmigt werden müssen. Für die offenen Stellen werden von Zeit zu Zeit, je nach Bedarf, Stellenanzeigen in Tageszeitungen (Frankfurter Allgemeine Zeitung), Online-Job-Börsen (Jobs & Adverts AG) und im Internet (IXOS Homepage) veröffentlicht. Jede offene Stelle wird im System R/3 als Vakanz, die zu besetzen ist, hinterlegt. Bei der Ersterfassung eines Bewerbers im System R/3 wird dieser genau einer Vakanz oder, falls er sich auf mehrere Stellen beworben hat, auch mehreren Vakanzen zugeordnet. Diese Zuordnung hilft später auch bei statistischen Auswertungen. Die veröffentlichten Stellenanzeigen werden ebenfalls im System R/3 hinterlegt, um sie für spätere statistische Auswertungen zu nutzen.

1.1.2 Bewerbungseingang

Bewerbungen, die mit der Post eingehen, werden an einer zentralen Stelle mit Hilfe eines Einzugsscanners und der Software IXOS Scan-Client am Scan-Arbeitsplatz erfasst und mittels Archive-Link über das Szenario *Ablegen für spätere Erfassung* archiviert und einer bestimmten Dokumentart zugeordnet. Es wird dabei zwischen dem Bewerbungsanschreiben und den Bewerbungsanlagen aus rechtlichen Gründen unterschieden, da, nach Abschluss des Bewerbungsvorganges, im Falle einer Absage nur das Bewerbungsanschreiben im Unternehmen verbleiben darf. Diese Zuordnung startet einen Workflow und generiert ein Workitem im SAP-Eingangskorb des zuständigen Mitarbeiters der Personalabteilung zur weiteren Verarbeitung des Bewerbers.

Bewerbungen per Email oder von Online Job-Börsen werden ausgedruckt und dann anschließend wie oben beschrieben weiter verarbeitet. Sind in diesen Fällen keine Bewerbungsunterlagen vorhanden, wird mit der Transaktion *Ersterfassung Grunddaten (R/3: PB10)* fortgefahren.

1.1.3 Ersterfassung

Die Ersterfassung der Bewerber wird mit dem entsprechenden Bildschirmdialog in der System R/3 Komponente Personalbeschaffung durchgeführt. Der zuständige Mitarbeiter in der Personalabteilung bekommt für jede Bewerbung, die erfasst wurde, ein Workitem (Bewerber anlegen) in seinen SAP Eingangskorb, welches bei der Ausführung die Transaktion PB10, Ersterfassung Grunddaten, startet. Bei Bewerbungen ohne zusätzliche Bewerbungsunterlagen muss die Transaktion manuell aufgerufen werden. Bei der Ersterfassung entscheidet der zuständige Mitarbeiter der Personalabteilung unter anderem, welche Vakanz dem Bewerber zugeordnet wird. Natürlich können dem Bewerber auch mehrere Vakanzen zugeordnet werden.

1.1.4 Prüfung des Bewerbers

Nach Abschluss der Ersterfassung erzeugt der Workflow automatisch ein neues Workitem im SAP Eingangskorb des zuständigen Personalreferenten zur Unterstützung der Verteilung von Bewerbungsunterlagen an die verschiedenen Fachabteilungen. Durch einen Dialogschritt entscheidet er, ob der Bewerber abgelehnt wird oder an eine oder mehrere Fachabteilungen (je nach Vakanzzuordnung) weitergeleitet werden soll. Im Falle einer Ablehnung wird automatisch der Vorgang zur Erstellung des Absageschreibens angelegt, welcher dann über das Konzept der Wiederkehrenden Arbeiten für alle abgesagten Bewerber automatisch zu einem bestimmten Zeitpunkt die Absageschreiben ausdruckt. Ebenso wird mit der Eingangsbestätigung verfahren, die im Falle einer Weiterleitung auch automatisch angelegt wird. Die gesamte Bewerberkorrespondenz wird über MS Word mit vorgefertigten Templates abgewickelt.

1.1.5 Entscheidung der Fachabteilung

Der jeweilige Fachverantwortliche erhält nun in seinem Exchange Eingangskorb (Outlook) ein Email mit einem Visual Basic Formular als Anlage. Das Formular enthält den Namen des Bewerbers, die Stellenbezeichnung, auf die er sich beworben hat und den Verteiler. Zusätzlich gibt es eine Drucktaste, mit dem er sich die Original Bewerbungsunterlagen des Bewerbers über den IXOS Archive-Viewer anschauen kann. Anhand der elektronisch verfügbaren Unterlagen trägt der Fachverantwortliche seine Entscheidung in das Formular ein und sendet es wieder zurück an das System R/3.

Entscheidungsalternativen

Er hat dabei folgende Möglichkeiten:

- **Einladen**
  Der Bewerber ist interessant und soll zu einem Interview eingeladen werden. Es können dabei zwei Terminvorschläge mitgegeben werden. Es kann auch auf den elektronisch gepflegten Kalender des Fachverantwortlichen verwiesen werden, damit eine flexiblere Terminvereinbarung durchgeführt werden kann.

- **Absagen**
  Der Bewerber entspricht nicht den Anforderungen der angefragten Stelle und ist auch nicht für andere Positionen in der Fachabteilung von Interesse.

- **In Bewerber Pool stellen**
  Der Bewerber ist grundsätzlich für die Abteilung interessant, aktuell ist aber kein Bedarf vorhanden. Dann wird der Bewerber - bei Zustimmung - in den Bewerberpool gestellt, um zu einem späteren Zeitpunkt auf ihn zugreifen zu können.

1 *Der Personalbeschaffungsprozess*

1.1.6 Schlussaktivität

Nachdem die Fachabteilungen ihre Entscheidung getroffen haben, bekommt der zuständige Personalreferent wieder ein Workitem in seinen SAP Eingangskorb, um den Bewerber weiter zu bearbeiten. Er sieht sich die Entscheidungen aller Fachabteilungen im System R/3 an und legt dann das weitere Vorgehen fest.

Hat sich eine Fachabteilung innerhalb einer bestimmten Frist nicht geäußert, so wird eine Erinnerungsmail automatisch generiert und der Personalreferent erhält ebenso eine Benachrichtigung, dass noch die Entscheidung einer Fachabteilung aussteht.

Mit der Benachrichtigung des Personalreferenten endet der Workflow, da das weitere Vorgehen in den Bereich Workgroup fällt. Weitere Aktionen werden nun individuell in der System R/3 Komponente Personalbeschaffung durchgeführt. Dabei wird dem Bewerber entweder abgesagt oder bei erfolgreichem Interview ein Vertrag angeboten oder aber er wird zur späteren Verwendung in den Bewerberpool gestellt.

1.2 Anforderungen an das Soll-Konzept

Die Haupt-Anforderungen, die an das Soll-Konzept gestellt wurden, waren vor allem die Einbeziehung des Internets in den Personalbeschaffungsprozess und zum anderen die durchgängige Integration der anfallenden Dokumente, in diesem Fall der Bewerbungsunterlagen, im Zuge des papierlosen Business Dokumenten Managements bei der IXOS Software AG.

Das Soll-Konzept wurde in Abstimmung mit den jeweiligen Mitarbeitern der involvierten Abteilungen (Personal, IT-Services, SAP-Basis und Professional Services) erarbeitet. Dazu wurden mehrere intensive Meetings vor allem mit der Personalabteilung gehalten.

Warum Personalbeschaffung per Internet?

Die wichtigsten Punkte, die für die Integration des Internets in die Personalbeschaffung sprechen, sind im Folgenden aufgeführt:

- an keine Zeiten gebunden und zu jeder Zeit immer aktuell;
- weitaus kostengünstiger als herkömmliche Methoden wie z. B. Zeitung;
- Erreichen eines weitaus größeren Interessentenkreises und dadurch Schöpfung aus einem größeren Potenzial;
- völliger papier- und verschleißfreier, integrierter Ablauf;

- erheblich schnellere Abdeckung des Personalbedarfs, dadurch entscheidender Wettbewerbsvorteil in der boomenden IT-Branche gegenüber der Konkurrenz;
- erfolgreiche Unternehmensentwicklung vor allem bei stark wachsenden Unternehmen und somit
- Steigerung des Erfolgs.

Ziele

Oberstes Ziel ist es aufzuzeigen, wie mit Hilfe von geeigneten Software-Lösungen der Prozessablauf der Personalbeschaffung verkürzt, optimiert und transparenter gemacht werden kann. Im Zuge dessen wird zusätzlich die Informationsverteilung so weit wie möglich automatisiert.

Dazu wurden folgende zukunftsorientierten Technologien eingesetzt:

Abb. 1.1
Technologien zur Personalbeschaffung per Internet

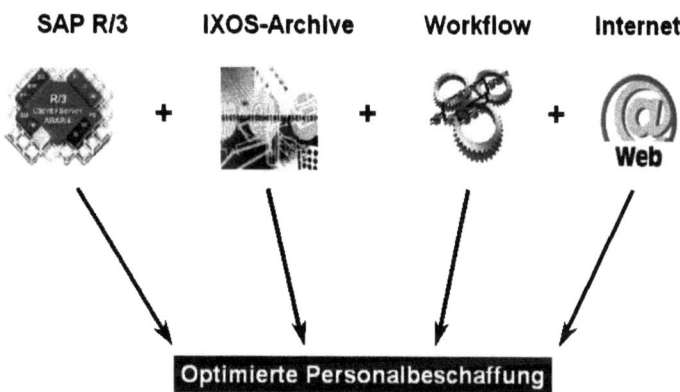

Im Zuge des Internet Booms der vergangenen Jahre wird einerseits der Prozess zur Findung eines geeigneten Jobs für den Bewerber optimiert und transparenter gemacht. Andererseits wird auch dem Unternehmen die Möglichkeit gegeben durch einen optimierten internen Ablauf schnell auf benötigtes und qualifiziertes Personal zuzugreifen. Somit wird ein Vorteil gegenüber der Konkurrenz erwirtschaftet, vor allem (aber nicht nur) in der im Moment so hart umkämpften IT-Branche.

1 Der Personalbeschaffungsprozess

1.3 Soll-Konzept der opt. Bewerberverwaltung

In der folgenden Darstellung ist der Personalbeschaffungsprozess mit den jeweiligen Hauptaktivitäten dargestellt. Die Aktivitäten mit Schatten deuten auf tiefere Ebenen hin. Die Flowcharts dafür sind im Anhang - nach dem Resümee - aufgeführt. Der grau markierte Bereich zeigt auf, wo sich die Grenze der Unterstützung des entwickelten Prototyps befindet.

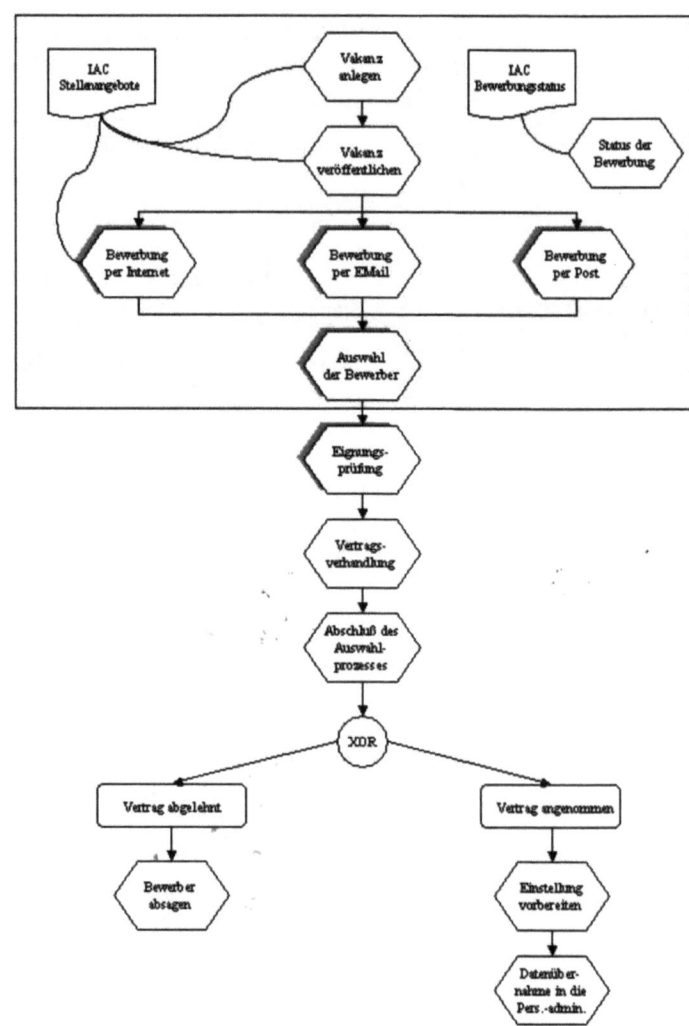

Abb. 1.2
Oberste Ebene des Personalbeschaffungsprozesses

1.3 Soll-Konzept der opt. Bewerberverwaltung

Architektur

Die Architektur des Prozesses der Personalbeschaffung wird durch die Einführung der Internetanbindung mit dem ITS sehr vereinfacht. Es ist alles System R/3 integriert und es existieren keine externen Datenbanken mehr (siehe Fußnote). Die folgende Abbildung zeigt den Vergleich in vereinfachter Form:

Abb. 1.3
Vergleich der technischen Architektur zwischen IST- und Soll-Konzept1

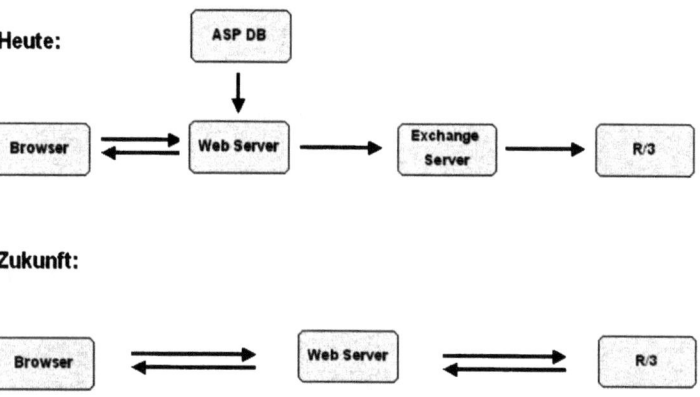

Da manche Teile des Prozesses der Soll-Konzeption gleich bleiben, werden in diesem Abschnitt nur die Veränderungen der bestehenden und die neu hinzugekommenen Teile beschrieben.

Personalbedarf

Da die IXOS AG nun neben der Personalbeschaffung auch die System R/3 Komponente Organisationsmanagement einsetzt, wird der benötigte Stellenbedarf von der Personalabteilung dort strukturiert abgebildet, d. h. die benötigten Planstellen werden angelegt und als vakant gekennzeichnet. Somit stehen sie automatisch der Personalbeschaffung zur Verfügung.

Die Stellenanzeigen auf der Homepage werden nicht mehr aus einer externen ASP-Datenbank gelesen und dargestellt, sondern bei jedem Zugriff direkt mit dem IAC Stellenangebote aus dem System R/3 gelesen. Dabei werden sie über den ITS mit Hilfe der HTML Templates immer aktuell aufbereitet. Die Beschreibungstexte der Stellenangebote werden im System R/3 als Text der jeweiligen Ausschreibung hinterlegt.

---

1 Active Server Pages (ASP) sind vergleichbar mit CGI Anwendungen, jedoch leichter zu implementieren und leistungsfähiger.

1   Der Personalbeschaffungsprozess

Bewerbungseingang/ Ersterfassung

Da bei einer Bewerbung über das Internet die entwickelte Internet-Applikation **Stellenangebote** eingesetzt wird, verlagert sich der Bewerbungseingang und die Ersterfassung komplett auf das Internet und wird vom Bewerber selbst online durchgeführt. Der Bewerber hat dort die Möglichkeit sich die aktuellen Stellenangebote, die nach Regionen und Bereiche aufgeteilt sind, mit dem Web-Browser anzuschauen und sich direkt mit Hilfe eines Online-Formulars zu bewerben.

Im Folgenden werden jeweils einzelne Screenshots des entwickelten **Prototyps** dargestellt:

Abb. 1.4
Prototyp zur Auswahl der Stellenangebote nach Regionen

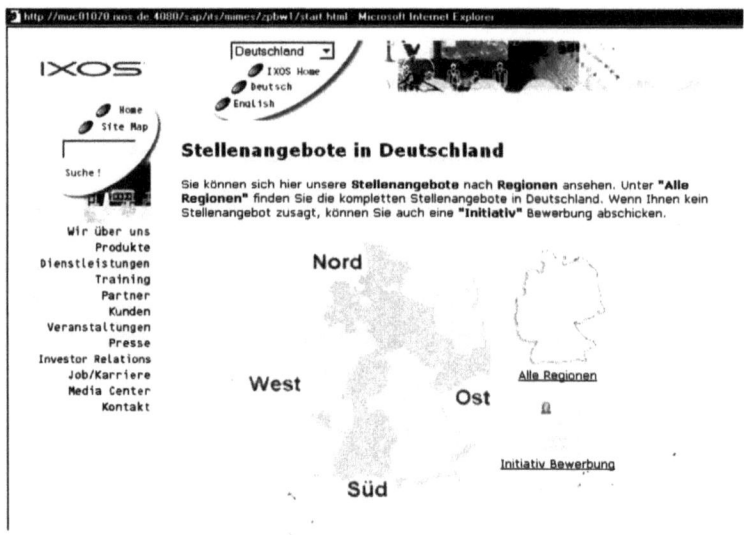

Dazu muss der Bewerber seine erforderlichen persönlichen Daten in das ***Online Formular*** eintragen. Zusätzlich kann er die wichtigsten Daten zu seiner Ausbildung, Berufserfahrung, besondere Kenntnisse und Qualifikationen angeben.

1.3 Soll-Konzept der opt. Bewerberverwaltung

Abb. 1.5
Prototyp zur Eingabe persönlicher Daten per Online Formular

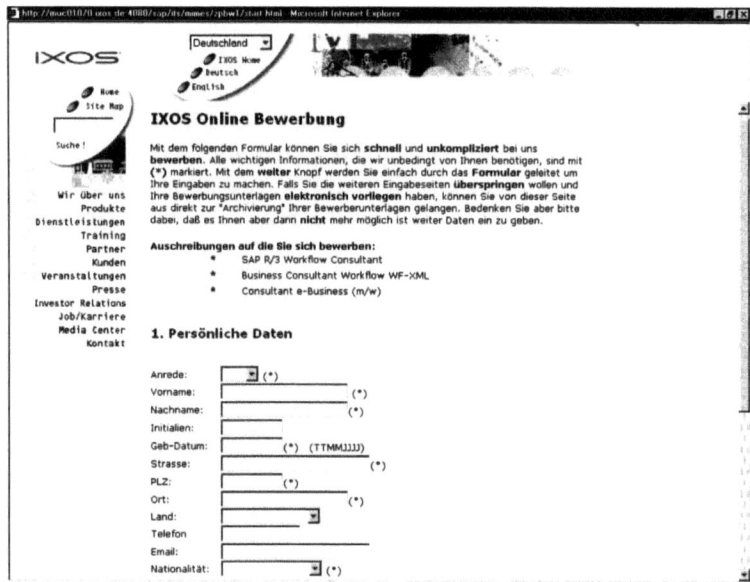

Im nächsten Schritt wird dem Bewerber angeboten seine Bewerbungsunterlagen, die er elektronisch vorliegen hat, über das World Wide Web direkt im Archivsystem des Zielunternehmens abzulegen (siehe Abbildung 1.6).

Abb. 1.6
Prototyp zur Archivierung der Bewerbungsunterlagen

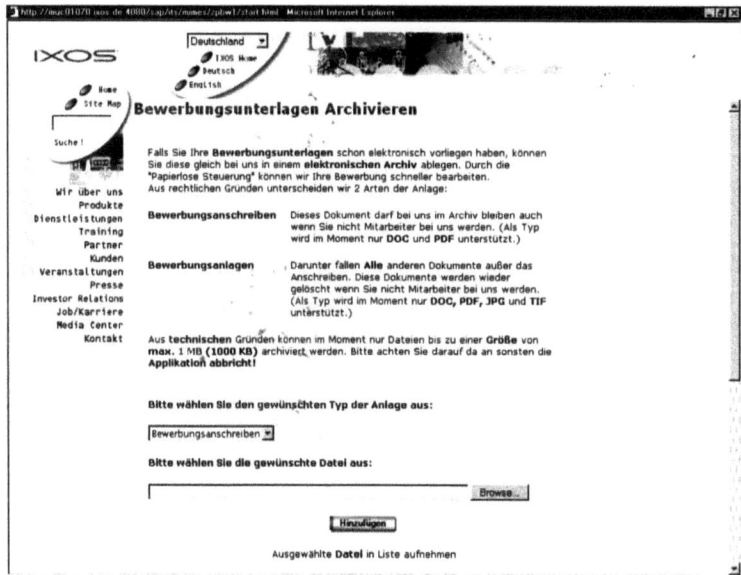

1 Der Personalbeschaffungsprozess

Wenn er die Bewerbung abgeschlossen hat, erhält er eine **Benutzerkennung** und ein **Passwort**, an Hand dessen er sich auf einer weiteren Web-Site jederzeit den Status seiner Bewerbung ansehen kann (siehe Abbildung 1.7). Zur Sicherheit ist es hier auch durchaus denkbar automatisch eine Email mit diesen Daten (Benutzerkennung, Passwort) an den Bewerber zu verschicken, sofern er über eine Email-Adresse verfügt.

Durch die Online-Bewerbung startet wiederum automatisch ein Workflow, der ein Workitem (Internet Bewerbung bearbeiten) zur weiteren Bearbeitung des Bewerbers im Eingangskorb des zuständigen Mitarbeiters in der Personalabteilung erzeugt.

Abb. 1.7
Erhalt von Benutzerkennung, Passwort und Änderung des erhaltenen Passwortes

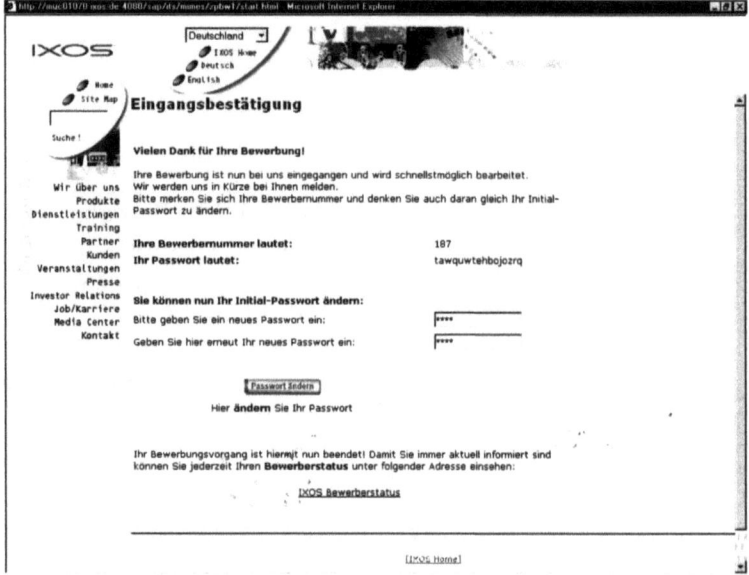

Bewerbungen, die per Post eingehen und solche, die von Online-Jobbörsen kommen, werden erst auf Vollständigkeit geprüft und dann weiterhin so behandelt wie in Kapitel 1.1 beschrieben. Gegebenenfalls wird noch Rücksprache mit dem jeweiligen Bewerber gehalten. Es ist in einem zweiten Schritt vorgesehen, die Bewerbungen über Online Jobbörsen mit in das Szenario der Internet-Anwendung *Stellenangebote* zu integrieren.

Bewerbungen per Email werden nicht mehr ausgedruckt, sondern das Anschreiben und die angehängten Bewerbungsunterlagen werden mittels **IXOS Desktop Link**[1] direkt vom Arbeitsplatz des zuständigen Mitarbeiters aus der Personalabteilung in das System R/3 archiviert. Auch hier wird bei unvollständigen Unterlagen mit dem jeweiligen Bewerber Rücksprache gehalten.

In der Regel werden in allen Fällen keine Eingangsbetätigungen mehr verschickt, da die Zeit bis zur Absage oder Einladung nun sehr gering sein sollte. Stellt der zuständige Mitarbeiter der Personalabteilung fest, dass der Bewerber unter keinen Umständen interessant für das Unternehmen ist, so werden seine Unterlagen nicht archiviert und eine Ersterfassung wird nur aus statistischen Gründen durchgeführt.

Prüfung des Bewerbers

Bei der Online-Bewerbung gibt es einen neuen zusätzlichen Schritt im Workflow bevor mit der automatischen Verteilung an die verschiedenen Fachabteilungen fortgefahren wird. Dieser Schritt soll dubiose Bewerbungen aus dem Internet herausfiltern, da es durchaus vorkommen kann, dass das Online Formular mit irrtümlichen Daten gefüllt wird.

Der zuständige Mitarbeiter der Personalabteilung erhält hierfür ein **Workitem** zur Prüfung der Bewerbung aus dem Internet. Er entscheidet, ob die Bewerbung per Workflow automatisch an die jeweiligen Fachabteilungen weitergeleitet werden soll oder ob dem Bewerber abgesagt wird. In diesem Fall kann, falls erwünscht, eine Absage automatisch per Email verschickt werden (siehe Abbildung 1.8).

In den Fällen der Bewerbung per Post oder via Email gibt es keine Änderungen zu dem Vorgehen, welches in Kapitel 1.1 beschrieben ist.

---

[1] Mit Hilfe von IXOS DesktopLink kann man Dateien schnell und einfach direkt vom Arbeitsplatz aus den jeweiligen Applikationen heraus archivieren. Für weitere Informationen sei hier auf das Benutzerhandbuch IXOS Archive verwiesen.

1   Der Personalbeschaffungsprozess

Abb. 1.8
Workitems im Workplace des Mitarbeiters der Personalabteilung zur Prüfung einer Internet-Bewerbung

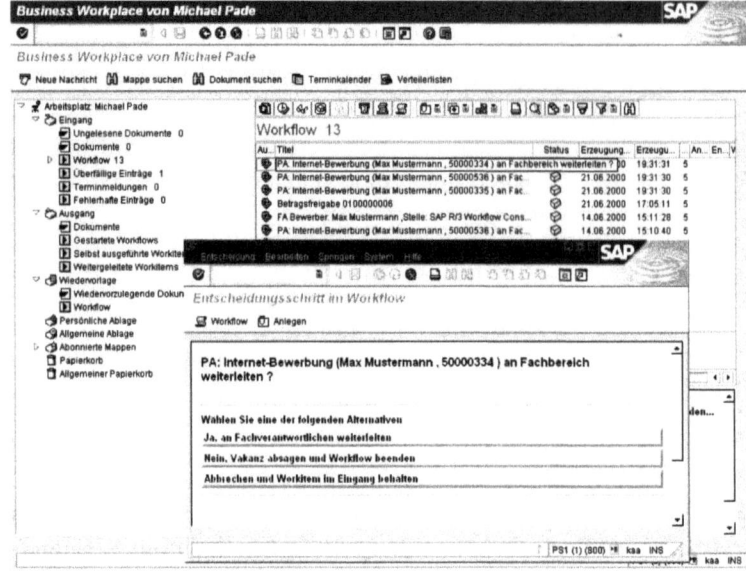

Entscheidung der Fachabteilung

Der jeweilige Fachverantwortliche wird über die Bewerberentscheidung benachrichtigt. Diesmal jedoch wird kein Visual Basic Formular angehängt, sondern ihm wird eine ganz normale Email in seinen Exchange-Eingangskorb (Outlook) geschickt, in der auf ein existierendes Workitem (Bewerber bearbeiten) im SAP-Eingangskorb hingewiesen wird.

Das **Formular** ist im Inhalt nahezu gleich geblieben, mit dem Unterschied, dass der jeweilige Fachverantwortliche nun auch die Kommentare der anderen Bearbeiter sehen kann. Das neue Formular wird mittels SAP*forms*[1] erzeugt und nach Eingabe der Entscheidung wieder automatisch per Workflow zum Personalreferenten zurückgeschickt.

---

1   SAP*forms* ist die Standard-Schnittstelle zum SAP Business Workflow, die eine Integration von elektronischen Formularen ermöglicht.

Abb. 1.9
Formular zur Entscheidung des Fachverantwortlichen über das weitere Vorgehen des Bewerbers

Das Visual Basic Formular wurde auf Grund der mangelnden Unterstützung für das SAP Toolkit SDK Forms[1] ab SAP Release 4.6 seitens der SAP entfernt. Die jetzige Lösung ist unabhängig von Schnittstellen und vollständig R/3 integriert, insofern können keine Probleme bei SAP Release-Wechseln mehr auftreten.

Gleichzeitig wird der Status dieser Vakanzzuordnung entsprechend der Entscheidung (einladen, absagen, in Pool stellen) automatisch durch den Workflow geändert und ist somit sofort aktuell im Web für den Bewerber sichtbar, sobald er sich auf der Web-Site *Bewerbungsstatus* einloggt.

Schlussaktivität

Auch im Soll-Konzept sammeln sich die Entscheidungen der Fachabteilungen beim Personalreferenten im SAP-Eingangskorb als Workitems, wobei das weitere Vorgehen gleich bleibt. Die einzige Ausnahme besteht darin, dass im Falle einer Absage, Ein-

---

[1] Das Software Developer Kit (SDK) Forms stellt die Verbindung von Feldern im VB und Containern im Workflow her.

1   Der Personalbeschaffungsprozess

ladung oder Zurückstellung in den Bewerber-Pool der Gesamt-Status des Bewerbers geändert wird. Diese Änderung ist wiederum sofort aktuell im Web für den Bewerber sichtbar.

1.4   Hard- und Softwareumgebung

Die für den zukünftigen Ablauf der Bewerberverwaltung benötigte Hardwareumgebung basiert auf dem Client/Server-Prinzip und ist schematisch in folgender Abbildung dargestellt.

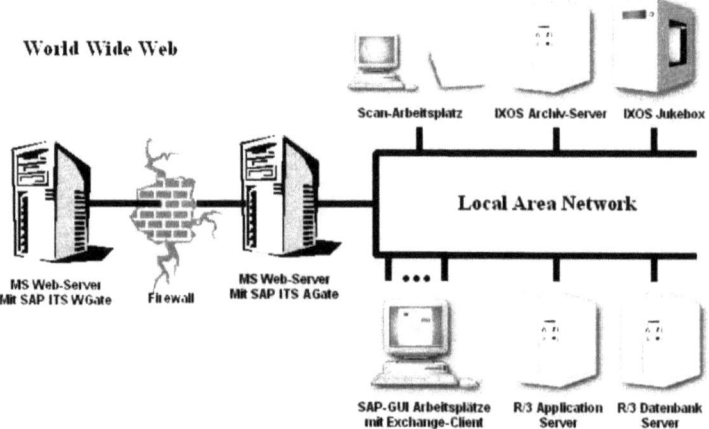

Abb. 1.10
Die Hardwareumgebung des Prototypen zur Personalbeschaffung per Internet

Als Grundlage für den optimierten Prozess der Personalbeschaffung, der hier vorgestellt wird, wurden folgende Software-Systeme zum Einsatz gebracht:

- SAP System R/3 mit Release 4.6b
- Microsoft NT-Server mit Service Pack 5
- Microsoft Exchange Server 5.5 mit Service Pack 3.0
- Microsoft Internet Information Server 4.0 (Web-Server)
- SAP Internet-Transaction-Server 4.6b
- IXOS Archive V4.0 für SAP System R/3

Die unternehmensweite Email-Kommunikation wird standardmäßig über MS Outlook abgewickelt und fast alle Mitarbeiter nutzen und pflegen den integrierten Terminplaner. Hierdurch wird eine schnelle Organisation von Terminen und Gesprächen möglich.

1.4 Hard- und Softwareumgebung

SAP Exchange Connector

Die Anbindung von Exchange an ein SAP System R/3 wird durch den SAP Exchange Connector realisiert. Er ermöglicht die Kopplung des Microsoft Exchange Server mit einem R/3-System. Benutzer können dadurch aus System R/3-Anwendungen und aus SAP*office*[1] heraus Dokumente an ein Postfach in einem angeschlossenen MS Exchange Server versenden oder von diesen empfangen. Zusätzlich können auch Dokumente über die am Exchange Server angeschlossenen Konnektoren (z. B. Internet, Fax), versendet und empfangen werden. Der SAP Exchange Connector steuert dabei die Nachrichten-Entgegennahme, -Konvertierung und –Transport zwischen dem Exchange Server und der System R/3 Kommunikationsschnittstelle SAP*connect*.

Abb. 1.11
Schematische Darstellung der Kommunikation zwischen dem System R/3 und dem MS Exchange Server[2]

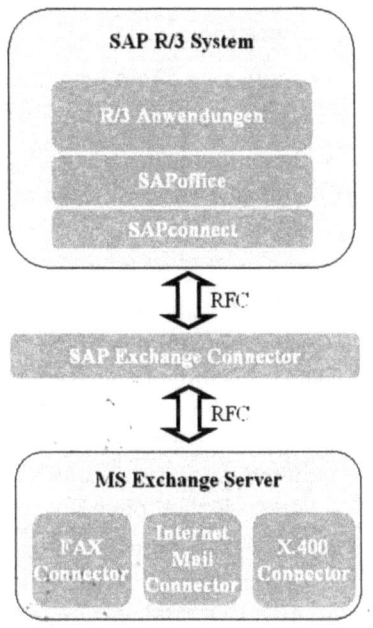

---

1 SAP*office* ist das elektronische Mail- und Ablagesystem des SAP System R/3
2 vgl. SAP Exchange Connector-Handbuch vom 20.6.2000, im SAP Intranet: https://www007.sap-ag.de

171

1 Der Personalbeschaffungsprozess

1.5 Nutzenpotentiale

Dieses hier vorgestellte Konzept bietet folgende Vorteile bzw. Nutzen für ein Unternehmen, das sich für diese moderne Art der Personalbeschaffung entschieden hat:

- Innovativer Auftritt des Unternehmens im Internet;
- der Prozess ist komplett in die vorhandene R/3-System Umgebung integriert;
- da es keine Medienbrüche mehr gibt, entfällt der Zusatzaufwand und die Zeitverzögerung, die sonst anfallen würden;
- starke Reduzierung der Erfassungstätigkeiten seitens der Personalabteilung;
- Beschleunigung der Bewerberverwaltung durch Reduzierung der Durchlaufzeit und dadurch Wahrung der „kostbaren" (IT-) Bewerber;
- optimaler Überblick über die noch im Umlauf befindlichen Bewerbungen. Kopien werden dabei ganz überflüssig;
- kein Qualitätsverlust durch schlechtes Scannen der Bewerbungsunterlagen bzw. schlechte Scan-Qualität der Dokumente.

Die ***Kostenabschätzung*** beschränkt sich in diesem Fall alleine auf die notwendige Hard- und Software, da der kostenintensive Hauptbestandteil, die Beratungsdienstleistung und Implementierung, im Zuge des entwickelten Prototypen schon erbracht wurde. Lizenz-Kosten fallen für SAP-Partner nicht an; andere Unternehmen zahlen die üblichen SAP-Lizenzgebühren. Im einzelnen fallen zusätzlich noch an:

- Ein Web-Server mit den üblichen je nach Auslastung integrierten Komponenten (Pentium III, ½ GB RAM, 10 GB HD, CD-ROM, etc.). Preis: ***~ 9.000 DM***
- Die benötigte Software besteht aus einer MS NT-Server Lizenz zum Preis: ***~ 800 DM***
  Die restliche notwendige Software besteht aus dem MS-Web-Server und dem SAP Internet-Transaction-Server, die es kostenlos zum Download im Internet gibt.

Also belaufen sich die Kosten in der Summe auf ca. ***10.000 DM***

2 Implementierung des Prototypen

Im Rahmen dieses Kapitels werden zuerst die Grundlagen und Bestandteile von Internet-Anwendungen vorgestellt. Anschließend wird die zu leistende Vorarbeit näher betrachtet und die eigentliche Entwicklung der beiden Internet-Anwendungen gezeigt. Dieses Szenario wird anhand eines Projektes, durchgeführt bei der IXOS Software AG, veranschaulicht.

2.1 Grundlagen zu IACs

Die Technik des IST - und damit der Vorteil einer leichten Anbindung des SAP Systems R/3 an das Internet - kommt erst durch den Einsatz von IACs vollständig zur Geltung. Die SAP liefert seit der Release Version 3.1G gewisse Standard IAC mit aus, die von Release zu Release erweitert werden. Eine vollständige Liste findet man auf der SAP-Homepage. Die ausgelieferten IACs sollen als Basis dienen, die nach der Auslieferung verändert oder wie hier durch zusätzliche, selbst entwickelte Anwendungen erweitert werden sollen.

Mit den Internet Anwendungen verfolgt man das Ziel, die komplizierte Handhabung des SAP-GUI zu umgehen. Die Oberfläche soll so gestaltet werden, dass Benutzer, die mit dem Browser vertraut sind, keine Probleme bei der Ausführung dieser Anwendungen haben. Der Anwender Kreis des SAP-Systems wird in diesem Fall auf die Bewerber indirekt erweitert.

Funktionsprinzip und seine Vorteile

Da das SAP System nicht direkt vom Web-Server aus aufgerufen werden kann, muss ein Programm (Service), welches sich auf dem Web-Server befindet, die Verbindung mit dem SAP System herstellen. Dies hat seinen Grund in der Art und Weise des Datenaustausches zwischen dem Web-Server und externen Programmen; hier wird die DIAG-Schnittstelle des SAP-Systems benutzt.

Das Kopplungsprogramm konvertiert die Dynpro-Daten des SAP-Systems in ein HTML-Programm und umgekehrt. Als Vorlage dabei dienen die vom **SAP@WebStudio** generierten HTML-Templates.

Dieses Prinzip bietet einige **Vorteile**:1

- Entwicklung und Test der Internet-Anwendung ist fast komplett im SAP System R/3 möglich;
- Nutzung ausschließlich erprobter Standardschnittstellen des Systems R/3;
- problemlose Integration aller Bestandteile in das Transport- und Korrekturwesen des Systems R/3 und somit einfache Upgrademöglichkeit seitens der SAP;
- alle Bestandteile können im SAP System R/3 abgelegt werden, auch solche, die zur Laufzeit extern auf dem Web-Server vorliegen müssen;
- die Vorteile der automatischen Sprachbehandlung aus dem SAP System R/3 können bei Bedarf genutzt werden.

Die ausgelieferten IACs bieten einen ersten Grundstock der Geschäftsprozesse im Internet. Dieser muss aber in der Regel geändert bzw. angepasst und erweitert werden.

Die Änderung betrifft zum einen das Layout, welches an das Corporate (CI) –Design angepasst wird und zum anderen die Erweiterung oder Veränderung der Funktionalität:

Änderungen

- **Veränderung des Layouts**
  Hierzu werden neben den Grafiken und Logos auch Farben und Darstellungsweisen angeglichen.

- **Hinzufügen von Funktionalität**
  Hierzu muss der ABAP/4-Code der jeweiligen Anwendung geändert werden. Dies geschieht in dem zu einer Transaktion gehörigen Modulpool bzw. der Funktionsgruppe. Die Änderung erfolgt im Kundennamensraum mit einer Kopie der SAP-Vorlage, damit es zu keiner Modifikation des SAP-Standards kommt. Diese Änderungen müssen auch in den jeweiligen Templates nachgezogen werden. Zusätzlich wird ein neuer Service eingerichtet. Die Verwaltung des ABAP/4-Programmcodes erfolgt im System R/3 über das Korrektur- und Transportwesen.

---

1 vgl. Perez, M./Hildenbrand, A./Matzke, B./Zencke, P.: Geschäftsprozesse im Internet mit SAP R/3, Addison Wesley Longman-Verlag, Bonn 1998, S. 334

2.2 Bestandteile einer Internet Anwendung

Während der Entwicklung bzw. Erstellung von Internet Anwendungen werden unterschiedliche Werkzeuge und Objekte benötigt, die im folgenden kurz vorgestellt werden.

ITS
Der ITS übernimmt die Kommunikation mit dem Web-Server und dem SAP System R/3, die Auswertung der Anwender-Anforderungen und die Generierung der HTML-Templates.

ITS-Debugger
Dies ist eine Spezialfunktionalität des ITS, die es durch paralleles Schalten eines SAP-GUIs erlaubt, die laufende Web-Anwendung zu testen.

SAP@Web-Studio
Das SAP@Web-Studio dient zur Generierung und Bearbeitung der notwendigen HTML-Templates sowie zum Publizieren der veränderten Dateien auf dem Web-Server. Mit SAP System Release 4.6C ist das Studio nicht mehr notwendig, da es in der SAP System R/3-Entwicklungsumgebung als „Web Application Builder" (siehe Abb. 2.1) integriert ist und somit auch die Bearbeitung von externen HTML Dateien dort direkt möglich ist.

Abb. 2.1
Web-Application Builder unter R/3 Release 4.6C

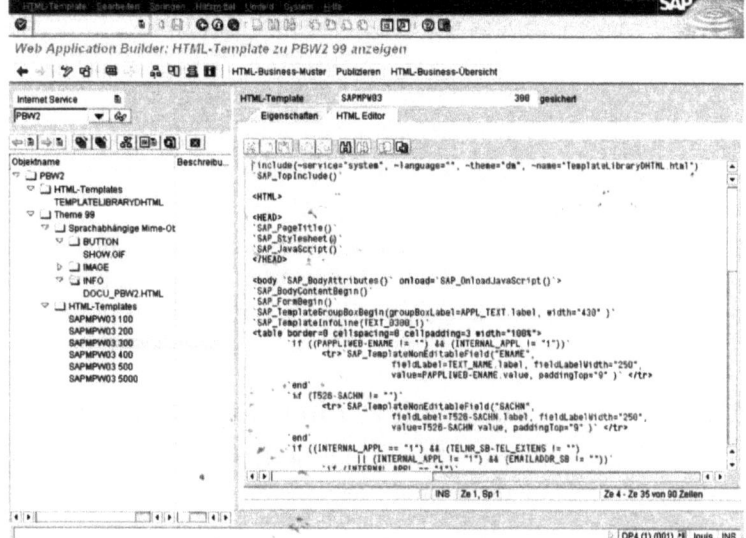

Service
Der Begriff „Service" kennzeichnet eine Internet Anwendung eindeutig. Die Anwendung wird durch diesen Namen gestartet. Die Service Beschreibung, die als Datei auf dem ITS liegt, enthält alle Informationen, die zum Aufruf der Transaktion benötigt werden. Es existiert auch eine globale Service-Beschreibung, die

2 Implementierung des Prototypen

	für alle Services gilt, sie enthält aber nur die wichtigsten Informationen als Parameter und wird von den individuellen ggf. überschrieben.
Theme	Durch „Theme" kann Bezug auf mehrere Gestaltungsmöglichkeiten, z. B. der Sprache, genommen werden. Diese sind aber rein optischer Natur.
Anwendungs-Templates	Anwendungs-Templates sind HTML-Seiten, die Informationen enthalten, an welcher Stelle R/3-Daten in das Dokument eingemischt werden sollen. Jedes Template gehört genau zu einem Dynpro der entsprechenden System R/3-Anwendung und genau zu einem Service und ggf. genau zu einem Theme. In diesen Dateien läuft später die Änderung der optischen Gestaltung ab.
System-Templates	System-Templates sind zur Erzeugung von Fehlermeldungen seitens des ITS, die während der Verarbeitung einer Anwendung nicht vom System R/3 abgefangen werden können. In diesen Fällen muss der ITS selbständig, also ohne Kommunikation mit dem System R/3, reagieren können.
HTML^{Business}	*HTML^{Business}* sind Meta-Anweisungen in den HTML-Templates die nicht von den Web Browsern ausgewertet werden. Sie sind SAP-spezifisch und enthalten Steueranweisungen für den ITS, der diese zur Laufzeit vor der Übergabe an den Web-Server durch Daten ersetzt.
Sprachressourcen	Ein HTML-Template kann Platzhalter für Textelemente enthalten, die je nach Anmeldesprache zur Laufzeit ersetzt werden. Solche Dateien existieren ggf. für jedes Theme.
Mime Objekte	Bei Mime Objekte liegen die benötigten Grafiken, Sound- und Video-Files auf dem Web-Server und werden von dort zur Laufzeit integriert. *Flow Files* werden erst ab Release 4.6C eingesetzt.

2.3 Vorarbeit zur Implementierung

Bevor die eigentliche Entwicklung der Internet Anwendung beginnen kann, sind noch einige Aufgaben im Vorfeld zu erledigen.

Ist-Prozess-Aufnahme — Als erstes müssen die bestehenden Prozesse aufgenommen werden, wofür intensive Gespräche mit den zuständigen Mitarbeitern in der Personalabteilung stattfinden müssen.

2.4 Entwicklung der Internet Anwendung

Definition Soll-Prozesse	Daraufhin sind die Soll-Prozesse zu entwickeln und ebenfalls mit den Mitarbeitern in der Personalabteilung intensiv und mehrmals zu besprechen und abzuklären. Zur Demonstration solcher Soll-Prozesse befinden sich **sechs Flowcharts (Abb. 2.15-2.20)** am Ende dieses Kapitals.
Einrichtung	Bevor die IACs eingesetzt werden können, muss ein Web-Server zur Verfügung stehen, um die ITS Software zu installieren. Bei der Installation sind alle Komponenten der Standard IACs mit einzurichten, die außerhalb des Systems R/3 abgelegt werden müssen.
Untersuchung der Standard IACs *Stellenangebote* und *Bewerberstatus*	Nach der Einrichtung des Web-Servers sind die Standard IACs, die von der SAP ausgeliefert werden, genauer zu evaluieren, allen beteiligten Personen aus der Personal-, IT- und R/3-Basisabteilung zu präsentieren und zu diskutieren.

2.4 Entwicklung der Internet Anwendung

Das Erstellen einer Web-Anwendung ist ein iterativer Prozess, bei dem der Entwicklungszyklus mehrmals durchlaufen werden muss. Aus diesem Grund wird in diesem Abschnitt nur beschrieben, welche Aufgaben für die endgültige Version des entwickelten Prototyps notwendig sind.

2.4.1 Customizing in R/3

Die Pflege der kompletten Customizing-Einstellungen für die Komponente Personalbeschaffung wird über den SAP Einführungsleitfaden realisiert; der Weg dahin lautet:

Werkzeuge ⇨ AcceleratedSAP ⇨ Customizing ⇨ Projektbearbeitung ⇨ SAP Referenz IMG bearbeiten (Transaktion SPRO)

2 Implementierung des Prototypen

Abb. 2.2
Customizing der
Personalbeschaffung

Für Details wird hier auf die Customizing-Dokumentation im SAP System R/3 verwiesen.

2.4.2 Testdaten in R/3 pflegen

Da der Prototyp auf dem neuen SAP Release 4.6b implementiert wurde, stand zu Projektbeginn kein IDES-System[1] zur Verfügung. Deshalb mussten alle notwendigen Daten frisch eingepflegt werden; im Einzelnen waren dies folgende Tabellen:

---

1 Das International Demonstration and Education System (IDES) ist ein vollständig integriertes Modellunternehmen der SAP AG mit Testdaten.

2.4 Entwicklung der Internet Anwendung

Abb. 2.3
Personalbeschaffungsinstrument anlegen

- T750C: ***Personalbeschaffungsinstrumente*** für jede Region anlegen, welche die aktuellen Stellenangebote unterteilt (hier Deutschland Nord, Süd, Ost und West). Die Instrumente sind einem Mediumtyp zuzuordnen, der über das Merkmal *INTDF* definiert ist.

2 Implementierung des Prototypen

Abb. 2.4
Pflege der Personalbeschaffungsinstrumente

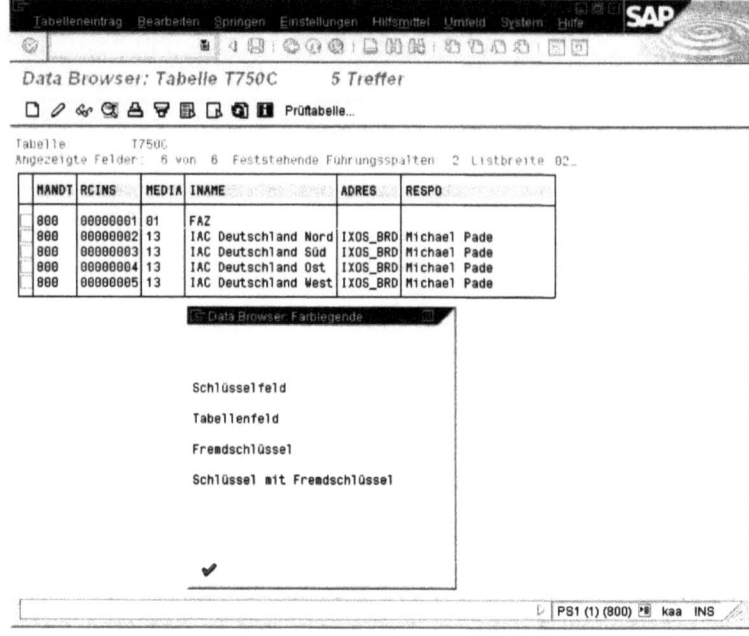

- T750D: Internet **Medium** für Bewerbungen per Internet anlegen zur späteren Auswertung.

Abb. 2.5
Pflege der Internet-Bewerbung als Medium

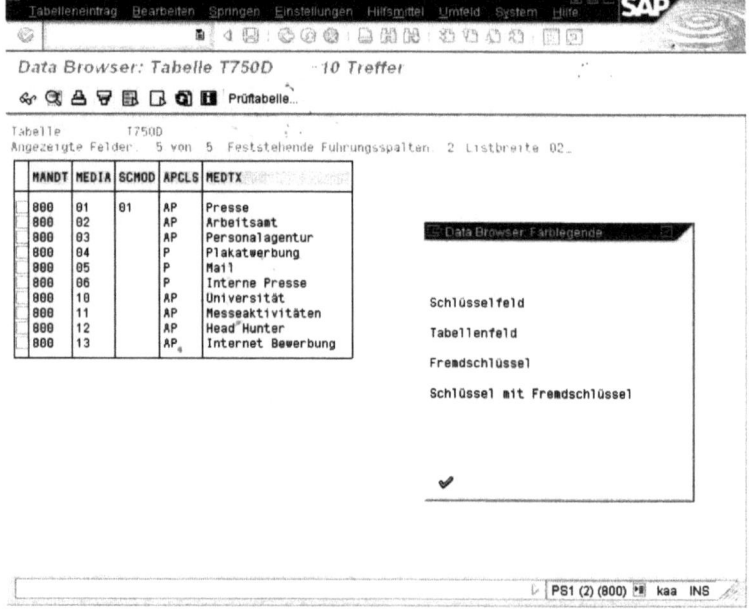

180

2.4 Entwicklung der Internet Anwendung

Menü für Tabellenpflege:

Werkzeuge ⇨ Übersicht ⇨ Data Browser ⇨ Einträge erfassen (Transaktion SE11)

Transaktion für die Merkmalspflege: *PE03*

Das Erstellen einer Liste aller Stellenangebote setzt voraus, dass das System vakante Planstellen ausfindig machen kann. Bestimmte Einstellungen werden benötigt, damit das System **Vakanzen** (Stellenbeschreibungen) herausfinden, diese auflisten, nach den Personalbeschaffungsinstrumenten einordnen und detaillierte Informationen zu den Vakanzen anzeigen kann.

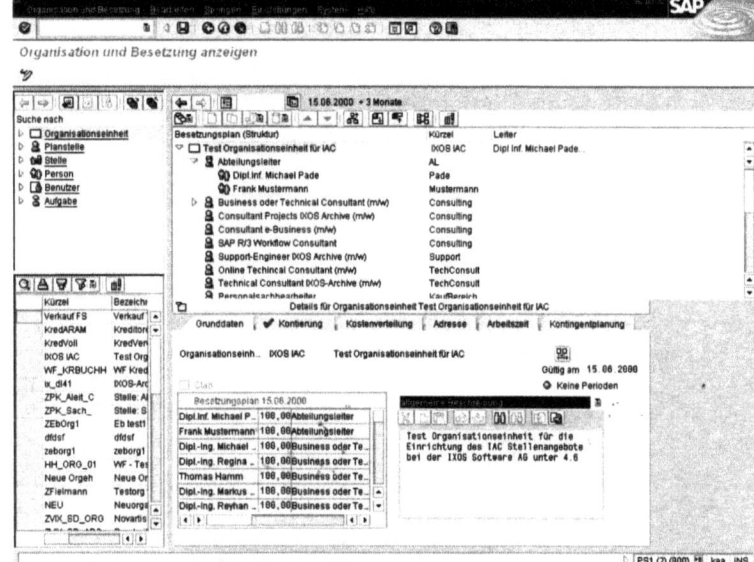

Abb. 2.6
Aufbauorganisation mit den nötigen Planstellen für den Prototyp

Die Pflege einer **Aufbauorganisation** mit den notwendigen Planstellen wird über das Organisationsmanagement erledigt:

Personal ⇨ Organisationsmanagement ⇨ Aufbauorganisation ⇨ Organisation und Besetzung ⇨ Anlegen (Transaktion PPOME)

Es müssen auch mehrere **Ausschreibungen** für jedes Personalbeschaffungsinstrument angelegt werden. Jeder Ausschreibung ist eine Vakanz zuzuordnen und ein Text einzupflegen, der als Stellenausschreibung im Internet angezeigt wird.

2 Implementierung des Prototypen

Menü:

Personal ➪ *Personalmanagement* ➪ *Personalbeschaffung* ➪ *Personalwerbung* ➪ *Ausschreibung pflegen* ➪ *Ausführen* ➪ *Ausschreibung anlegen (Transaktion PBAW)*

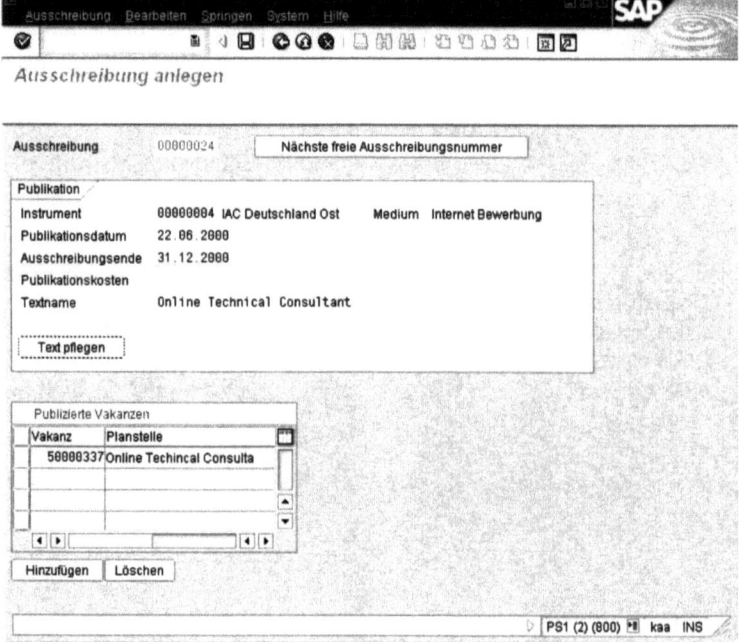

Abb. 2.7
Anlegen einer Ausschreibung

Die Internet-Anwendungskomponente enthält mehrere Online-Formulare. Bewerber müssen ihre erforderlichen Daten für die Bewerbung in diese Formulare eingeben, wie z. B. Name, Adresse und Ausbildung. Die Formulare entsprechen den Infotypsätzen, die bei der Eingabe einer Bewerbung im R/3-System angelegt werden.

Es müssen bestimmte **Tabellen** gepflegt werden, um gültige Eingaben für diese Formulare zu identifizieren. Die folgende Abbildung gibt eine Übersicht über die notwendigen Tabellen, die zu pflegen sind.

2.4 Entwicklung der Internet Anwendung

Tab. 2.1
Übersicht der zu pflegenden Tabellen im System R/3 zur Prüfung der Formulareingaben durch die Bewerber

Tabellenkürzel	Kurzbeschreibung
T522T	Anrede
T002	Sprachenschlüssel für Bewerberkorrespondenz
T005	Länder
T005U	Steuern: Provinzschlüssel: Texte
T517T	Schulartenbezeichnungen
T519T	Abschlüsse
T518A	Ausbildungsprüftabelle
T518B	Ausbildungsbezeichnungen
T538C	Zulässigkeit von Zeit-/Maßeinheiten bei Infotypen
T517X	Fachrichtungen
T517Y	Fachrichtungenprüftabelle
T517Z	Erlaubte Kombinationen der Tabellen Schularten (T517T) und Fachrichtungen (T517Y)
T517A	Erlaubte Kombinationen der Tabellen Schularten (T517T) und Abschlüsse (T519T)
T574B	Qualifikationsbezeichnungen
T016T	Bezeichnung der Branchen
T513C	Tätigkeiten bei anderen/früheren Arbeitgebern

2.4.3 Erstellung der SAP System R/3 Transaktion

Ausgangspunkt für die Internet-Anwendung ist eine lauffähige R/3-Anwendung. Dies bedeutet nicht, dass diese Transaktion dieselben Ansprüche hinsichtlich der Optik und Ergonomie wie eine normale Transaktion erfüllen muss. Sie muss lediglich korrekt funktionieren und unter Berücksichtigung einiger Stringenzen aus R/3 heraus bedienbar sein.

Die vorhandene SAP-Transaktion wurde kopiert und umprogrammiert, um den Ansprüchen der aufgenommenen Prozesse der IXOS Software AG zu entsprechen. Ebenso wurde die Optik, und die Navigation komplett geändert und neu programmiert.

Dazu wurde das SAP-Standard-Programm *SAPMPW02* in eine neue Entwicklungsklasse kopiert und an den notwendigen Stellen verändert. Die Entwicklungsklasse mit ihren Komponenten ist in folgender Abbildung dargestellt.

2 Implementierung des Prototypen

Abb. 2.8
Entwicklungsklasse für die IXOS IACs Stellenangebote und Bewerbungsstatus angezeigt im SAP Objekt-Browser

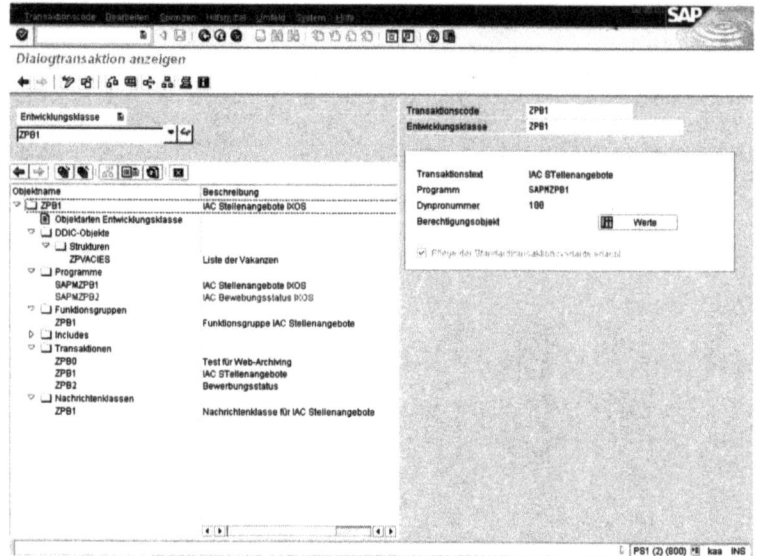

Die Änderungen im ABAP-Coding der entsprechenden Programme wurden in R/3-Entwicklungsumgebung mit den zur Verfügung stehenden R/3-Entwicklungswerkzeugen getätigt, auf die hier nicht weiter eingegangen wird. Details dazu sind entweder der SAP Onlinehilfe oder den zahlreichen Fachbüchern zu diesem Thema zu entnehmen.

2.4.4 Einbindung des Web-Archiving

Durch diese Funktionalität wird dem Bewerber nach der Eingabe seiner Daten in die Formulare die Möglichkeit gegeben, seine elektronisch vorliegenden Bewerbungsunterlagen direkt bei der IXOS Software AG auf dem Archiv abzulegen. Dabei werden die Dokumente über den ITS in eine interne Tabelle des R/3 geladen und anschließend mit Hilfe eines Funktionsbausteins im Archiv abgelegt.

Folgende Abbildung 2.9 stellt den Ablauf schematisch dar:

2.4 Entwicklung der Internet Anwendung

Abb. 2.9
Schematische Darstellung des Web-Archiving

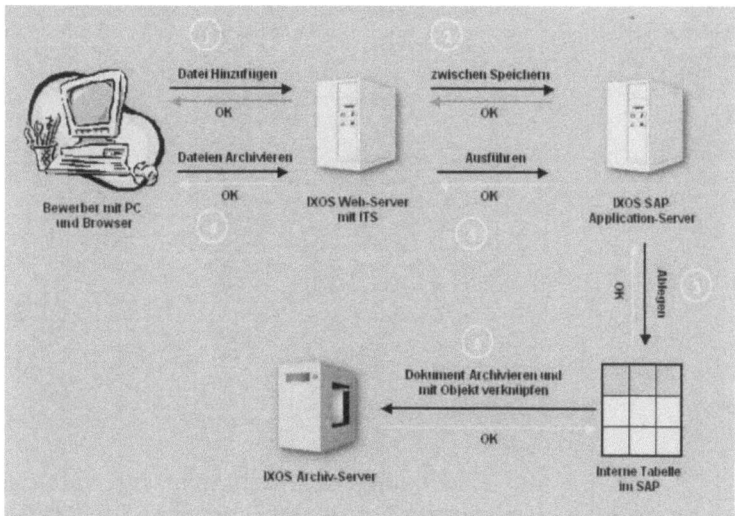

Gleichzeitig mit dem Ablegen wird auch ein Eintrag in die Verknüpfungstabelle *TOAHR* geschrieben, um die Dokumente mit dem jeweiligen Bewerber-Objekt im SAP zu verbinden.

Damit das Archivieren funktioniert und zwischen den einzelnen Formaten unterschieden werden kann, muss für jedes Format eine Dokumentart in R/3 angelegt werden.

Das Anlegen von Dokumentarten wird durch den Customizing-Wizard erheblich erleichtert. Dieser geleitet den Benutzer Schritt für Schritt durch den Prozess. Jeder Dokumentart wird dann ein logisches Archiv zugeordnet, in dem die einzelnen Dokumente später abgelegt werden.

Menü:

Werkzeuge ⇨ *Business Documents* ⇨ *Dokumentarten* ⇨ *Customizing Wizard*

2 Implementierung des Prototypen

Abb. 2.10
Notwendige Dokumentarten für die IXOS IACs im Überblick

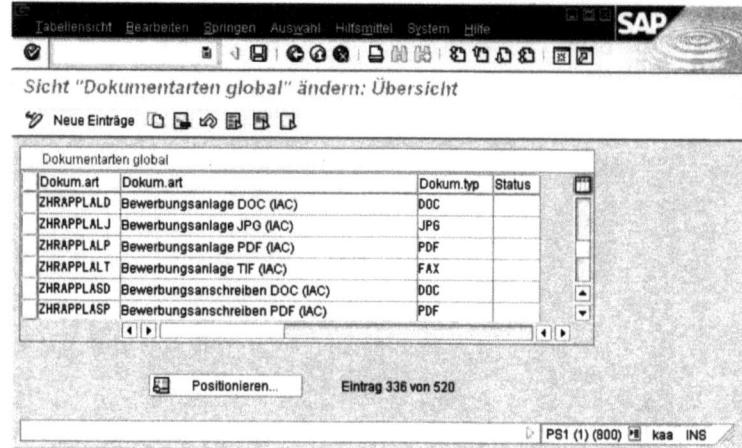

Zur Einbindung des Web-Archiving wurde ein neues Dynpro (siehe Abb. 2.11) in das Programm *SAPMZPB1* eingefügt und ein dementsprechendes HTML-Template erzeugt.

Abb. 2.11
HTML-Template zum Web-Archiving

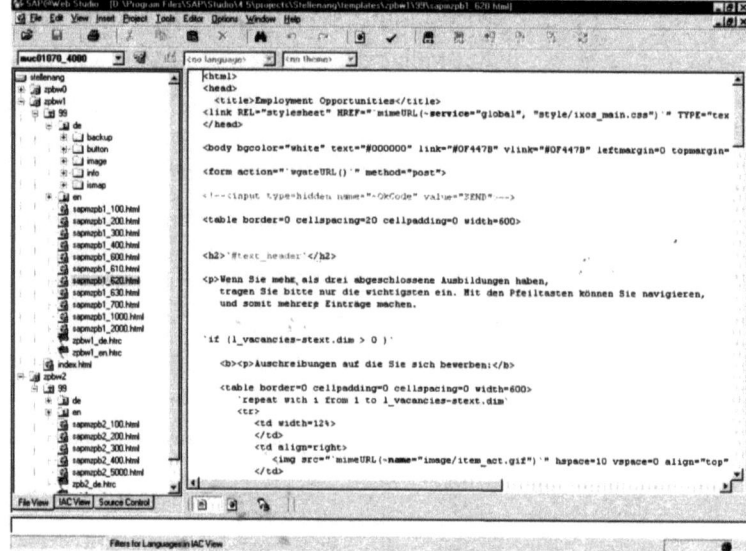

2.4.5 Generieren der Service Beschreibung

Für jede Web-Anwendung muss eine eigene Service-Beschreibung auf dem ITS abgelegt werden. Diese enthält notwendige Daten zum Start der Transaktion über das Internet. Sie enthält u. a. die Logon-Daten - ein Passwort und eine Benutzer-

2.4 Entwicklung der Internet Anwendung

kennung für einen Dummy-Benutzer, mit dem sich in R/3 angemeldet wird. Außerdem enthält sie noch den Transaktionsnamen, die R/3-Nummer und den zugehörigen Mandanten etc.

Abb. 2.12
Service-Beschreibung angezeigt im SAP@Web-Studio

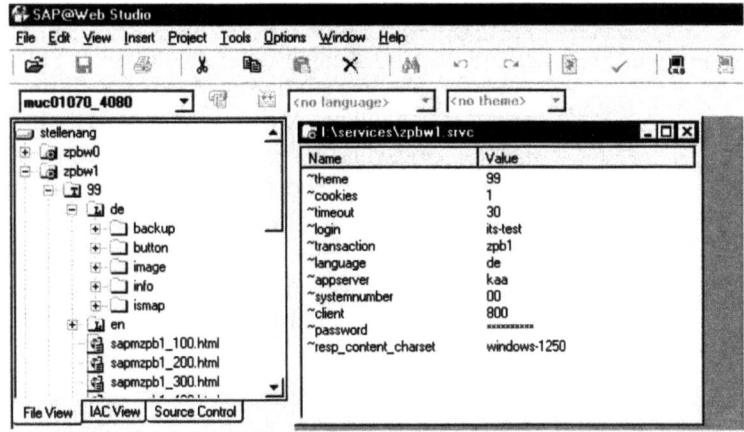

2.4.6 Anlegen von Sprachressourcen

Falls die Internet-Anwendung in unterschiedlichen Sprachen erstellt werden soll, können die Texte für jede Sprache in Sprachressourcen hinterlegt werden. Im HTML-Template stehen dann sog. Platzhalter, die je nach Anmeldesprache zur Laufzeit den jeweiligen Text einbinden.

Abb. 2.13
Sprachresource-Datei im SAP@Web-Studio

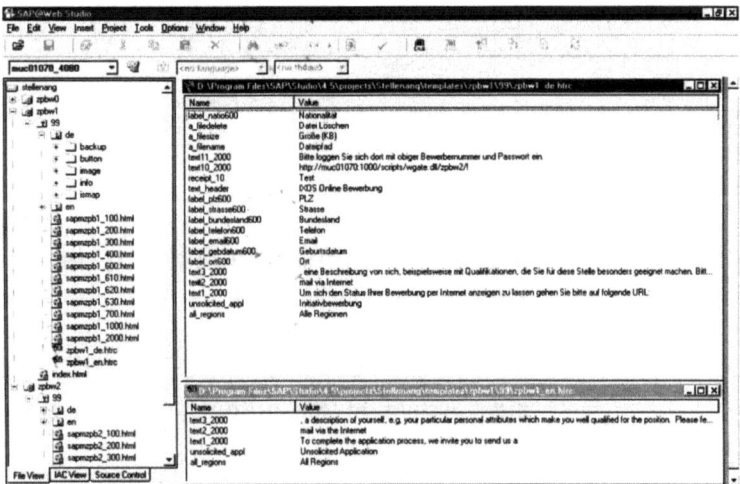

2 Implementierung des Prototypen

2.4.7 Ändern der HTML-Templates

Für jedes Dynpro der R/3-Transaktion existiert ein korrespondierendes HTML-Template. Mit Hilfe des SAP@Web-Studios werden diese aus der zugehörigen Dynpro-Beschreibung heraus erstellt und dann verändert bzw. angepasst. Bei jeder Dynpro-Änderung muss dies im zugehörigen Template nachgezogen werden. Die Änderungen betreffen zum einen die Einbeziehung von Feldern aus den jeweiligen Dynpros mittels **HTML**^{Business}, und zum anderen die optische Gestaltung mit Hilfe von Java-Script, Stilvorlagen (Cascading Style Sheets), DHTML und sonstigen zur Verfügung stehenden Hilfsmitteln im Web-Design. Dabei erfordern spezielle Programmiertechniken oder Frame-Anwendungen[1] spezielle HTML^{Business}–Anweisungen, um das Zusammenspiel von Template und Dynpro sicherzustellen.

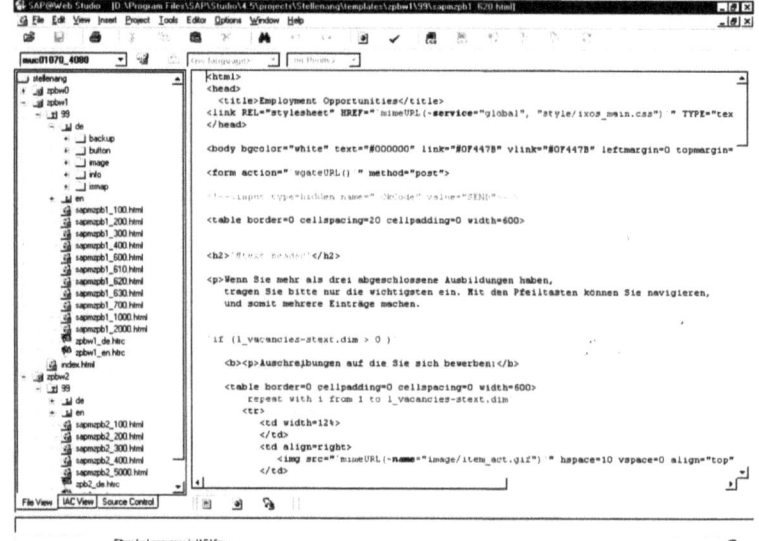

Abb. 2.14
Anzeige eines HTML-Templates im SAP@Web-Studio

2.5 Integration und Erweiterung des Bewerberworkflows

Nach der Implementierung der Internet-Anwendungen konnte der existierende Bewerberworkflow über das Transport-Management-System in die Testumgebung eingespielt und eingestellt werden.

---

[1] Mit Hilfe von Frames kann der Anzeigebereich des Browsers in verschiedene, frei definierbare Segmente aufgeteilt werden.

2.5 Integration und Erweiterung des Bewerberworkflows

Es wurden folgende zusätzliche Aufgaben hinzugefügt.

- *Die Bedingung „Bewerbung über das Internet eingegangen".*
  Es wird bei dem sich anschließenden Workflow unterschieden, ob die Bewerbung über das Internet eingeht oder nicht. Ist dies der Fall, so müssen zusätzliche Abfragen durchlaufen werden.

- *Die Benutzerentscheidung „Internet Bewerbung an Fachbereich weiterleiten".*
  Da nicht gewährleistet ist, dass jede Bewerbung über das Internet auch ernst gemeint ist, muss der zuständige Mitarbeiter der Personalabteilung alle per Internet eingehenden Bewerbungen prüfen und entscheiden, ob sie weitergeleitet werden.

- *Die Aktivität „Ermittlung des Vakanzstatus".*
  Hier wird die Antwort des Fachverantwortlichen ausgewertet und festgestellt, welchen Status der Bewerber nun bekommen soll. Danach wird in verschiedene Abläufe verzweigt.

- *Die Aktivität Ändern des Status der Vakanzzuordnung*
  Hier wird je nach Antwort des Fachverantwortlichen der Status des Bewerbers automatisch gesetzt (Einladen, Absagen oder Zurückstellen). Dadurch ist der jeweils aktuelle Status pro Vakanzzuordnung, und der Gesamt-Status nun für den Bewerber gleich im Internet sichtbar.

Diese Änderungen wurden im Workflowbuilder umgesetzt; Menü:

Werkzeuge ⇨ *Business Workflow* ⇨ *Entwicklung* ⇨ *Workflow Builder (Transaktion SE80)*

Prototyp

Da der entwickelte Prototyp zur Personalbeschaffung per Internet bei der IXOS Software AG zum großen Teil auf R/3 basiert, lässt er sich in seinem kompletten Ablauf nicht ohne eine existierende SAP System-Umgebung demonstrieren. Um aber dem Leser einen Überblick zu geben, wie der Ablauf im Einzelnen aussieht, wurde ein Video per ScreenCam aufgezeichnet. Diese und weitere Dateien befinden sich im Internet unter:

http://www-home.fh-konstanz.de/~wenzel/sapinfo

Ebenso befinden sich dort (HR/Anhang) weitere elektronische Dateien mit verschiedenen Präsentationen, ABAP/4- und ITS-Programmen.

3 Resümee

Sich Online zu bewerben ist sicherlich einfacher als eine klassische Bewerbungsmappe zusammenzustellen. Die Personalchefs kommen zügiger mit den begehrten Kandidaten ins Gespräch. Schnelligkeit ist eines der Hauptargumente für die neue Art der Personalsuche aber sicherlich nicht das Einzige. Es ist klar, dass die Online Bewerbung in manchen Bereichen nicht die klassische Bewerbungsmappe ablösen wird.

Die SAP AG, als einer der renommiertesten Dienstleister auf diesem Gebiet, zeigt mit ihrer neuen strategischen Ausrichtung auf das Internet damit bereits heute, was morgen notwendig sein wird, um am Markt zu bestehen.

Bisher wurden im Internet nur multimediale Daten ausgetauscht, die losgelöst von allen betriebswirtschaftlichen Zusammenhängen bereitgestellt wurden. Heute kann dem Internet durch die Einbindung betriebswirtschaftlicher Systeme zu neuer professioneller Qualität verholfen werden.

Dies zeigt sich nicht nur in der hier behandelten Komponente Personalwirtschaft, auch im Bereich der Workflow-Management-Systeme gibt es konkrete Bestrebungen in Richtung neuer Internet Technologien. Es wird in Zukunft möglich sein, Daten sogar zwischen unterschiedlichen Workflow-Management-Systemen über das Internet mit der dafür definierten Metasprache WF-XML auszutauschen.

Anhang: Die Flowcharts der SOLL-Konzeption

Anhang: Die Flowcharts der SOLL-Konzeption

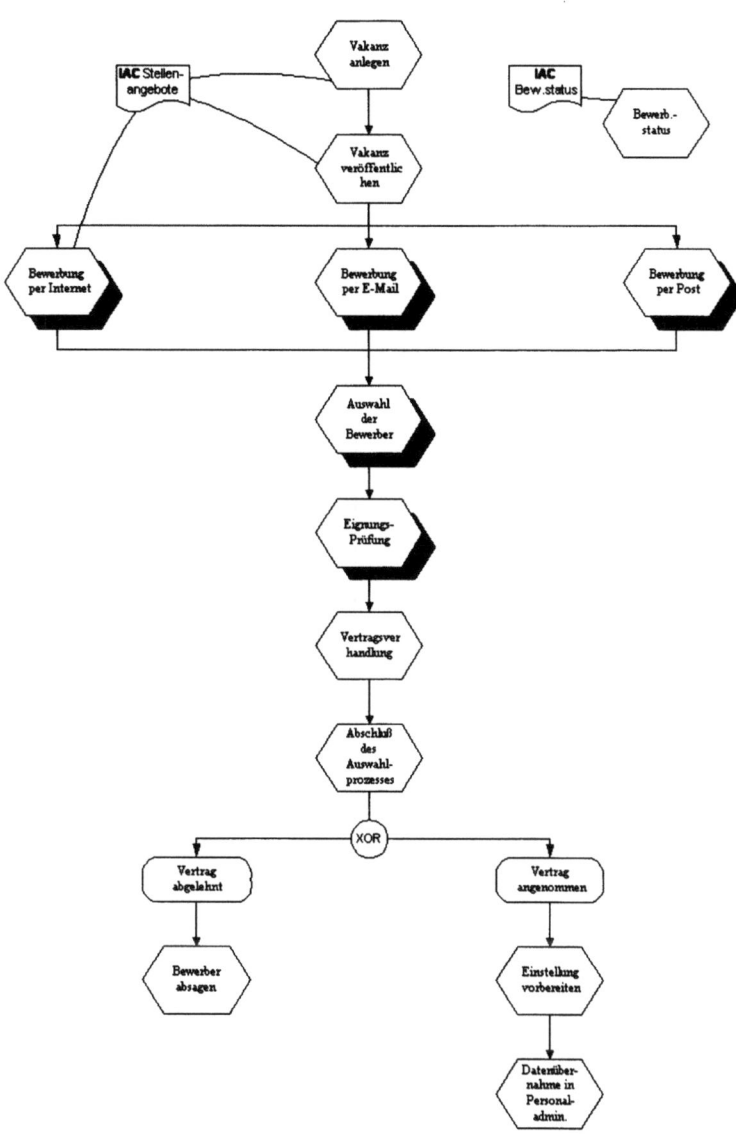

Abb. 2.15
Globaler Personal-
beschaffungsprozess

Anhang: Die Flowcharts der SOLL-Konzeption

Abb. 2.16
Prozess Bewerbung
per Post

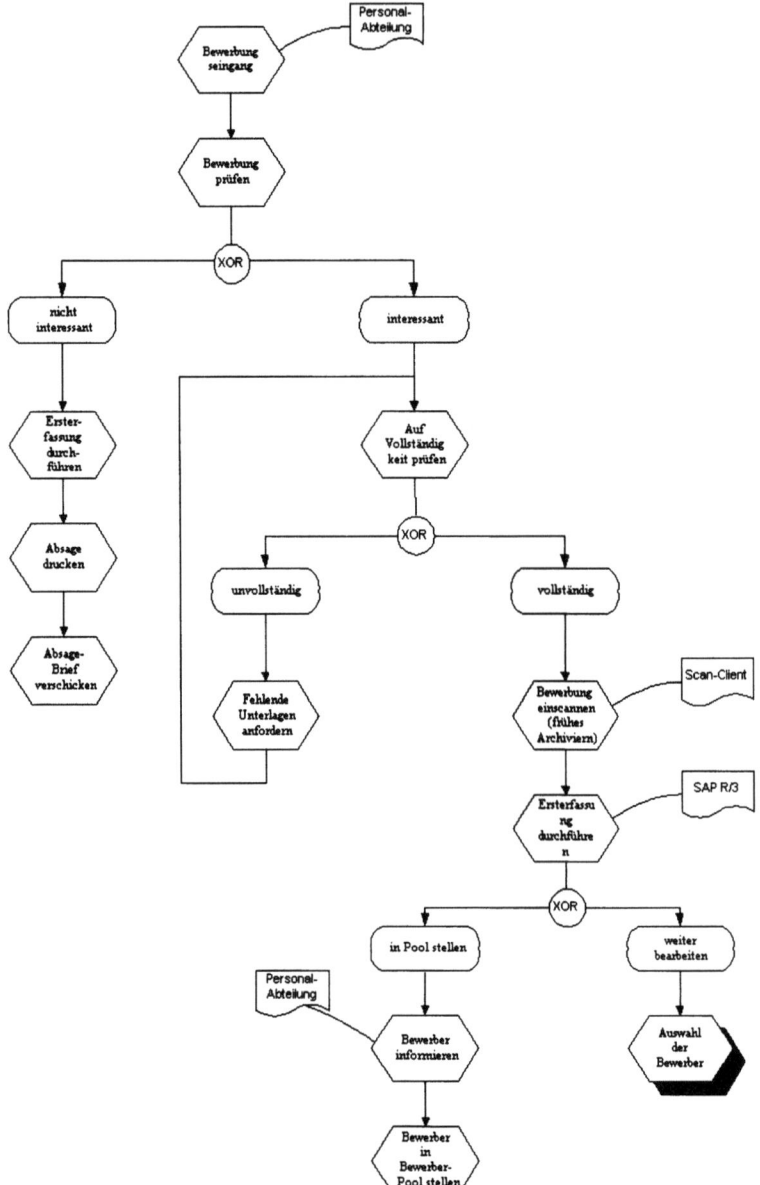

Anhang: Die Flowcharts der SOLL-Konzeption

Abb. 2.17
Prozess Bewerbung
per eMail

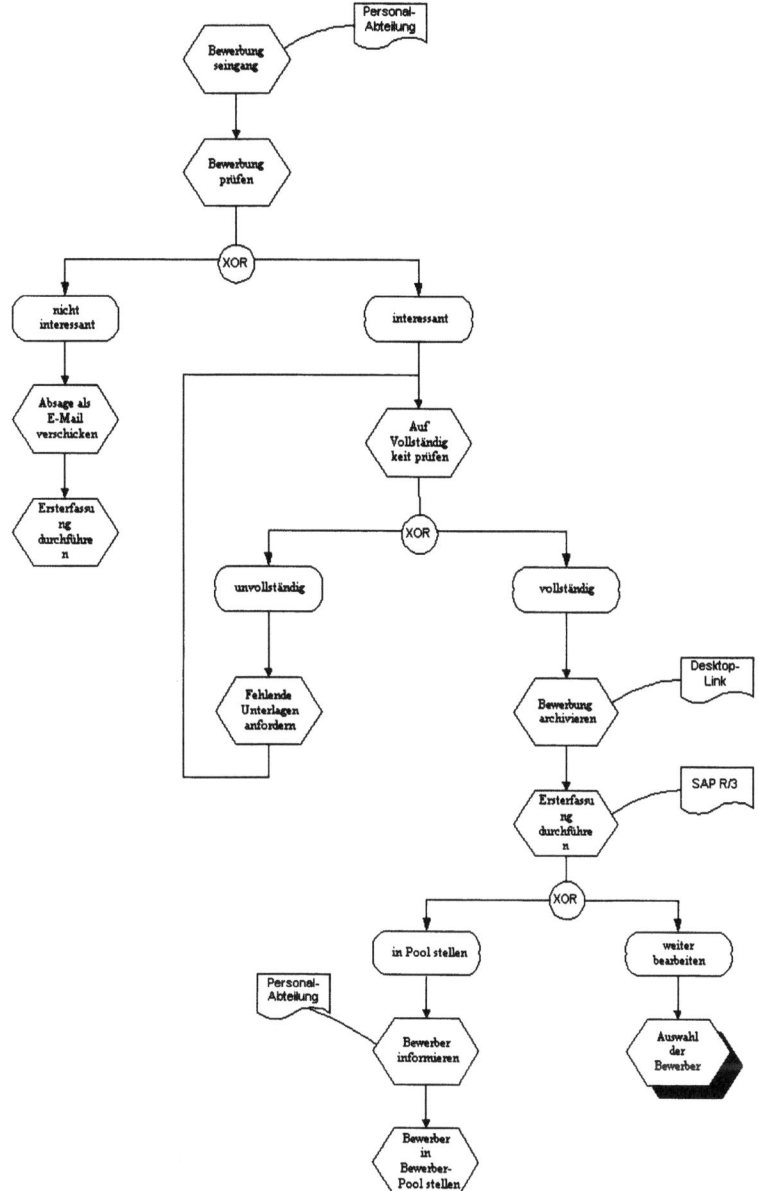

Anhang: Die Flowcharts der SOLL-Konzeption

Abb. 2.18
Prozess Bewerbung
per Internet

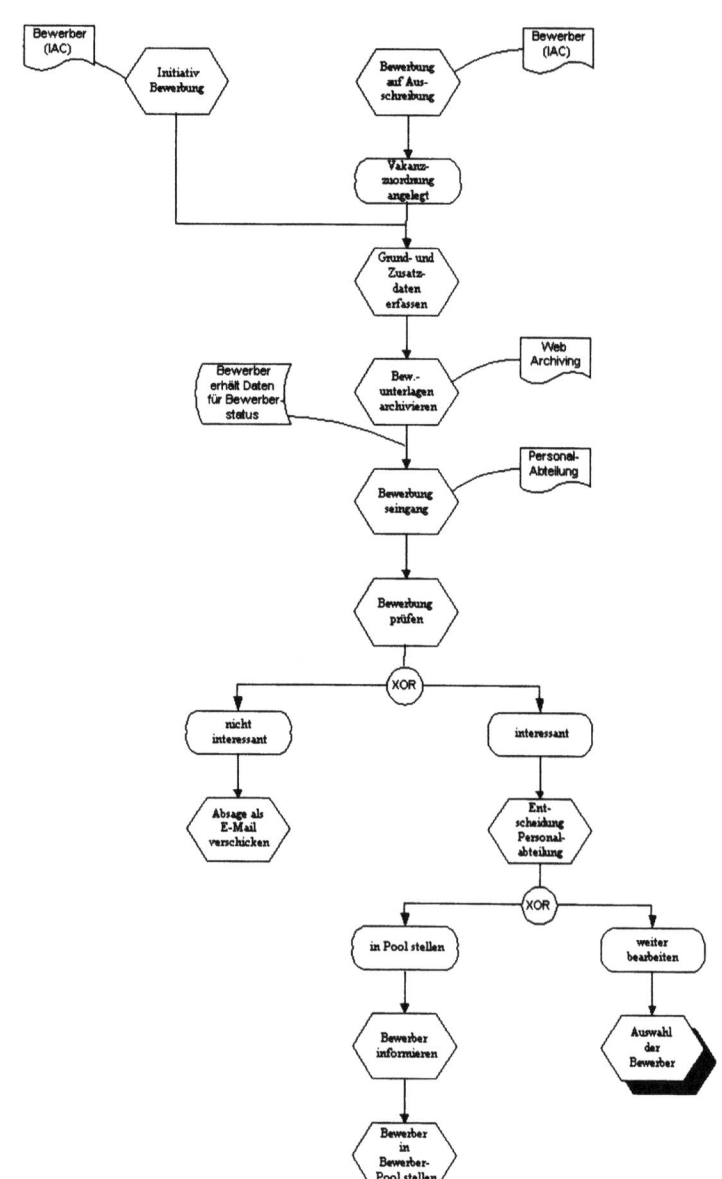

Anhang: Die Flowcharts der SOLL-Konzeption

Abb. 2.19
Prozess Auswahl der Bewerber

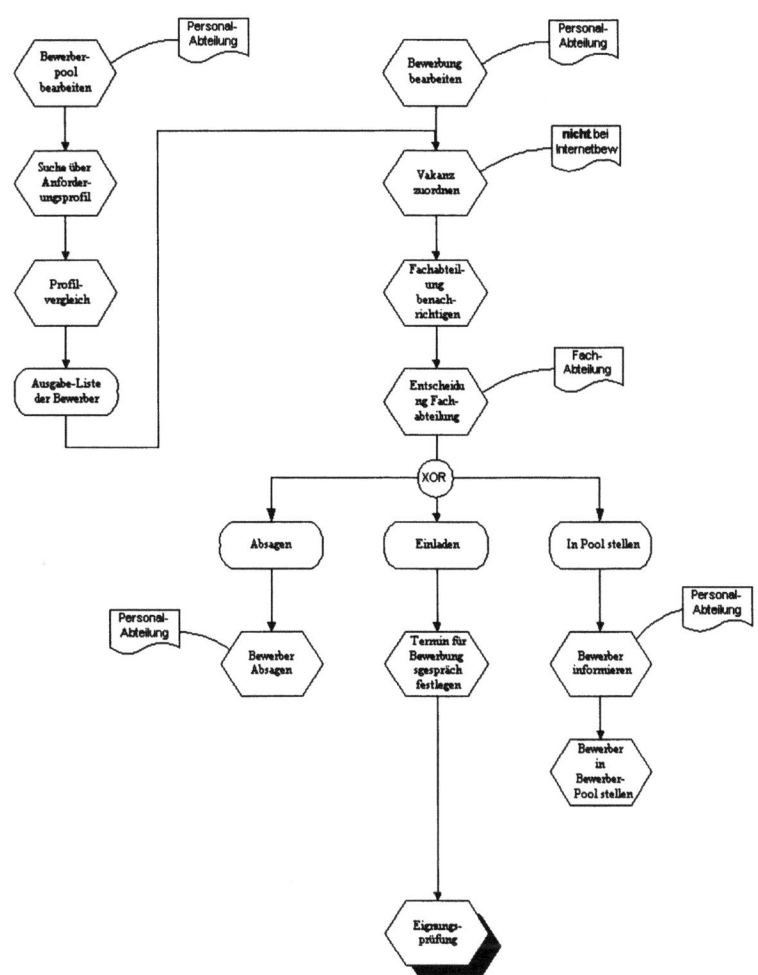

Anhang: Die Flowcharts der SOLL-Konzeption

Abb. 2.20
Prozess Eignungs-
prüfung

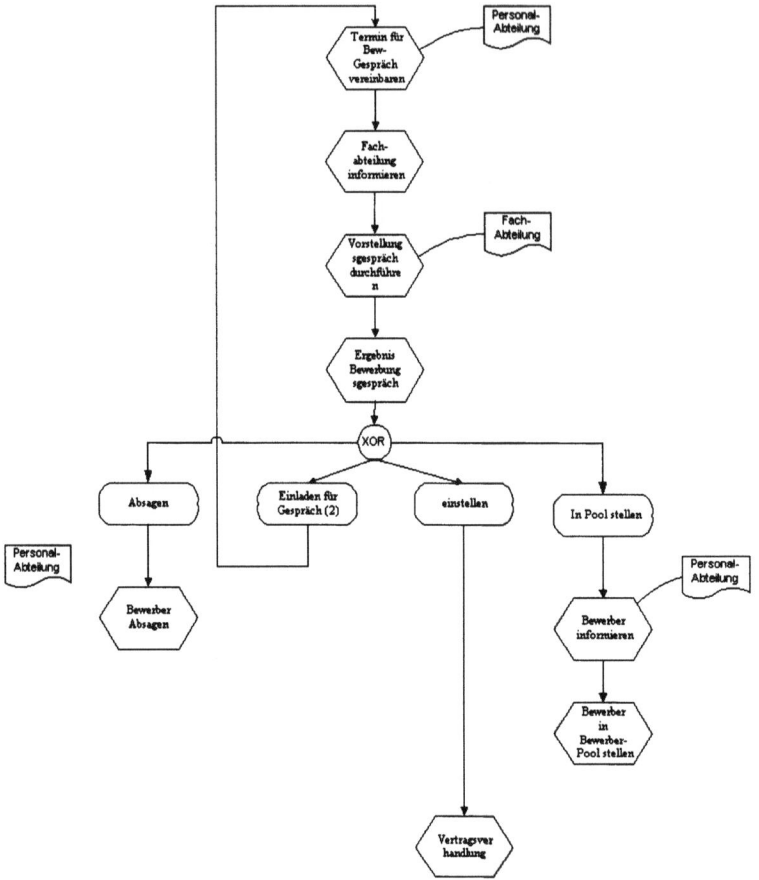

Literaturverzeichnis

Buck-Emden, R./Galimow, J.:
Die Client/Server-Technologie des SAP-Systems R/3, Basis für betriebswirtschaftliche Standardanwendungen zum Rel. 3.x, 3. Aufl., Addison-Wesley-Verlag, Bonn, 1996

CDI [Hrsg.]:
SAP R/3 Einführung. Grundlagen, Anwendungen, Verlag Markt & Technik, München, 1996

CDI [Hrsg.]:
SAP R/3 Personalwirtschaft. Grundlagen, Anwendungen, Verlag Markt & Technik, München, 1998

Hantusch, Th./Matzke, B./Perez, M.:
SAP R/3 im Internet, Globale Plattform für Handel, Vertrieb und Informationsmanagement, Addison-Wesley-Verlag, 2. Aufl., Bonn, 1998

Siemens Informationssysteme AG/Thome, R. [Hrsg]:
R/3 Modellfirma, LIVE Produktions- und Vertriebs AG, (CD), Version 4.5B, Dokumentation, Würzburg, 1999

Siemens Informationssysteme AG [Hrsg.]:
R/3 LIVE - LIVE Method & Tools. Vol 2, CD-ROM, München, 1997

Wenzel, P. [Hrsg.]:
Betriebswirtschaftliche Anwendungen des integrierten Systems SAP R/3®, 3. Aufl., Vieweg-Verlag, Reihe „Edition Business Computing", Braunschweig/Wiesbaden, 1998

Wenzel, P. [Hrsg.]:
SAP® R/3®-Anwendungen in der Praxis. Anwendung und Steuerung betriebswirtschaftlich-integrierter Geschäftsprozesse mit ausgewählten R/3®-Modulen, Vieweg-Verlag, Reihe „Edition Business Computing", Braunschweig/Wiesbaden, 1997

Wenzel, P. [Hrsg.]:
Business Computing mit SAP R/3®. Modellierung, Steuerung und Management betriebswirtschaftlich-integrierter Geschäftsprozesse, Vieweg-/Gabler-Verlag, Reihe „Edition Business Computing", Braunschweig/Wiesbaden, 1998

Autorenverzeichnis

Die besondere Herausforderung im Studium, sich an ein Programmpaket der „Extraklasse" heranzuwagen, führte die **Studenten/innen des vierten und fünften Semesters Wirtschaftsinformatik** (Fachbereich Informatik) an der Fachhochschule Konstanz bis an die Grenze der Belastbarkeit. Neben ihrem 36-stündigen Wochenpensum an der FH „büffelten" viele von ihnen bis zu 50 Stunden zusätzlich für ihre Präsentationen und die schriftlichen Ausarbeitungen, die als Projekt-Vorlagen für dieses Buch dienten.

Von den Studierenden der Jahrgänge SS 1999 bis SS 2000 haben insgesamt 14 angehende Wirtschaftsinformatiker an den jeweiligen Kapiteln mitgewirkt:

OLIVER GERICKE
ANDRÉ HERGET
STEPHAN NÄGELE
GERD OESTERLE
JOACHIM SCHALLER

BIGGY GITTEL
IPEK ÖZTÜRK
NHAT TAN LU
HEINRICH ROTGANG

ANNETTE HÄUßLER
MARKUS HERRMANN
MICHAEL KITANOVSKI
MARKUS TRESSL

DIPL.-INF. MICHAEL A. PADE (ANHANG)

Stichwortverzeichnis

A

Abrechnungsanpassung 108
Abrechnungskreis 113
Abrechnungsverlauf 113
Abreisedatum 138
Abwesenheiten 96
Abwesenheitsart 101
Abzüge 143
Abzugsmethode 112
Aliquotierung 111
Anschriften 9
Anschriftenarten 11
Anwendungs-Template 176
Anwesenheiten 95, 103
Anwesenheitskontingent 104
Arbeitspausenplan 89
Arbeitsplatz 20
Arbeitszeitplan 89
Arbeitszeitplanregel 76, 90
Archive-Link 158
Archive-Viewer 159
Archivierung 132
ASP-Datenbank 163
Auslandanschrift 10
Ausprägungsskala 33
Ausschreibung ... 46, 47, 50, 181
Auswahlprozedur 58
Auswertungen 98
Auszahlperiode 13

B

Bankverbindungen 12
Basisbezüge 11
Basisreport 107
Batch-Input-Mappe 124
Bearbeitungsperiode 138
Beitragsnachweis 121
Benutzerkennung 166

Benutzerlohnarten 109
Beurteilungsmuster 41
Beurteilungssysteme 40
Bewerber ablehnen 67
Bewerber übernehmen 69
Bewerber zurückstellen 67
Bewerberauswahl 58
Bewerberdaten 51
Bewerbereignungsprofil 57
Bewerbergrunddaten 54
Bewerberkorrespondenz .. 53, 60
Bewerberpool 53
Bewerberstammsatz 52
Bewerberverwaltung 162
Bewerbervorgänge 55, 59
Bewerberworkflow 188
Bewerbungsstatus 149, 169
Bezugsmethode 112
Bruttoentgelt 106
Business-Document-
  Management 155

C

Customizing-Wizard 185

D

Daten zur Person 9
Datenpflege 21
Datenträgeraustausch 120
Direktversicherung 16
Download 82
Dynamisches Teilnahme-
  menü 44
Dynamisches Veranstaltungs-
  menü 43

E

Eignungsprozentsatz........ 37, 57
Einstellungstest 60
Einzelnachweise 136
Employee Self-Service (ESS) 126
Entgeltnachweise 119
Exchange-Eingangskorb.......168
Externe Überweisungen.........13

F

Flowcharts.............................191
Frame-Anwendungen...........188

G

Gleitzeit 88
Global Distribution System ..133
Globaler Auswahlprozess 58
Grafische Strukturpflege.........29

H

Halbwertzeit............................33
HR-Komponenten.................... 2
HTML^{Business}......................176, 188
HTML-Template 175

I

IDES-System.........................178
Individuelle Entwicklungs-
    pläne 39
Informationstypen 5
Infotypen............................ 6, 20
Infotypsatz............................... 6
Internet Application
    Components (IAC) ...147, 173
Internet Transaction Server
    (ITS) 147
Internet-Anwendungen 147

ITS..175
IXOS Archive......................157
IXOS Desktop Link 167

J

Jahreskalender......................101
Jahreswechsel......................122

K

Kernzeit 85
Kostenabschätzung 172
Kostenobjekte........................38
Kostenverteilung 15

L

Laufbahnplanung 34
Lohn- und Gehalts-
    abrechnung 83, 106
Lohnarten..............................12
Lohnartengenerierung..........111
Lohnartenschlüsselung 109
Lohnkonto 115
Lohnsteuerbescheinigung.... 122

M

Mitarbeitergruppe................... 18
Mitarbeiterkreis....................... 18
Mitarbeiterverzeichnis.......... 148
Monatsarbeitszeitplan 90, 101
Monatskalender...................... 73

N

Nachfolgeplanung................... 34
Negativerfassung.................... 71
Nettoentgelt.......................... 107

O

Online Formular 164
Online-Bewerbungs-
  möglichkeiten 156
Organisationseinheit 21, 27
Organisationsmodelle 130
Organisationsstruktur 19

P

Pauschalabrechnung 136
Pausenarten 89
Periodenarbeitszeitplan 90
Personalabrechnungskreis 19
Personalbedarfsplanung 49
Personalbeschaffung 46, 163
Personalbeschaffungs-
  instrumente 179
Personalbeschaffungs-
  prozess 160
Personalentwicklung 30
Personalkostenplanung 38
Personalmaßnahmen 7
Personalnummer 138
Personalstammdaten 3, 11
Personalstammdaten-
  verwaltung 3
Personalstruktur 8, 18
Personalteilbereiche 90
Personalwerbung 48
Personalwirtschaftsmodul HR . 1
Personalzeitauswertung 151
Personendaten 4
Planstelle 23, 27
Planungsmanager 126
Planvariante 25
Positiverfassung 74
Produktivabrechnung 114
Profilvergleich 33, 65
Prototyp 164
PSP-Methode 113

Q

Qualifikation 30, 64
Qualifikationsdefizite 37
Qualifikationskatalog 31, 63

R

Referenzvorgänge 56
Reiseerfassung 131
Reisekalender 133
Reisekostenabrechnung 134
Reisekostenprogramm 134
Reisemanagement 125
Reisemanager 131
Reisenummer 138
Reiseplanung 132
Reiseprivilegien 145
Reiseschema 138
Reisestatus 141
Reisezeit 136
Report 107
Rückrechnung 114
Rückrechnungsgrenze 114

S

SAP Business Workflow 157
SAP Exchange Connector 171
SAP@WebStudio 173
SAP-Eingangskorb 168
SAPforms 168
SAP-GUI 173
Scan-Client 158
Schichtplan 84
Schnittstelle 81
Schriftverkehr 45
Simulierte Abrechnung 116
Sollplan 86
Sozialversicherung 16
Spezieller Auswahlprozess 58
Sprachressourcen 187
Standardschemen 108
Stelle 23
Stellenangebote 164, 166

Stichwortverzeichnis

Stellenplan 23
Steuersätze 141
Strukturanzeige 28
System-Template 176

T

Tabellen 108, 182
Tagesarbeitszeitplan 90
Tagesprogramm 88
Tarifurlaub 97
Technische Lohnarten 109
Testabrechnung 114

U

Unternehmensstruktur 17
Upload 82
Urlaubskontingente 98

V

Vakanz .. 46, 47, 49, 68, 157, 181
Veranstaltungsmanagement ... 42
Veranstaltungsobjekte 42
Veranstaltungsumfeld 42
Verarbeitungsklassen 109, 110
Verdienstabrechnung 115
Versicherungen 15
Vorgangsstatus 56
Vorschüsse 142, 143

W

Web Application Builder 175
Web-Archiving 184
Weiterbildung 34
Workflowbuilder 189
Workflow-Management-
   Systeme 155
Workgroup 160
Workitem 167

X

XML 190

Z

Zahlungsträger 120
Zahlungszeitpunkte 13
Zeitabgleich 100
Zeitausweisnummer 77
Zeitauswertung 71
Zeitauswertungsreports 100
Zeitbeleg 100
Zeitdaten 94
Zeitereignisse 99
Zeiterfassungsterminal 82
Zeitinfotypsätze 101
Zeitnachweis 150
Zeitnachweisformular ... 84, 100, 151
Zeitraum 79
Zeitsalden 100
Zeittypen 84
Zeitungsanzeige 47
Zeitwirtschaft 71
Zusatzqualifikationen 52
Zwischenziele 144, 145

IT-Management und -Anwendungen

Detlev Frick | Andreas Gadatsch | Ute G. Schäffer-Külz
Grundkurs SAP® ERP
Geschäftsprozessorientierte Einführung mit durchgehendem Fallbeispiel
2008. XXX, 352 S. mit 442 Abb. und Online-Service
Br. EUR 39,90   ISBN 978-3-8348-0361-0

Gunther Friedl | Christian Hilz | Burkhard Pedell
Controlling mit SAP®
Eine praxisorientierte Einführung – Umfassende Fallstudie – Beispielhafte Anwendungen
5., überarb. Aufl. 2007. XXII, 279 S. mit 91 Abb. und Online-Servic
Br. EUR 39,90   ISBN 978-3-8348-0419-8

André Klahold
Empfehlungssysteme
Recommender Systems - Grundlagen, Konzepte und Lösungen
2009. XII, 174 S. mit 82 Abb. Br. EUR 24,90
                                                           ISBN 978-3-8348-0568-3

Stefan Strohmeier
Informationssysteme im Personalmanagement
Architektur – Funktionalität – Anwendung
2008. XX, 388 S. mit 96 Abb., und Online-Service
Br. EUR 34,90   ISBN 978-3-8348-0310-8

Abraham-Lincoln-Straße 46
65189 Wiesbaden
Fax 0611.7878-400
www.viewegteubner.de

Stand Januar 2009.
Änderungen vorbehalten.
Erhältlich im Buchhandel oder im Verlag.

IT-Management und -Anwendungen

Paul M. Diffenderfer | Samir El-Assal
Profikurs Microsoft Dynamics NAV
Einführung - Souveräne Anwendung - Optimierter Einsatz im Unternehmen
3., überarb. Aufl. 2008. XII, 317 Seiten mit 190 Abb.
Br. EUR 44,90   ISBN 978-3-8348-0529-4

Ralf-T. Grünendahl | Andreas F. Steinbacher | Peter H.L. Will
Das IT-Gesetz: Compliance in der IT-Sicherheit
Leitfaden für ein Regelwerk zur IT-Sicherheit im Unternehmen
2009. VIII, 385 S. Br. EUR 49,90   ISBN 978-3-8348-0598-0

Patrick Theobald
Profikurs ABAP®
Konkrete, praxisorientierte Lösungen - Tipps, Tricks und jede Menge Erfahrung
2., erw. Aufl. 2007. XII, 316 S. mit 196 Abb. und Online-Service
Br. EUR 49,90   ISBN 978-3-8348-0143-2

Petra Thiemann
Benutzerfreundliche Online-Hilfen
Grundlagen und Umsetzung mit MadCap Flare
2008. XIII, 199 S. mit 45 Abb.
Br. EUR 34,90   ISBN 978-3-8348-0424-2

VIEWEG+
TEUBNER

Abraham-Lincoln-Straße 46
65189 Wiesbaden
Fax 0611.7878-400
www.viewegteubner.de

Stand Januar 2009.
Änderungen vorbehalten.
Erhältlich im Buchhandel oder im Verlag.

MIX
Papier aus verantwortungsvollen Quellen
Paper from responsible sources
FSC® C105338

If you have any concerns about our products,
you can contact us on
ProductSafety@springernature.com

In case Publisher is established outside the EU,
the EU authorized representative is:
**Springer Nature Customer Service Center GmbH
Europaplatz 3, 69115 Heidelberg, Germany**

Printed by Libri Plureos GmbH
in Hamburg, Germany